U0453154

实用主义社会学
中法学者对谈

［法］傅兰思（Florence Padovani） 鞠熙 主编

中国社会科学出版社

图书在版编目（CIP）数据

实用主义社会学：中法学者对谈/（法）傅兰思，鞠熙主编. —北京：中国社会科学出版社，2023.6
ISBN 978 - 7 - 5227 - 1467 - 7

Ⅰ.①实… Ⅱ.①傅…②鞠… Ⅲ.①实用主义—社会学学派—法国—文集 Ⅳ.①C91 - 06

中国国家版本馆 CIP 数据核字（2023）第 029031 号

出 版 人	赵剑英
责任编辑	吴丽平
责任校对	李　莉
责任印制	李寡寡

出　　版	中国社会科学出版社
社　　址	北京鼓楼西大街甲 158 号
邮　　编	100720
网　　址	http://www.csspw.cn
发 行 部	010 - 84083685
门 市 部	010 - 84029450
经　　销	新华书店及其他书店
印　　刷	北京明恒达印务有限公司
装　　订	廊坊市广阳区广增装订厂
版　　次	2023 年 6 月第 1 版
印　　次	2023 年 6 月第 1 次印刷
开　　本	710×1000　1/16
印　　张	15.25
插　　页	2
字　　数	220 千字
定　　价	78.00 元

凡购买中国社会科学出版社图书，如有质量问题请与本社营销中心联系调换
电话：010 - 84083683
版权所有　侵权必究

出版前言

本书是团队协作的结果。最初，由清华大学中法社科研究中心（Beijing-CFC）主任傅蘭思（Florence Padovani）动议，希望向中国读者介绍当代法国社会学中重要的实用主义社会学流派（Sociologie pragmatique），这一想法随后得到北京师范大学国际交流与合作处刘敏教授的支持。刘敏教授与法国学术界有长期合作经验，在她的推动下，2019年5月，北京师范大学社会学院成功举办了首届法国实用主义社会学研讨会，来自法国社会学界的数十位学者与北京师范大学社会学院的十几位教师以及上百位学生共聚一堂，围绕实用主义社会学与中法比较等话题进行了为期一周的讨论。本书就是这次研讨会的主要发表论文结集。

研讨会共涉及五个主要议题：社会治理、城市规划、居住关系、农民工子女与实用主义教育学，其主要讨论都保留在本论文集中。具体来说，以何蓉教授撰写的介绍中法社会学发展历程的文章作为本书开篇，五位法国社会学家的论文分别由德维诺（Laurent Thévenot）、马佩力（Marc Bréviglieri）、罗知北（Romuald Normand）和贾清源（Camille Salgues），以及德维诺和傅蘭思（Laurent Thévenot 和 Florence Padovani）写作，由中国社会学家（谢立中、严飞、黄思奕、渠敬东、韩嘉玲、余家庆、赵炜）撰写的五篇文字与之讨论呼应。

本书最后附有词汇译名解析，旨在对法国社会学的相关词汇做简短解释。这些词汇的翻译诚非易事，我们尽量参考了学术界的固有译法，但也修正了以往一些不恰当的翻译。我们希望能够忠实而准确地反映作者思想、俾使读者尽可能理解作者原意，这使得翻译工作庞杂而琐碎、复杂而艰辛。为此，译者团队付出了巨大的努力，大家通力合作、多次讨论，以期为读者们呈现比较满意的结果。在此，我们衷心感谢译者——胡瑜、李华、林琳和王鲲——的细致与耐心，也感谢为了本项目顺利完成而做出大量努力的学术助手如方珊琳（Sandrine Fontaine）、严如等人。

最后，感谢法国大使馆为法国研究人员提供了在京资助，感谢北京师范大学社会学院为本书出版提供了必要的资金支持，感谢中国社会科学出版社的编辑吴丽平女士高效的工作，感谢所有曾经帮助过我们，让本书得以问世的人们。

傅蘭思（Florence Padovani）
鞠熙

目录 CONTENTS

从自在实践到自觉的方法
　　——实用主义社会学的中法对谈　/　何蓉　1

一

杂居实用主义社会学研究
　　——日内瓦占屋运动的吸收及嬗变　/　马佩力（Marc Bréviglieri）　15
从历史视角解构实用主义社会学
　　——以日内瓦占屋运动研究为例　/　严飞　黄思奕　42

二

应对环境风险的过渡
　　——身处国家制定的沿海防洪计划下的居民们（法国圣米歇尔山海湾）
　　/　德维诺（Laurent Thévenot）　傅蘭思（Florence Padovani）　53
实用主义社会学和在中国的借鉴
　　——基于对德维诺和傅蘭思教授文章的讨论　/　赵炜　89

三

中法教育中被规训的孩子及其道德能动性
　　——实用主义社会学视角的若干思考
　　　　　　　　/　罗知北（Romuald Normand）　103
世俗化教育的神圣性基础在哪里？　/　渠敬东　121

四

观察上海郊区游戏厅
——借助实用主义社会学，重新思考童年社会学
/ 贾清源（Camille Salgues） 135

迈向非教育视角下的流动儿童童年研究
——对贾清源文章的回应 / 韩嘉玲　余家庆 158

五

权威和"依标准治理"的转变
——"关于量值范畴、协约和介入的实用主义
社会学"的贡献 / 德维诺（Laurent Thévenot） 171

价值多元情境下的社会秩序何以可能？ / 谢立中 207

词汇译名 / 228
专家学者简介 / 233

从自在实践到自觉的方法
——实用主义社会学的中法对谈

何 蓉

本书是一本中法学者的精彩对谈。诸位作者，法方的德维诺教授、罗知北教授、马佩力教授、贾清源博士、傅蘭思教授，与中方的谢立中教授、赵炜教授、严飞副教授、渠敬东教授、韩嘉玲教授等均属社会学、教育学、人类学、地理学、城市环境等相关研究领域享有盛名的专家，既有丰厚的研究积淀，又有新锐的研究角度。从理论发展的历史来看，这本书昭示着，实用主义社会学再度关注中国的实践与学术发展。

一 实用主义在中国：一百年间的往复

中国人的思维方式与实用主义思想有天然的接近，如，尊重事实，注重实际，不在终极问题上纠结争论，一方面，无论是否存在上帝、上帝叫什么名字等，都不过多挂念，只需证明理念对具体生活目标有价值；另一方面，无论什么立场、无论多大价值，任何神、仙、佛、圣都应劝人为善，任何人应有均等的机会，遵从人伦规范、履行个体职责。简言之，中国人的实用主义智慧关乎"生活"，自己好好活、也让别人活。

当然，作为一种态度的实用主义，与作为一种方法的现代实用主义哲学之间，既有丝丝关联，又有相当大的不同。实际上，1910年代末期，实用主义哲学曾经来到中国，一个标志性事件是 1919 年 4 月 30 日下午，美国实用主义哲学家约翰·杜威（John Dewey）乘船抵达上海，其后的两年又三个月中，这一意外延长的旅行成为实用主义哲学在中国的全面宣讲的机会。在杜威到中国之前，他在哥伦比亚大学的学生胡适便在《新青年》上撰文介绍实用主义的渊源、代表人物与核心思想，陶行知发表了专门介绍杜威的教育思想的文章，为杜威来华做了很好的"预热"。

在中国的两年三个月时间里，杜威见证了热火朝天的五四青年运动，足迹遍布十余个省，进行多场巡回演讲，从社会政治、教育学、伦理学等角度系统介绍了他的实用主义哲学，演讲内容发表在各地报刊上，其中最主要的内容汇集成《杜威五大演讲》，多次重印，影响极为广泛。杜威来华的时候，他的中国学生胡适、蒋梦麟、陶行知、郭秉文、张伯苓、陈鹤琴等均已在中国学术界、教育界开创出一片新局面，从不同方面实践并推进了实用主义思想。更难得的是，杜威受到政治家孙中山，不同路线的思想家梁启超、陈独秀等的一致好评，可以说，在"五四"前后来华的外国思想家当中，杜威及其实用主义的影响之大是超乎其他人之上的，为当时的反思传统、开启民智、塑造现代科学、民主与教育的愿景奠定了重要基础（顾红亮，2019；张宝贵，2001）。

进而，中国社会学在诞生之初，便与实用主义哲学及社会学有明确的关联。与实用主义关系密切的芝加哥社会学对新兴的中国社会学产生了重要影响。1933 年，芝加哥大学的派克（R. E. Park）教授来燕京大学讲学，讲授代表其实用主义社会学的都市调查，为欣欣向荣的燕京大学社会学系带来了人文区位学方法。当时执掌燕京大学社会学系的吴文藻对实用主义社会学的研究颇有心得，指出芝加哥社会学所创社区研究，比一般社会调查要深入且具有批判精神之处，在于社区研究不仅要描写、记录事情，还要说明事实内涵之"意义"，侧重对于事实的"解释"，借此可以对都市社会的种种现象做专门的研究［吴文藻，（1935）1990］。其后，燕京大学社会学会编辑了《派克社会学论文集》，促进了社会学的中国化，将社会学和青年学生带出了书本，带入了活生生的现实世界（陆远，2019：74—75），受派克来华深刻影响的费孝通、李安宅、林耀华、瞿同祖、杨庆堃等燕京学子，后来均成为中外知名的学者，构成了中国早期社会学的支撑力量。

然而，实用主义对于社会学的影响，无论在1930年代中期之后的美国，还是在40年代末期以后的中国，都无可奈何地衰落了下去。在美国，哈佛、哥伦比亚等社会学新的研究中心崛起，帕森斯整合欧洲哲学思想的宏大理论框架恰恰忽略了本土的社会理论，例如，杜威和米德的实用主义社会哲学，或者芝加哥学派的实用主义社会学的成就（Joas，1993）。

在中国则是另一个故事。在根本上，20世纪初的中国人更期待找到一条指向国家统一与富强、不再挨打的发展之路。人们发现，实用主义并不能给予中国社会具体的灵丹妙药，因而，虽然实用主义的教育思想形塑了中国的新教育，实用主义社会学所开创的社区研究对一代中国社会学者影响深刻，但整体上，对社会大众则如同风过耳，随着1950年代学科调整、社会学学科被撤销，实用主义在中国亦大致无可依托了。

1970年代末以来，中国社会学逐步重建，重新与国际学界建立关联。但是，实用主义在美国社会学中虽然有复苏和反思（Lewis&Smith，1980），但已不具有半个世纪之前的影响力，此际进入中国的社会学，一方面以大型社会调查和定量研究方法为主导，另一方面具有更多样的理论选择。

在经历了四十年改革开放和学科重建之后，重新审视社会学诸路向，就会发现，实用主义与这个观点愈发极化、情感愈易撕裂的世界变得更加相关了，实用主义科学的民主特征，即有取有予、自己好好活也让别人活，是值得今日世界汲取的智慧。对于中国社会与中国社会学而言，实用主义注重历史或背景、注重实践及其效果等方法特征，既宽厚温和、又具本质上的批判性，赋予了中国经验一个发展与阐释的空间。

二　多元文化与共识、秩序的中法智慧

在这个意义上，本书的中法学者对谈，代表着实用主义在半个多世纪以后再度明确地、有意识地进入中国的社会学界。而且，与一百年前的单向传播相比，是以中法学者双向交流的形式展开，本身就具有显著的实践意义与实验价值。

拜读诸位学者的大作，感受到了两国学术的高峰对谈所碰撞出来的璀璨的思想火花，特分享阅读心得如下。

本书的第一组对谈者德维诺教授与谢立中教授均是享有盛誉的资深的社会学家，德维诺教授是法国当代实用主义社会学的重要引领者，近年来在文化社会学、法律社会学等研究领域有多个广受关注的田野题材和理论探索。谢立中老师是中国当代知名的社会学理论家，关注中国社会发展与现代化问题，致力于社会学的本土化建设，近年来在社会学知识的建构、多元话语分析等方面取得了非常引人注目的成就。

在他们的对谈中，德维诺教授用我们熟知故事《皇帝的新衣》，敏锐地辨析出其多元文化的源头，在日常生活和公开场合的氛围中辨析多元量值范畴及其文法原理，在杂多的声音中寻求塑造权威的共同形式的构建、协调。通过将传统故事叙事转化为场景分析，统治者既为不容置疑的"专制者"，又在实际上变成天下皆知的"赤身裸体的国王"，德维诺教授处理的是被构建的权威与被赋予权威的个人之间的结构性张力，这一张力在传统社会中有宗教的、传统的解决方案，但在现代社会的"多神论的现实"面前，成为政治与社会科学需要处理的基本问题。

德维诺教授这篇文章对于中国学界的一个重要启发是多元共同性的文法原理和多元量值范畴的文法原理。实际上，中国人的思维非常习惯于容纳差异的包容性和多元的一体性，并不习惯单一的、排他的价值观，例如，对于"利益的自由主义方法原理"所包含的可能性，

即自由地听任不平等的生长、听任差异和批评的中止，中国人有天然的、出于良知的反感，但往往处于一种自在而不自觉、有实践而少反思的状态，从学术上来看，尚需要一个从方法上梳理多元机制的环节。在这个意义上，作为一种方法的多元量值范畴，可以实现从观察对象、到概念、到不同的量值范畴的级别及其对比等分析，进而观察到协调、治理等过程，因而是非常适于中国人的行为习惯的分析工具。进一步来看，德维诺教授的文章所包含着的求同存异的立场、基于公开性的批评等，不仅有助于处理民族国家体系内的问题，而且对于解决全球化时代国家和地区间的风雨波澜都应是基本的原则。

谢立中教授是敏于现实分析的理论学者，他的回应文章的起点同样是韦伯意义上的不同价值之间的"诸神之争"，而将切入点放在了2020年以来全世界共同面对的新型冠状病毒引发的疫情，世界各国抗击疫情的不同方案，恰恰构成了一个基于多元量值范畴的治理方式的比较。一年多以来，中国政府以高度组织化和行政手段推动的种种应对措施，得到了民众极大的拥护和积极的配合，即中国俗语所谓的天时、地利、人和的多因素的匹配。谢立中教授将分析放在人心，即社会成员共享的价值观上，指出人心是构建政治与社会治理体制的基础，中国人的一些基本的价值观，如生命高于一切、集体利益高于个人利益、自由并非根本价值亦非仅有个人自由的关照等，实际上是中国政府实现有效政治与社会治理的基础。

更为精彩的是谢立中教授接下来处理的难题，即在缺乏共识的情境中，社会秩序如何可能？这既是社会学的经典理论问题，又具有指向当下的重要意义。谢立中教授提出了共识形成的三种路径，梳理了并非完全建立在共识基础上的三种社会秩序模式，而在现实社会治理体中，"共识"秩序、"压制"秩序、"民主"秩序和"自由"秩序所包含的原则或多或少都有体现。

这样，尽管谢立中老师一开始便谦虚地说自己对实用主义所知不多，但是，在文章的结论部分，却恰恰清晰有力地体现出某种内在蕴含着的实用主义思想路线。这或许正是这本书所倡导的、中法学者就类似的议题进行对话的意义所在，即一方面梳理法国实用主义社会学的基本方法、论题、原则，另一方面在中国学者的回应中，实现思想的碰撞。从根本上来说，中国学者所立足的生活实践，与实用主义社会学之间的呼应，是推进新的社会知识产生的动力之源。

类似的呼应，同样存在于马佩力教授与严飞教授有关城市社会运动的讨论之中。作为伟大的人造环境，城市实际上从根本上改变了人类社会传统的居住方式，在新场所、新居住模式之下，重建共同生活，面临的矛盾与挑战是多层次的：一方面指向个人，一方面指向集体与团结；一边是民主开放的态度，一边是基于认同与相似性而建立的家族构建原则；既要"划界"，又要接受不同的世界在空间上相连，在价值观、生活方式上相互依赖等事实。因而，在日常生活的微观场景中，发现社会关联的机理、找到弥合分歧的机制，是可以期待运用实用主义的原则加以分析的。

在对法国圣米歇尔山海湾的沿海防洪计划制定及环境风险管理的研究中，德维诺教授与傅蘭思教授提出了"过渡期"的概念，很有创意地以时间维度揭示多元主义，即包含着行动者的多元性、对于风险的不同感知和应对预计灾难的不同行为方式的多样性。因而，过渡既是一种指向多种可能性的中间状态，也是一种态度。这令人联想起中国古代典籍《列子》中有"杞人忧天"的寓言，讲一个杞国人，因为担心"天地崩坠"之后失去寄身之所而寝食难安的故事，如果按照"过渡期"的概念，则杞人的态度就是以命定论的方式预计灾难的来临，且是无可逃避的灾难。这便启示我们，可以借由时间维度的多元性，建立一个"过渡期"的机制，以计量不同的态度、预计与应对所构成的当下的多样性。

三　通过教育成为人：中法教育思想与实践

自杜威来华以来，实用主义在中国深耕的一块田地，就是教育领域，本书中法学者就教育问题的讨论，关涉基本的教育思想、方法原则与姿态立场，非常有现实的启发意义和应用价值。本书有关教育的交流集中在中国的教育社会学问题之上，特别是，由于法国学者对于中国人文主义教育传统、中国学者对于法国教育社会学思想都素有积累、理解深刻，因而，能够从对方的教育思想与实践中获得别样的灵感，因而呈现出一般比较研究难得的深入和深刻，双方的交流往复，犹如太极推手一般精彩。

罗知北教授从"纪律"入手讨论实用主义社会学为教育领域提供的理论视角。与此同时，纪律本身还有一个中法对比的视角，即在涂尔干、福柯为代表的法国社会学中，纪律具有规则和惩戒制度的意义，在中国，在个体层面有身体与精神之间的平衡与和谐等意，在人与人之间则有社会互动的意义，包含着某种预见、引导与约束的博弈机制。因此，在教育帮助孩子进入群体的共同生活的意义上，将纪律引入教育，意味着引导儿童、激发其能动性而习得共同福祉的道德与政治能力，而其介入方式则是多样的，孔子、卢梭、杜威或涂尔干在不同的教育方式之下，包含着共同的或至少是相通的道德观与教育观，用实用主义社会学的术语来讲，就是道德文法原理的建构上有相同之处。

针对中法教育实践的不同之处，罗知北指出，实用主义哲学难以进入法国教育界，在于法国教育中较多目的—手段的考量，强调刻意干预与个人自主，而并不鼓励儿童对环境的关注，也较少培养其与环境发生关联的方式。而中国人的社会生活中对于"关系"的强调，表达出一种对他者的关注、热情与相互依赖，抛开其承载的多种情感、利益等计较，代表着人与环境所缔结的不同关联，这反而为实用主义哲学进入教育领域提供了一个节点。

与之相对，渠敬东教授认为，仅关注"关系"本身是不足的。他从一个处于青春期的叛逆孩子的视角，指出在成人眼中的叛逆，映射出的实际是社会的冰冷、人与人相互隔绝的孤零零的状态，这样的社会，又能够以什么为孩子提供心灵的温暖？因而，借助卢梭的教育思想，渠敬东教授指出，人的扩展与成长，并非以社会关系为中介，而必须以实在的"物"为中介，服从自然的原理，方能形成孩子的恰当的情感与理性：

> "物"的教育的实质，在于通过使用（use）和劳动（work）实现自身的"有"（being），通过运用"物"和改变"物"来扩展自身的知觉范围、知性范围，使与我自然发生关系的具体的"物"，成为我的实在内容。（引自本书渠敬东文章）

针对罗知北教授对于中国人文主义教育传统的期待，渠敬东教授的态度既冷静又不乏希望。他指出，在当下来看，中国的教育杂糅着古今中西的问题，近代以来，中国文化在语言、知识体系、担纲者阶层等方面都彻底改变了，换言之，罗知北教授以及诸多对中国知识传承有很深了解的学者所期待的人文主义教育体系已不复存在；只不过，中国文化的韧性或许在于，其知识之外的情感与伦理体系仍然存在于社会各领域之中，因此，传统社会的特质仍会以新的形态参与社会构建的各种机制当中，这给予新时代的中国教育以多元途径的可能性。

贾清源博士的研究同样关注赋予儿童以能动性的问题，他在儿童的教育社会学研究中，以实用主义社会学的政治多元主义和行动社会学为方法，以游戏厅为民族志的研究对象，关注在上海的流动人口中的儿童、其公共生活及城市经验。从这些城市流动儿童的民族志记录来看，儿童的能动性的一种表现是，他从所处的地理空间、社会空间、邻近人群中的有限逃逸，以及探索他的可能空间的尝试。将"童年"带回儿童研究，是一个具有创新意义的转变，代表着研究者和教育者从有意无意地高高在上的姿态，转变为从儿童的视角看世界，或者说，从站着、外在于儿童的世界施以教化，转而蹲下来、从孩子的视野看世界。

对此，韩嘉玲教授等回顾了中国社会学中的农民工子女的研究，大多数的研究围绕着中国社会的快速转型如何影响了当代儿童的发展展开。韩嘉玲教授指出，这些研究关注当代农民工子女在城乡之间所面临的困境与出路,充分体现其良苦用心、殷殷关切之情,然而确实需要反思的是,"当我们谈及留守—流动儿童的时候,我们究竟在谈论什么?"显然,仅从施教者的角度来研究,实际上既忽视了儿童的视角,又忽视了近年来中国社会以儿童为中心的行动实践。为此,在社会学研究当中,亟待关注作为一种能动性探索的童年的意义、童年的空间场所的迅速流变等问题,从而将"童年"带入农民工子女的研究。

四 多元主义视角下的中国传统社会的权威建构

作为搭建在中、法学者之间的一座桥梁,这本书令我们看到实用主义社会学在中国、法国乃至世界性议题上的分析潜力。

从根本上说,实用主义的多元主义分析路径,与中国文化的多样性、包容性构成某种内在的呼应。一方面,中国文化具有"和而不同"的包容性,多元的文化形态、文化要素在相互的接触中相互影响、相互吸引、彼此融合。例如,中华民族即是这一过程的产物,中国著名社会学家费孝通先生指出,历史上原本分散孤立的许多个族群,形成了一个"你来我去、我来你去、我中有你、你中有我,而又各具个性的多元一体"(《"美美与共"和人类文明》)。另一方面,这种多元性构成的是一种你与我既不同、又并存、且共生的状态,落实在基本的精神气质上,可称为"推己及人",实质上是由个体出发,向着他者建构人际关系,向着世界建立协调的的关系。在这个意义上,关系不仅仅是一种人与人之间、人与世界之间的连接,关系本身也界定了互动得以发生的情境,关系之上还可能承载着利益、价值、认同等的流动,由此即可转化为多元量值范畴的分析。如此或可实现罗知北教授的期待,更趋近渠敬东教授指出的方向,即理解中国这一庞大文明系统及其在今天的存续与转化。

在这个意义上,传统的中国叙事可以有新的阐释之途。例如,德维诺教授对《皇帝的新装》的故事分析，尤其是其中对权威建构及其张力的论述，与一个在中国广为人知的"指鹿为马"故事产生了某种奇妙的呼应。这个故事发生在公元前2世纪、伟大的始皇帝的继承人秦二世的宫廷，年轻的秦二世倚重于宰相赵高。赵高曾深得始皇帝信任，向当时仍然是皇子的二世讲授法律文书，并帮助他登上了皇位，赵高因而权倾一时：

> 赵高欲为乱，恐群臣不听，乃先设验，持鹿献于二世，曰："马也。"二世笑曰："丞相误邪？谓鹿为马。"问左右，左右或默，或言马以阿顺赵高，或言鹿。高因阴中诸言鹿者以法。后群臣皆畏高。(《史记·秦始皇本纪》)

作为权臣，赵高试图主宰政务，"指鹿为马"实际上是他的一次忠诚实验，检测廷上诸臣的立场，是坚持真实还是服从于权威，是忠诚于皇帝还是曲附于权臣。在这样的测试中，皇帝身边的大臣们有人默不作声，有人阿附赵高，也有人诚实地指出真相，遂被赵高找借口除掉，借此树立了一手遮天的权势。

皇帝本身是测试的一个组成部分。面对将鹿指称为马的明显错误，年轻的皇帝开始以为是赵高的失误而"笑"对，然而"左右皆曰'马也'"，二世为之一"惊"，实际上失却了历来可以依靠的能臣，也被众大臣所疏离，遂求助于神灵，"自以为惑，乃召太卜，令卦之"。(《史记·李斯列传》) 皇帝本身看似无上的权威，实际上既受制于宫廷，也依赖着神灵，皇帝统治的有效性系于政治力量的权衡。

皇帝制度系秦始皇亲手创立，在其后两千年间，是中国最基本的政治制度，在近代以来的政治修辞中被当作封建的、专制的代表。但"指鹿为马"的故事揭示出，这一制度的运行本身，包含着多元要素和多种张力。秦二世被浓重的、威权的纱幕所笼罩，他与真相之间，横亘着野心、利益与恐惧，从群臣的表现来看，坚持说出真相的人应是少数，也终将被排斥出宫廷。

可以说，在皇帝赤裸走上街头、并被儿童的声音揭穿真相之前，皇帝新装的故事与指鹿为马的故事并无本质的差异，在宫廷这样的政治场景中，并没有一个直击真相的声音可以划破伪饰。由此产生的是一种非常吊诡的局面：被认为具有无上权威的皇帝被架空，权力被操控。街头意味着公开，儿童代表着以真实为真实本身，在这个意义上，并非如德维诺教授所担心的那样，是将儿童推到了神坛，而代表着这个社会中尚存着基于直观的真实。

在秦二世的宫廷中，并无可以公开的机会，赵高甚至以保持皇帝的神秘与神圣为理由，试图将他与群臣分开。指鹿为马的忠诚实验的后果，是一种丧失了天真的政治生态，秦王朝很快便走向了其短命的终点。但是，鹿应为鹿、马应为马的坚持，却并未随之被忘却，而指鹿为马的故事，从上层的、精英的宫廷走向了民间的，辗转成为私下流传的流言。汉朝初年的陆贾即有类似的记载，而太史公在其青年时期的漫游中在各地采风，指鹿为马的故事应当是其中的一个，真相在流传中或许有层层变形，但真实的声音却借此被记录在《史记》中，千古流传，并沉淀在中国社会的心智与实践当中。而在当下，以实用主义社会学的思想观念、分析方法，应当可以让我们具有新的视角，去看待、挖掘历史文本和民间实践中潜藏着的这样的声音。

参考文献

顾红亮编著：《杜威在华学谱》，华东师范大学出版社2019年版。

陆远：《传承与断裂：剧变中的中国社会学与社会学家》，商务印书馆2019年版。

吴文藻：《西方社区研究的近今趋势》（1935），载《吴文藻人类学社会学研究文集》，民族出版社1990年版，第151—158页。

张宝贵：《杜威与中国》，河北人民出版社2001年版。

Hans Joas, "Pragmatism in American Sociology", *Pragmatism and Social Theory*,

Chicago and London: Univ. of Chicago Press, 1993, pp. 14 – 51.

J. David Lewis, Smith, R. L., *American Sociology and Pragmatism: Mead, Chicago Sociology, and Symbolic Interaction*, Chicago and London: Univ. of Chicago Press, 1980.

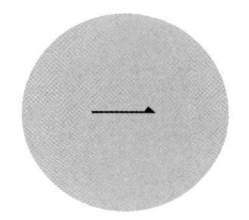

杂居实用主义社会学研究
——日内瓦占屋运动的吸收及嬗变

马佩力（Marc Bréviglieri）

人文社会科学的使命是应对社会的变化，因此需要长期反思、改善、更新自身的理论概念工具。近三十年的历史发展是在巨幅运动裹挟下发生的，各国社会日益向远在天边的世界开放，通过经济、政治或法律上的往来，为开发崭新的关系带来潜力。此种趋势的迹象不在少数，国际机构制定的规则层出不穷，自由贸易合法性日益明确，商业空间向全球拓展，民族国家的政治信誉遭到质疑，新兴信息技术编织起跨越国界的社交网络，移民和资本流动双双加速，外人不断涌入。而用友好还是敌意去迎接"外人"也成为引人关注的巨大问题（Stavo-Debauge，2017）。

一 人文社会科学面临的挑战

学术界紧跟这些巨变，人文社科尤甚，引入众多语词和概念甚至发生了词语"通胀"，其目的是更好地描写分析与"不确定""证券市场变幻莫测""历史和制度的不稳定性""身份认同脆弱易变""不可预见的黑天鹅事件频发"（危机就是这类问题的最具戏剧性的描述，而国家规划则已经成为陈旧过时的词）等相关的现象。然而这一背景却催生了一场真正的政治科学上的挑战，即如何对发生的现象加以评估、测算和控制。两种分析主张逐渐占据了主导地位，并对规范准则的制定产生极为深远的影响。第一种主张的立足点是"可计算性"，它关注量化测算，因为量化测算可以让世界重新找回可预见性，也能够有利于制定新形式的规划——一种柔性规划。第二种主张则关注"信息完整性"，有助于加强各种交易互动的透明度，使行动主体之间的沟通更为流畅。第二种主张寻求的是借助市场的自我调节让世界重新取得平衡。这些立场再度夯实了某些过去得到验证的理论模式的地位，即计划行动模式与竞争市场模式。它们也创造了新的机会，让两种经典分析理论中的概念得以升级，也使原有概念之间形成联系和组合。这两种理论立场之间不再是对立竞争关系，取而代之的是它们相互间的联结与组合，其实最近几十年来西方社会和政府的变化普遍遵循的就是这两种理论结合后产生的图景。竞争性市场，凭借其林林总总层出不穷的技术法律规范和标准，获得了无数的信任和地位。这就为后来的治理新原则的诞生创造了有利条件，因为有了可量化的标准和规范，柔性规划——以鼓励效绩、为效绩的评估和检验提供便利为目标的规划——的制定就获得其合法合理性（Thévenot，2015）。

　　面对这些经典的分析路径，法国社会学走上了实用主义道路，开辟了新的研究方向，尤其适用于上文提及的政治科学挑战。有了这些开放的新思路，研究重点便常常发生转移：当代社会变迁随之而来的对现实世界的感知方式的检验，对世界的评估和组织原则的检验，对具有政治道德合法性的治理形式的检验。每一个变迁引起的检验所发生的场所，都会有人深刻思考社会要付出什么样的代价，才能去想象新的世界组织模式、将新的规范要求纳入其中、对社会群体的面貌和开放方式做出指引，或者以新的方式去界定共同福祉。以人类学为背景——而且还需看到其内部宇宙的复杂变化（新事物不断出现、消失、联结、断裂）——这些组合、断裂和再组合迫使现实的感知、增值、调整的不同模式共同运作，缺一不可。实用主义社会学重新编织起了一整套问题，可以整理综述如下：

a. 社会变迁背景下，人们如何对现实做出合格与否的评判；

b. 合格的变迁如何引起规范的调整和世界格局的重大变化；

c. 一边是投入、调整和重构的努力，另一边是遭到巨大冲击的向来恒定的价值体系和脆弱的个体（无论是私密生活还是最公共而不具个人性的那部分生活），两者实为同一事物的两面；

d. 这种共生性反映的是辩证关系的变化。个人与集体范畴的划分标尺在移动。被承认的各种治理方式在出现，但随之而来的，是对既有秩序的合法性程度不一的质疑；

e. 研究重心转移后，田野调查艺术该如何搭建框架？调查既要描写再现，又承载理论概念化的功能。这种研究需要能够检验分析框架，能够层层重构，让现实世界复杂性及其永恒的变化得以显现。

居住[①]和杂居的主题，也是后文要详谈的主题，每每被作为当代社会重大核心问题来研究。气候和生态平衡是地球可居住性的保障，而人类活动会对此产生影响，其中居住就与这些问题有着千丝万缕的联系。居住这一行为是人类使用空间的主要既有模式。然而随着生物和社会的生态系统破坏不断加剧，人类被迫重新审视自己的居住模式。无数民众虽然幸免于一夜间灰飞烟灭，却终究难逃背井离乡流离失所的厄运，被迫仓促改变生活方式，以求主动适应气候变化导致的变化。人类世代相传的传统居住方式，匿栖于变化缓慢的生态系统中，用来维护相互依存的关系和多重联系，承载着厚重的文明底蕴。而今这些居住方式遭到质疑和冲击，这也逐渐引起了人文社科的兴趣并成为重大的新课题。于是我们看到许多研究纷纷将分析聚焦到一些新场所，也就是人们用来探索和体验新型共同生活模式的场所。他们需要找到新模式、新的居住可能，以更好地适应气候变化导致的大规模系统性

---

① 原文动词 habiter 有两层意义：本义为居住；转义还有"始终存在、萦绕"的意思。作者在此意图即是一语双关：既指在一个空间内的起居生活，也指个体从精神上视其居所为家。即栖居。——译者注

影响（见傅蘭思与德维诺文）。实用主义社会学的传统中，重点是去看这些另类居住模式的探索和表达会提出什么样的要求，同时会导致过往的"在形式上的投入"发生哪样的扭曲，又会催生哪样的新共同福祉（德维诺文）。要了解世界的巨变，就要学习这些新的价值观念，所有这些努力要求首先甄别道德和政治立场的组合效应，因为新的布局让我们采用新的形式去居住和共同生活，而道德和政治立场的组合则是新布局不可分割的一部分（见罗知北文）。

二 "杂居"的研究课题

实用主义社会学旗帜下开展了大量的多元调查和研究。其中一组以杂居为主题的团队研究渐渐成型（Bréviglieri & Conein, 2003; Bréviglieri, Pattaroni & Stavo-Debauge, 2005; Bréviglieri, 2006; Stavo-Debauge, 2014; Thévenot & Kareva, 2017; Thévenot, 2017a et b; Clément, 2017）。这组研究既是笔者博士学位论文《使用和居住》的延伸，又采用共同介入社会学的视角（Thévenot, 2006），同时与一项"公共生活学习"的平行研究构成对话（Bréviglieri, 2007），并且对社会问题理论化的基石"能力人类学"进行了极具跨度和深度的思考，覆盖三个相互关联的主题：一是人类学多个前提预设（行动主体能够做什么）和理论化的规范框架之间的相互联系；二是社会学分析是否需要更加细化，通过引入行动能力或不受社会学重视而更多在其他学科或日常语言所研究的"被动经历"；三是某些活跃的概念现已不再具有时效，需要被重新放置回其诞生的历史文化背景中，显现其在新世界中的解释力的局限性，这样才能探索如何让概念更新换代。法国高等社会科学院（EHESS）曾在2000—2010年举办过一系列研讨班，参会者积极地参与了讨论。其间重点工作就是思考多组概念（检验/扰乱；不公/侮辱；公共妥协/实用主义妥协等），想办法推广奠基性著作《论理据：量值范畴的经济学》（*Boltanski et Thévenot*, 1991）一书中的理论，而且也对人文社会科学传统经典的语汇［归属（appartenir）、拥有（avoir）、能够（pouvoir）等］再做讨论，以挖掘未知能力的潜力。①

有关杂居的系列研究得到了大量不同民族志调查的强有力支撑。首先，这些调查加强了描述工作以及对亲友之间共同点和依赖性语域②的族谱分析，进一步拓宽了社会科学的研究场域。要知道，尤其在"惯习"社会学为主流的学科空间里，语域这种概念太过依赖其教条僵硬的学科研究方法和概念，无法呈现用普通的语言可以描述的秩序和规律。但不仅如此。这些民族志研究还尝试从小型群体身上去寻找政治和道德之间的联系，因为亲友之间的关系变得不那么紧密，转而具有了公共意义，当第三方评判方或共同的高级原则被期待，那么这些政治道德联系就会渗透并影响亲友关系。最后，这些有关杂居的系列研究都带有比较研究的框架，让先前的先锋研究得以交叉和延伸（Lamont et Thévenot，2000）。日内瓦"城市建设建筑规划处"收到的一份调查报告是这样介绍调查方法的："我们寻求探索的道路是为了从另一个角度去划分'家人群体'和'政治群体'。这条分界线之前被社会科学划分得太过清晰。"这种方法探寻的共同生活模式介于两者之间，一边是封闭隔绝关系，通过自我封闭将世界拒之门外；另一边是同时出现在公众场合，而这种"在场"又恰恰意味着完全向他者

---

① 曾经有一门以这三个动词（拥有、能够、给予）为主题的研究生课程，我们是这样介绍课程框架的："社会性问题扎根于人的能力深处，无论这里所说的能力是什么性质，无论能力背后由什么事物支撑。这就是本次研讨会要讨论的课题。我们将沿着一条渐进线，从对有关人类的认知和情感能力的人类学思考出发，走向将人们汇聚到一起的自发或有节制的运动中，这些运动中的'能力'指向他者、被他者考量、与他者一起并为他者共享。因此我们会打开两条思路：其一从社会面对人类不同的能力和无能力的接受度和敏感度出发，勾勒不同社会的历史；其二描绘出能够解读社会现实中施展的人类能力的出现、承认、分类辨别的实用主义分析框架"（法国社会科学高等研究院研讨会，2007，2009）。政治道德社会学小组最初有一个核心学者团队（N. Auray，B. Conein，É. Doidy，P. García Sànchez，L. Pattaroni，J. Stavo-Debauge et L. Thévenot），后来其他学者逐步加入，尤其是来自CEMS中心（社会科学高等学院社会运动研究中心）的学者。

② 原文registre，其实意为"说法、用词、类别"等。作者将其当作实用主义社会学的学术概念使用，但找到中文对应的学术概念十分困难。鉴于后文该概念还会出现，暂搬用语言学中的翻译"语域"充当其对应。——译者注

的不同持开放态度,不受任何身边亲友关系的左右。"杂居"这个提法本身就破解了此两极的对立论,似乎在两者之间找到了容身的空间。然而,杂居这个词进入这个两极世界,就意味着要承受它们强加的相互撕扯和对立:一边是希望仅仅保持私密生活和与亲友的关系,这就会招来对其"与世隔绝"和"冷漠之恶"的指责和(或)负罪感(Sarthou-Lajus,2002);另一边是永远为群体出力的意愿则会产生过多的要求、期待和"在场",其代价就是所有人精疲力竭。在此意义上,杂居就是一种永远在两种对立状态之间摇摆的运动,在同一片屋檐之下兼容迥异的生活方式:一边是生活日常极其个人化,另一边是决策需要共同确定;一边要照料亲友,另一边也要和集体保持团结帮助;一边对具体和突发情况需要随时适应调整,另一边同时又要保持对基本规定和预防规则的遵守。杂居因此是"实用主义意义上的矛盾"焦点,因为它时时让人思考自己与谁在一起,这不仅意味着要关爱在意亲友,也要求"时刻遵守适用于全体杂居成员的共同原则"(Bréviglieri,2006b)。

有一种亲友族群,因共同追求一种政治理想而走到一起,而这种理想会影响到最私密最日常的日常关系,甚至会触及私人生活方式。这就是针对 2000 年初日内瓦占屋运动调查的预设出发点。该运动始于对低阶层社区格洛特拆建项目的反对,直到最后走上驱逐程序,其影响一直持续到 2000 年之后,牵涉近一千人(Cogato & al.,2013),对日内瓦造成极大的影响,为当地三十年的政治、社会和文化生活提供"素材"。这段漫长的时期常因其对占屋行为的容忍而被称作"日内瓦特色"时期,其间各种理想情怀和众多反主流文化行动渗透遍布整个日内瓦城。被占据的场所不仅被用来安家居住,渐渐地也成了地下工坊、托儿所、放映厅、展厅、音乐厅、酒吧、非法餐厅的所在,并对整个城市的社团、学校教育、地方文化活动等项目产生辐射影响。当时卢卡·帕塔罗尼(Luca Pattaroni)就住在我所调查的被占建筑里,于是我就和他合作确定了有关杂居的调查研究的雏形。为此,我就在他邻居占住的一所公寓里住下,他则开始在同一街区的另一栋楼里展开民族志田野调查，因为那栋楼有个特点：那里的占屋群体在激进分子中相当出名。我们发现对空间的占据有一条相当错综的时间线：杂居生活的开启有多个层面，其顺序有先后，内容也不尽相同，于是这条时间线就成了我们思考的主要线索（Bréviglieri, 2003；Pattaroni, 2005；Bréviglieri & Pattaroni, 2005）。首先是"非法占领"这一政治行为，占屋者闯入一所空房并占为己有，以此表达对社会既有秩序的抗议。这之后会建立两种不同的人—屋关系。其次是"入住"。这一步当中，空间的特殊布局成为抗议的投射。房间、家具、装饰品的摆放和组合都有其内在逻辑，它们需要给一系列与政治运动相关的活动提供场地、确定活动的重要性排序和并做好计划（最重要的即是全体会议，因此必须要预留出足够召开大型会议的空间）。最后，这两种方式还会得到补充和完善，即在后期逐渐会出现越来越浓厚的家庭生活气氛。这一步是对场所的再次思考，不过不是从入住或占领的角度，而是从居住舒适度的角度。因占屋运动的长期持续，上述三种对空间的"驯化"方式之间高度融合又冲突不断，不啻为鲜活的材料，让我们的民族志调研有了坚固的基础并清晰易懂。但这一步其实也为更宽大的主题埋下伏笔，使我们今天能够在回顾时发现当时没有能力识别的重大问题。的确，这其中有一个课题，那就是，占屋者们使一种先锋居住形式得以显现，新型的杂居形式为城市治理和城市规划层面上带来了巨变。

三 占屋运动突如其来的历史性消亡

我的情况与同事兼友人卢卡·帕塔罗尼（Luca Pattaroni）不同。卢卡在那之后对当代日内瓦城市问题做了出类拔萃的考古式研究（Cogato Lanza, Pattaroni, Piraud & Tirrone, 2013；Pattaroni, 2020）。我却未能见证我们调查之后不久就被宣布政治死亡的占屋运动的最后时日。① 一系列闪电式的驱逐风暴动用粗暴的警力和大量司法程序及行动重申了占屋行为的非法性，连带"特色日内瓦"对占屋的同情都遭到了否定。占屋者使用了一定的抵抗策略，支持同情的程度不一，但还是以屈服告终，没有沦于全面暴力，没有仇恨情绪的爆发，如果是那样就会播下内战的种子。他们最终屈服于国家暴力。而且，总的看来，降伏的过程相当迅速，他们只是将剩余战斗力量集中于象征意义较强的那几个地点，与公权力部门协商了一些居住方案，其间也有人由此陷入无止境的法律救援程序中。

乍一看，占屋运动的快速根除十分令人费解。其实驱逐行为从三十年前该运动伊始就频繁发生，但从来也没让人产生过一丁点儿运动终结的幻想。恰恰相反，可以说驱逐"滋养"着占屋运动，每次驱逐都随即为其注入生命、提供武器：每次镇压都会加剧抗争者们的愤怒，让他们变得更加顽固，更坚定他们占据其他空置住所的决心。每次驱逐都是向公众宣传行动、掀起反抗之狂潮的绝好机会。然而最后政治权力致命一击，该运动便迅速消亡，仿佛占屋运动在某种程度上早已预先准备好要消亡一般。或者至少可以说，多少次，它曾借驱逐之力为运动力量鼓劲，丢掉一个堡垒后去占据另一个某种意义上来说同样的堡垒，由此而绝地重生。这次却再也站不起来。

为了还原这次突然的消亡，学者提出多种解释。今天有关此事的历史总结中，最有影响力的说法是当时政治和经济形势的结合促使占屋运动瞬间溺亡。90年代末开始，国家权力在维护公共秩序和物权保护上的态度发生了巨大转变，并很快就辅以强硬的镇压机器（一名检察官宣布对占屋"零容忍"）。恰逢当时日内瓦市开始寻求加强自身的国际吸引力。日内瓦希望成为经济大城市吸引外资，为此住房需求的

---

① 我最近又有机会对日内瓦占屋运动做了一次调查。这项新的研究以部分占屋者的亲身经历和他们所保留的资料档案为依据。我之前也对城市变迁和寻求吸引投资的"模范城市"的出现做了另一项调查，对非法占屋现象十分关注。于是两项研究正好交叉（Bréviglieri，2013，2018 et 2019）。我们会最后一部分谈及这一点。

压力上升，刺激了始于十年前的房地产投机浪潮，于是就加速了对非法占屋行为的铲除。占屋者逐渐失去政治支持，抵抗力量削弱，而同时内部纷争也开始影响他们在公众眼里的可信度。这一因果分析的着力点在于当时发生的历史事件起了决定性作用，这种说法不失其道理，但是它不能帮我们看清，其实运动本身业已为自身的消亡做了预先准备。而且，根据托马斯·阿吉拉（Aguilera，2017）有关城市非法活动治理的比较研究，日内瓦市对占屋运动实施的吸纳消解政策，无论暴力程度如何，无论决心如何坚定，根本不足以以一己之力根除这一现象。因为每一次根除的尝试都会不可避免地导致非法抗议运动的重生，这个规律我们在前一段已经有所提及。要想读懂日内瓦占屋运动为何迅速消散，只从政治经济语境中寻找原因是远远不够的。

上述语境化的解读中，市场和国家似乎成了该过程中唯一起作用的因素，这样的解读未免有所不足。因为它忽略了一系列与居住空间内部历史相关联的因素。居住空间的内部历史，指的是居住空间内不断变化的杂居的格局，以及杂居和作为反例的外部世界之间不可割裂的联系。"反例"是反主流文化浪潮的建构产物，他们反对经济上资本主义为主导、精神上又从众的城市社会，这种对立立场让反主流得以存在。占屋运动反对的就是：银行机构和国际组织林立、热衷房产投机、堆金积玉的日内瓦。如果将这一点纳入对日内瓦占屋群体的迅速消失的思考，我们就能将以下的论据有机结合起来给出解释：

1. 被占空间的基本居住原则逐渐遭到侵蚀，使其存在的根基不再稳固：政治色彩弱化，内部小集团小领导的出现将人际关系变得等级化，空间占为己有的行为局限了集体活动，等等。
2. 占屋运动的外部世界对这个人群的生活方式所显现的部分特点和原则逐渐产生了兴趣，建立起两个世界之间的些许通道。外部世界在自身变化过程中吸收了占屋者的部分批评和审美，相当大程度地对市政管理目标中生活质量标准的相应内容做出了修正。而占屋运动却批评如故，保持其反抗姿态，就显得未作出足够的调整，其对城市社会的批判就不再那么有理有利。

3. 与外部社会的极端对立是占屋运动个人和集体生活方式的最初核心。随着这种关系的逐渐弱化，相互影响的领域和妥协思维开始出现，两个世界之间的分界线原先以运动和城市斗争基础，现在这条线开始变得模糊脆弱。同时，占屋运动的斗争接下来如何转型的问题也浮出水面。

四　两种对立的世界蓝图（对前景的思考）

正如日内瓦最初的占屋运动给出的界定那样，1970年代初，占屋者主要活动就是建立新的联盟场来表达抗议和反对。这些场所中，他们的目标就是建立起能够"讥讽'正常'世界"的"微型实验社会"（Gros，1987）。运动的核心成员以新成立的行动委员会为基础，进驻空置的房屋，试图用这样的居所来针砭他们自己继承并生活于其中的世界。于是，占屋其实并未与他们所抨击的、树以为敌的社会分离，因为他们要的正是作为敌对方的另一极端而出现。"反主流文化""另一种潮流"① 等著名的那些说法的意义便源于此。他们的政治理想是：原有秩序由不平等、墨守成规、专制社会建立，在撕裂原有秩序之前，首先要能够提出颠覆的图景，强调颠覆本身就蕴含着价值和承诺。这种颠覆首先依靠反抗所带来的释放（反抗乏味和屈从），反抗是要从意识形态上将政治、家庭、宗教、性、经济的常规组织图式进行拆解，打乱原有的价值排序，建起一个向原先这些图式说不的共同世界。

还必须要提到的是，要理解日内瓦占屋运动如此强大的生命力和活动力，就必须提到另一种与人类学视角主义接近的分析（Viveiros de

---

① 卢卡·帕塔罗尼（Luca Pattaroni）等学者重溯了从"反主流文化"到"另类文化"再到"新兴文化"的进展历程，他们提出一种细致入微的历史解读，呈现出艺术世界的边缘地带在近四十年来将文化讨论带入新的课题中，移到与城市政治相关的经济利害关系中，推进了有关文化问题的讨论（Pattaroni，2020）。

Castro，2009）。这种分析认为占屋群体深嵌社会之中，几十年中，占屋运动始终有两种截然相反的形象，分别来自其自己和外部环境对它的认知和设计。这两种形象相互驳斥且互不认同，很长时间内保持着距离没有交流。而到后来，当它们的观点真正产生交流的时候，占屋运动和日内瓦社会就产生了相互的吸纳，由此拉开了前者消亡的序幕。公权力以自我为中心，在它对该运动的投射理解里——上文已经多次提到其相对善意的一面；占屋运动并不轻易让人联想到危害性，更多被联想的是年轻人的形象：躁动不安、无所事事，社会可以原谅他们。要指出的是，三十多年中，先后有两代人参加了占屋运动。尽管他们尽力避免占据同一批住所，避免过多过密的往来，但毕竟还是让人产生一种感觉，即新一代年轻人接了上一代人的班（Gros，2005）。① 在公权力认知范围内，这些非法占据住房的行为表达的是对社会融合模式的一种质疑，但不会从根本上威胁到社会。那么对国家而言，最关键的就是要正确引导抗议运动的能量，帮助一些想法和项目落地，既让它们发挥某种程度的社会价值，又不严重违背民主的原则。于是，日内瓦随即提出设立制度，采纳宽容的态度，赋予占屋者以责任感（在社团内部建立信任契约），试图将他们的"野生"能量转化为某种公民的自由。这一观点包含着一种将该运动儿童化而且很乐观的视角：政府要做的只是用好的教育手段去面对一些尚未成长为成熟公民的年轻人。

的确，日内瓦占屋运动者中很大一部分接受了妥协，即默认接受了上述的制度化做法，这也就意味着他们与部分议员、警察和政府机构保持了一定的联系。但在对土地的态度上，占屋者们从未真正放弃过深层革命的远大目标，这也正是他们的运动力量之源。在他们这个

---

① 第一代占屋者迅速回归了体制结构，包括政治体制，他们对占屋现象的后来者表现出了特别的同理心。部分第二代其实是某些第一代的亲生子女或是自己孩子的好友。这种特殊的关照不仅在击破当时对占屋者加之于罪的一些说法方面起到了有力的积极作用，而且还推动了一项改良运动，即通过立法为占屋运动恒久持续提供了便利。分析时，应该关注这种代际关系与瑞士和日内瓦政治模式极具地方特色的一面很好地产生了共鸣，让人际关系在解决诸多问题中起到了重要作用，这些问题小到偶然的小事安排，大到产生重大影响的法律安排。

不同的视角中，公权力以敌人的形象出现，这种形象与之前提到的公民性教育者或开启谈判的对话者形象迥异。但是，下文会看到，革命理想深深扎根占屋者的心灵，甚至体现到了房屋外墙面上，掀起令人惊叹不已的一次次创作浪潮。以批判的方式对当时社会进行再描绘也是以这种革命理想为基础的。他们对社会的批评不再是基于其机构制度有待完善（即以社会进步的角度），而是其意识形态根本无法接受。这种思路认为，不应抱着通过谈判协商的方式就能让情况得以纠正的信念，而是要在占屋运动内部维持一种对这种意识形态无法容忍的氛围，与资本主义城市社会彻底决裂，向外面的敌人宣战，保持这条鸿沟无法逾越。在这条断裂带上，出现了两极词汇场，资本主义城市社会的每一个特点都能在占屋族群中找到一个对应评判性词汇。正是这一本质上的决裂将资本主义城市分裂成两个宇宙，赋占屋运动的想象以意义，让他们找到虚拟或潜在的共同点，也为某些攻击破坏行为奠定无声的根基。世界割裂，价值观和理想完全对立，滋养着鄙视情绪。这种鄙视虽然是相互的但却并不对称：占屋者通常被视作亟须教化的边缘化年轻人，对他们的态度是居高临下的鄙夷，而占屋者对镇压他们的保守社会怀有的则是敌意和不尊重。①

　　哪怕是在日内瓦这样高度和平的城市背景中，"城市斗争"问题也不能不引起重视：它不仅是占屋运动崛起的因素，更是使该运动旷日持久的因素。它的可能性让抗议运动永保备战状态，对它的警惕意识以一种文化遗产的方式长期存在，一次次不同的驱逐潮袭来之时也是这个意识猛烈觉醒之时。每次抗议游行的准备会议往往会制造热烈狂放的欢乐派对的印象，但其背后指向占屋运动外的敌人，用警惕武装自身的意识却丝毫不会因此削弱。用占屋者群体自己的话来说，这种敌意指向"无形的统治形式"，即挤压所有"自由空间"的统治形

---

① 当地媒体在报道最初反抗公共秩序的大型行动时，毫无廉耻地使用"野蛮人"的形象，表现出建立在这种二元对立思维上的界限划分，蔑视态度流于字里行间。当时在媒体报道中经常能读到此类标题："普兰帕莱平原野蛮扎营""计划拆除公寓被野蛮破门""警力出动野蛮舞会"（《日内瓦日报》，《剪报》，1977）。

式（Gros，1987），它召唤着无形的战斗者阵线。由此产生的隐性斗争贯穿于运动成员的日常生活并化身为这种日常生活：通过损害公物去破坏合法公权力的象征符号，对道德和经济秩序的种种反叛和挑衅，城市游击队与警方冲突时感受到的刺激和恐慌，对城市累积财富的攫取（在商店里行窃、非法回收家具、滥用公共财产等）。两个隐喻可以很形象地说明被占房屋的接待方式，一是高度防备外敌入侵的堡垒，二是收容保护所有遭到种种社会惩罚（道德谴责、刑事追责、学业失败、家庭抛弃、艺术创作失败、社会降格、竞争制度的抛弃等）的人群的避难圣地。即便杂居的多种形式会制造深刻复杂的矛盾冲突，但这些具有高度保护功能的形象还是有极强的黏合力和延续性，这一点还需要我们继续研究。但此外，我们还需要探究为什么这样兼顾的保护形象会分崩离析，过程又是如何。

五　占屋：团结的社群

因此在某种程度上，占屋运动的战斗力取决于将成员凝聚在共同圈子的集体黏合力。这个圈子往往与内部认同感极强的"家族"十分相似，而逐渐地其成员也都会扎根在同一个居住地点。一般用"另类生活方式"来形容这种以居住地点为中心的生存方式。在一方空间里，"人以群聚"而形成共同场所而且连世界观和由此延伸出来的意识形态也都一致（Thévenot，2014）。这些共同场所会将集体黏合在一起，尤其是在感性敏感地带——审美品位有高低之分，重要符号会引起共鸣，占屋现象的起源叙事、传奇、英雄、被神圣化的事物，以及让集体空气震颤的敏感元素——比如一曲情感深沉的让人心潮起伏穿透肺腑的音乐。占屋圈常见的朋克风就充斥在这些感性敏感地带，让后者构成一片共同情感的土壤，让某种特殊的集体生活风格具有高辨析度，同时又投射出一些理想，每个人都可以宣称自己对某一理想无比执着（无政府主义、个人自由、自己动手 DIY 等）。① 有了共同采纳的风格，抗议者的姿态和形象就有了表达的可能，集体的和谐度和粘合力也获得体现。风格会制造一种"反叛"的形象并引发对这种形象的迷恋，而这种迷恋又能在这样一个集体中得到充分的实现和表达。家族内部的同质形象带着无声无息又令人迷惑的力量，不时在特殊的欢腾时刻让集体的抱团得以表达，这些时刻可能是欢庆也可能是政治斗争，而其实游行时这两面往往兼而有之。

一踏入被占屋，很容易就能辨识出谁是这些地方的占领者，而谁不属于这里。进入的那一瞬间，弥漫在空气里的特殊气氛就会将人包围，让人躲闪不及。杂乱无序的事物随意摆放、派对过后第二天的味道、宽敞的空间、贴满墙壁的海报、社交礼仪和文明礼貌方面的不拘小节，还有对用躯体接触表现亲密的偏好，等等。占据②空间的方式、让空间显现的方式本身就为这种同质生活奠定意义基础。这些占据房屋空间的方式具体表现在空间布局、穿着和身体移动（触碰和行动）三个方面，也就是居住的三个外在表现，因为它们最能体现出各种超乎想象的特立独行、所有创意灵感、所有因为相信自由使用空间能让人成为空间的主人这一信念而做出的自然举动。这些空间的占据不同层面让他们牢牢地在此扎根，会让他们这些 1968 年 5 月风暴的意识形态继承人更加渴望尝试新事物、寻求标新立异带来的存在感。因此可以看到他们不懈追求个人风格，甚至将居住方式拟人化，制造出无限的个人特点（找不到两套相似的公寓）；穿衣、文身、体钉、体态、体验极端感受等，都是如此。这些极为独特的做法还在他们内部开启了崭新的表达方式，让交流打破语言的常规界限。政治抗议于是在这里就如鱼得水，通过绝对的多形态得以表达：歌曲、舞蹈、当代艺术、话剧、变妆等。使用的方式也十分多元：明讽、自嘲、暗讽、揶揄、

---

① 日内瓦有很多占屋群体就是围绕这种承载着满满情感的共同价值而成立。寻找同屋和对外沟通时也都主打生活方式牌："艺术家占屋群""女性占屋群""朋克雷鬼占屋群""摩友占屋群"，等等。（Grinevald Allenspach，2016）

② 指身体和精神上的双重占领和"在场"。——译者注

正面交锋、偶尔也会用上以受害者身份控诉的方法。最后，该群体关系建构方式上有一种隐性原则，要求成员特别珍惜当下的生活经历，要人们将信念投注此时此地的创造性瞬间，鼓励甚至要求他们对种种邂逅所带来的欢乐时刻保持开放和期待。这就与莫里斯·布朗肖（Maurice Blanchot）有关"68 年 5 月风暴的无规划意识形态"的描述十分接近：一种新的社会逐渐形成，其中没有任何利益和算计的形式，这种社会的重点不是生存，有一种东西先它而存在："爆发式的交流、让每个人不分阶层、年龄、性别、文化都可以与任何人同行开辟道路，就像和自己爱的人一样，这正是因为后者其实是熟悉的陌生人。"（Blanchot，1983）

六　占屋：开放的群体

　　占屋的群体经历让人思考一种杂居模式的可能性。这种模式能够让多元的居住个体融入集体，且不断激发独特生活方式的诞生。在这些杂居的空间中，往往会随着时间的推移而积累起成堆的物品，有的陈旧、有的险些成为废品，还有的是从街边丢弃的废弃物中捡回来的。这些街边垃圾本来的命运就是摧毁，或是等待夜间被人捡走而找到第二次、更持久的生命。空间中物品无序堆积、日常家庭生活气氛日渐浓厚，其结果往往是让占据的房屋显得杂乱无章。但混乱中还是能辨识出一种合法的外在表现模式。因为这些场所会组织政治活动，会反对资产阶级的从众思想和整齐光滑的世界秩序。更宽泛的范围来说，日常生活用品很自然也成为批评的对象，用来抨击消费神话、私人物权的多种方式、环保生态事业的困境，或者干脆抨击物品的功能性对生活的控制。在占屋群体古怪离奇的组合中甚至包括形形色色的动物，猫、狗、老鼠、壁虎、蛇、鱼等，将发出政治声音的抗议者范围拓展到极致。虽然这些动物已经被驯化，但理论上来说它们没有主人，因此有享有很大的行动自由，这个特点得到了占屋群体的承认，因此它们就以特殊个体的身份被收归占屋大集体并融入其中。我们做调查的时候——当然这一点也同样会发生在新人身上——听到过五花八门的离奇故事，往往是用动物形象通过拟人手法讲述寓言。有一个占屋群体，养了两头乳猪等着哪天烤了吃，发现其中一头跑了出去，跑到了街口警察局求救。此猪在警局扣留后不久就被送到了州兽医站，随后又被送还，最后全体成员一致通过将它作为完整意义的成员而接纳。之后这头乳猪就变成这个群体的象征符号。故事如此结局，展示了融入和承认的过程，由象征着追寻自由的逃跑行为开始，又经历了边缘人在外面世界漂泊的不幸经历，最后由全票同意接纳而结束。

看到这种面对差异的态度，我们不禁思考其开放究竟到什么程度？该群体与社会决裂的意愿究竟得有多强烈才会不断改变开放程度，不断修改可融入世界的界限？在日内瓦占屋群体中，开放的态度是民主和参与的载体，使海纳百川在此成为现实。但一边是民主开放态度，一边占屋运动却以身份认同和相似点为家族构架原则，这样就直接自相矛盾了。面对这两种对待差异和他性的方法产生的结构性矛盾，我们应该细致地去分析，为了继续共享一个居住空间，"亲友"在一起可以共同承受的是什么？可以共同实现的又是什么？通过这些矛盾，群体内的关系不断地在辩证变化中运动：亲近和疏远，个人化和集体化，包容和排斥。然而即便参与的方式不断增加、不断拓宽，这其中哪一组辩证关系都并不一定能够通过民主讨论得到解决。杂居需要有其他的方式去建构群体，要通过关系，即因对事物和生命的近距离接触而产生深厚而普遍的情感联系，才能得以建构。此外，凡事通过民主讨论得到解决的原则在集体生活中有的时候行不通，它并不能解决一切、负担一切。但是不按照这项原则行事还是要承担一定风险的，会被诟病为反抗运动的堕落、对异己的压制、不能够代表群体所有人。比如，新人的进入由内部成员自己举荐，也就是说自己人为自己人依次推荐，此为建立信任的担保。如此一来，占屋运动选择的就是不使用民主方式来讨论新成员的信念是否与本运动相符而检查其资格。但这样就会招来批评的声音，说这样容易促使内部因共同利益形成小团体，破坏其原来应有的大群体中人人互助和尊重的原则。随着时间的推移，杂居群体有可能会渐渐遭到部分人控制，很难防范武断集权的错误，从内部破坏以接纳异己和批评为根基的政治交流生活。因此，在这里所讨论的范围内，可以说，集体生活的维持会产生一种耗费精力的张力，但同时也存在一种对人际关系的创新式深入和充满权力斗争的自我表达（包括艺术表达）相当有利的气候。

占屋运动中，因权力斗争产生的张力十分强烈，但又处处显得合乎情理。之所以如此，不仅是因为城市斗争本身的性质，也是因为"共同的"形成过程中近距离生活制造许多问题。换个角度来看，这就是我们刚刚提及的结构性张力：杂居必然会导致近距离生活，这其中极具传染性的情感、合力的或爆炸式的能量都会弥漫整个空间，而这样的空间内恰恰又需要与他人保持一定距离，这样才有可能继续谈论自己在集体中的归属感。内部敌意加深后对集体和谐造成破坏；依赖性很强的成员达不到对独立自理的高要求（显然这种要求是出于对个体解放价值追求）；群体对激情即兴迸发所蕴含的创造性怀有过度的信仰，因而按照时间节奏去实现政治理想的做法就会遭到鄙夷……类似的危机情景非常多，近距离生活中随处会出现，然后就需要重申占屋运动的基本原则，才能解决一些出格失控的问题。危机不断出现，就需要为其专门开辟空间，让大家有专门的地方来重新讨论并解决，并且是通过日常生活中被高度拥护的辩论的方式。更普遍地来说，这些占屋者在共同生活过程中，辩论是种相当具有扩散性的沟通方式，以各种形式存在，让成员畅所欲言。但需要说明的是，尽管内心最私密的那些话语摆脱了道德桎梏，但政治话语还是相对受约束的，它需要符合一套整个群体拥护的共同的合法福祉（Bréviglieri，2009a）。这些共同福祉是让秩序与不对称共存的唯一具有合法性的方式，在这样一个天生不服约束的世界里，它们是维护共同正义的唯一根本保障。所有成员平等参与、任何人都有权独特、热情对待包括边缘人的所有人，在不断为这三个高级别原则辩护的过程中，正义的意义得到了充分的体现。要知道，面对私人物权制造隔阂、道德政治上墨守成规、城市建设标准化、利益至上的行事方式等现象，占屋者早在单方面赋予自己以批评权，不时通过愤怒或反抗的声音行使。上述这些原则（或这些共同福祉）会些许驱散成员的忧思。而部分别的原则却被认为过于资产阶级化、过于从众而遭到唾弃——比如讲文明有素质的公民行为或是政治讨论中的少数服从多数。这种鄙视为政治讨论扫清道路。被占空间内，暴力如果是为捍卫信念而发生，就不会遭到任何束缚。有时争论会达到白热化，狂怒发飙唇枪舌剑也颇为常见。这种情况不仅得到容忍，甚至暗地里对此有一定期待鼓励，这样才能让占屋的存在获得合法性，因为它的基础本就应是不断再生的抗议。然而尽管这些张力也有可能走向暴力，他们绝不会容忍警察、第三方或外人介入，因为一旦那些人出现就会被视作强制镇压力量。

七　共同生活意愿的消磨和自由主义的融入

回到我们最初的问题上来，让我们重新再看下最初的假设。到了21世纪第一个十年末，非法占屋运动的终结不能再简单地被视作是外部力量的结果。这里所说的外部力量就是不利于他们的政治经济环境，结果就是斗争力削弱，他们与当局的关系也发生了深刻变化。要理解与外部互动的相对变化，就得继续在居住空间内部做调研，继续调研杂居形成和演变的条件之变化。与占屋空间长时间居住相关的部分现象值得关注。长期居住是得到允许的，但时间长了以后，有些做法渐渐与抗议运动和追求解放的初衷相脱节：生活习惯会在保护性窝巢中僵化，共同财产会被人占有或滥用、成员会封闭于日渐牢固的私人友情中，还有一些家庭有了孩子后会产生新的小范围生活重心，因为需要平和有规律的幸福生活场所，而这点有时候与占屋运动的生活节奏和核心价值可以说是相违背的（Bréviglieri，2006a）。这些情景并非为了减轻占屋运动成员的斗争负担而特意设置，而是因为在一个地方长期扎根后这个地方慢慢地就成了港湾，就会因个人生活习惯而安排，是人性的自然结果。虽然占屋运动性质本就如此，但这种长期扎根的趋势——表现就是具体的熟悉空间逐渐成型——肯定不是观察时首先映入眼帘的：运动最明显的表现就是重大事件在公共空间的散布（通过非法活动和形式多变的反主流文化创造，公共空间日渐成为占屋运动的舞台）。仔细研究一下这些居住空间的历史，我们就会发现有一些特别的解读图式能够证实占屋运动日渐式微。我所调查的被占屋就提供了以下几个关键点。

一方面，被占的公寓逐渐被占据成私人空间，蚕食共享空间就是其中一种方式。人们会找到各种借口——比如无法忍受和别人共同生活，或是为了个人身心健康必须要营造有利的内部氛围——用多种形式的隔断（空间格局改造、使用轻型隔断、公共资源被私人占有等），改变居住空间的生态（Bréviglieri，2009b）。虽然有时出于政治需求，要让空间和家具归为集体使用，这一情况会遭到质疑，但随着杂居成为长期生活方式，而且运动斗争始终要求集体生活，会给人带来疲倦感，因而隔断和占有总体来讲还是基本得到容忍的（Bréviglieri，2003；Bréviglieri & Pattaroni，2005）。

另一方面，蛮横霸道的人也时有出现，并且地位日益稳固。往往有一些老住户，因为住龄较长而获得了一定权力，最老的住户似乎就成了占屋形象的代表，他们倒不一定明显表现出对个人权力的欲望，但是杂居空间内随处都能感受到他们的存在和个人故事。出于这些原因，他们也会因其一言堂式的首领风格而招来不满。其他的占屋者，尤其是新人，还会指责他们独断专行、蛮横跋扈，认为他们毫无理由地享有特权，过度自在、过度扎眼，私人物品占满共用空间、不再遵守集体使用空间的一些原则、打击他们的平等理想、挑拨离间、不让其他人有丝毫在自己家的感觉等。这种特殊的专横作风会使部分占屋者心里产生不悦，尤其是还不能批评，因为一旦批评就会对"别样生活方式"产生负面影响。我们观察到，比如，一个占屋者从街头捡回来一些家具和废品，用来做一个艺术项目，但这些东西堆满共用房间，大家只能一肚子怨气地忍耐。大家不会要求这些"暴君"从共用空间中把物品撤走放回自己的房间，但他们会选择遁入自我私人空间，以免感觉自己成为这种霸主的附属。这两种方式使得私人化的思想逐渐在杂居空间中成了气候，破坏某些为保证被占据的空间应该公平共享，应该能够为抗议行动提供场所，但同时又有热烈气氛的更高等级的公共原则。于是，多元化个人空间应运而生，它们保证舒适，还不受本应主导日常生活的参与原则的约束。

所以我得出的想法是，占屋运动的文法原理逐步将政治自由主义的免疫特质纳入其中，以便给自己以双重保护：不受斗争运动的要求束缚，免遭长期在狭小局促空间内共同生活的不便。这会再次开启有关占屋生活的真实性（以及是否存在有一种较为温和的运动）的内部争论，促进运动内部根据激烈极端程度而进入分化。在这些内部矛盾的基础上，外部的批判声音也直指占屋者世界的相对的"资产阶级化倾向"，以及部分成员机会主义之嫌，怀疑他们是出于个人利益占据房屋而不是为了集体事业。

八 相互吸纳的力量：城市规划重视占屋文化

要对占屋运动的瓦解有透彻的理解，还需要进一步将问题意识推得更深远。为做到这一点，我需要打破占屋运动留给外界的"自给自足、割裂于社会和政府"的形象。对立和局外感确实存在，确实是运动的基础，但从未达到绝对的程度。占屋运动三十年变迁中建立了反主流文化的基石，不能简单地被说成是抵抗社会的果实，它也是相互吸纳消化的结果，甚至可以说是吸纳效应强化后的结果。这样就可以部分解释该运动为何加速瓦解。因为在此之前有过两个重大的相互关联的变化：占屋运动内部文化战线较其他斗争战线队伍更加强大，政府部门对文化创作（被称作"崛起中的新文化"）的重视程度日益加大，同时城市管理政策还将让市场价值融入自由民主的政治意识形态确立为目标之一（Pattaroni，2020）。

日内瓦占屋群体并未自暴自弃，没有出现大批"逃兵"或严重的自我毁灭危机。它的消解是因为与外部的资本主义城市社会保持往来，后者虽然是它批判的反例，但却表现出有能力吸收这个运动的根本特性（尤其是其创造力），重视这些特性并将其与运动的其他特点剥离。当代城市熟谙如何运用民主、法律法规手段，以及对商业竞争调节力的过度信仰去推广自由政治模式，是这种自由主义政治推广的关键力量（Bréviglieri, 2013 et 2019）。城市自己也投入了竞争，将重点放在城市形象和吸引力上，也就是其吸引国际资本的潜力。在这个定位中，它们尤为重视自己的沟通宣传能力和城市营销力，而后者正是取决于各种资质和举办有高度媒体影响力的活动的能力。这种吸引力的潜力取决于城市的创新力，而创造性人才的汇聚则必然有助于增强城市创新力。占屋运动则在创造力点上有两大优势：首先艺术创作是其政治行动文法原理的支柱之一，其内在的抗议批判姿态本身就需要活跃的想象力才能创造视角的颠覆。资本主义就可以在这个创造性人才云集的人群里寻找机会取其所需，或者在这里挖掘出新兴的消费循环。在城市管理的上游，占屋运动的创造力被作为文化生活质量的保障，这样就能使城市利益链的下游去部署吸引消费者和投资者的操作，而后者真正关注的是城市的经济潜力。占屋运动对自由主义的城市政策的实施做出了清晰可辨的贡献。城市政策为了鼓励在社会事务和文化领域的创业，不能不意识到占屋者的独立行动的自治能力，他们在最初的非法占屋行动中，便彰显出非凡的自我管理和自我决策能力，而这本就是他们最根本的理想信念。

驱逐风刮起之时，出自占屋运动的"文化行动者"（RAAC——艺术家及文化工作者联盟）阵线组织起各种民主论坛，与政府权力机构协商谈判如何解决艺术家再安家和独立创作补贴金保障这两个问题（Piraud et Pattaroni, 2020: 112 – 118）。许多占屋者看到了自由文化政策提供的机会、帮助和激励措施后，纷纷申报了与占屋运动无关的项目。新型城市规划创造的机会"福包"中尤其包括废弃工业飞地改造、破旧或名声不好的公共空间改造等。目标是创建趣味空间和欢庆气氛、回收的可利用物资充分、再利用的奇思妙想源源不断、"此时此地"的创造力,所有这些元素都构成培养信心的共同宝藏,陪伴着占屋运动,在此基础上,产生了视觉美感达到国际高水准文化活动的文法原理(Carmo, 2020)。当代城市将自己的文化吸引力淋漓尽致地表现在另类文化场所和大型露天活动的打造上,奉献给民众(Bréviglieri et Pattaroni, 2016; Pattaroni, 2007; Pattaroni & Piraud, 2020)。

占屋世界被化解在城市政策中,最后只剩下该运动零星的剩余。其变化虽然与此有一定的亲缘关系,但还是有别于此:工业飞地没有被占用,而是被改造成艺术工作室后出售或出租,另类城市咖啡屋的"地下"风格(不配套的家具、刻意的凌乱、吧台消费等)明显有别于出于摆脱资产阶级从众风格的欲望而造成室内乱成一团的情况。其散发的独特风格不是对商业竞争制造的过多消费品的批评,人行道上废旧物品的回收也不等同于去二手废品仓库淘货(二手废品仓库突出的是社会和谐政策),争议颇多的园艺种植(种植大麻、公共空间一角随意开发成城市小花园等)也不同于生态街区居民开发的精美菜园,参与式论坛和真正吵闹不休的占屋运动全体会议也不能混为一谈。差别在于,城市管理的文法原理中吸收了占屋运动,让它融入民主自由主义、对市场的重视、基本规范的设立(这其中又包含城市布局的标准规范化),从而发生了巨变。占屋运动在自身的变化过程中走向终结:它不得不接受这样的政府的要求,收敛运动的深层政治信念所构成的集体阵线锋芒,收敛其极端性和暴力倾向,将其反主流文化"驯服"(Stavo-Debauge, 2014; Pattaroni, 2020)。日内瓦占屋运动遭到解散威胁后制定了策略,支持以艺术创造为核心举行大型抗议活动(Pattaroni et Piraud, 2020b),就是这种变化的体现,这种变化以相互吸收和自由化的公共政策文法原理的平衡为基础。政府或私人基金的激励下出现一些治理政策,不仅仅将艺术创作转化成合理的项目并辅以财务和合同保障,而且还让创作发生巨变,让创作不再像以往那样不可预见、不遵守规则和要求。

今天的资本主义城市可以接受以城市为批判对象的行动主体。这些抗议批判者，会接受一些妥协，甚至一路妥协，进入了城市，获得了一席之地，也就接受了某些矛盾。项目程度不一地受到对他们的创作的标准化的管理，他们在城市的各种项目中也占据了位置。这些项目的机制有安全保障，预算有控制，城市管理者希望借力增强城市吸引力，从而推高房地产，可谓极具讽刺意味。标准化的机制赋抗议艺术家以责任承诺，让他们作为"项目主持人"去完成行政、财务和公关事务。他们就此进入公共活动和新兴文化政策中，其艺术工作室毗邻消费殿堂、社团居住合作社、新的社会政治向民众参与、生态街区或是其他性质的场所表示开放。由于他们成了社会变化源头的一部分，那么无论哪种情况，他们都很难再与蜕变中的资本主义保持批判性距离。

参考文献

Aguilera, T., 2017, *Gouverner les illégalismes urbains. Les politiques publiques face aux squats et aux bidonvilles dans les régions de Paris et de Madrid*, Paris, Dalloz.

Blanchot, M., 1983, *La communauté inavouable*, Paris, Les Éditions de Minuit.

Boltanski, L. & Thévenot, L., 1991, *De la justification. Les économies de la grandeur*, Paris, Gallimard.

Bréviglieri, M., 2003, "La résistance au rapprochement. Cohabitations pérennes dans un squat", in Bréviglieri, M. & Conein, B., *Tenir ensemble et vivre avec. Explorations sociologiques de l'inclination à cohabiter*, 82–167.

Bréviglieri, M., 2006a, "Le fond ténébreux de la routine. À propos des morales du geste technique au travail", in S. Laugier & C. Gautier,

L'ordinaire et la politique. CRAPP/EHSBM/PUF, 189 – 217.

Brévigleri, M., 2006b, "Le temps des cohabitations", in P. -M. Huynh, *Habitat et vie urbaine. Changement dans les modes de vie*, Paris, Éditions du PUCA, 45 – 56.

Brévigleri, M., 2007, "Ouvrir le monde en personne. Une anthropologie des adolescences", in Brévigleri, M. & Cicchelli, V., *Adolescences méditerranéennes. L'espace public à petits pas*, Paris, L'Harmattan, 19 – 60.

Brévigleri, M., 2009a, "Les habitations d'un genre nouveau. Le squat urbain et la possibilité du 'conflit négocié' sur la qualité de vie", in Pattaroni, L., Rabinovich, A. & Kaufmann, V. (dir.), *Habitat en devenir*, Lausanne, Presses Polytechniques et Universitaires Romandes.

Brévigleri, M., 2009b, "L'insupportable. L'excès de proximité, l'atteinte à l'autonomie et le sentiment de violation du privé", in Brévigleri, M., Lafaye, C. & Trom, D., *Compétences critiques et sens de justice*, Paris, Economica, 125 – 149.

Brévigleri, M., 2013, "Une brèche critique dans la 'ville garantie'? Espaces intercalaires et architectures d'usage", in Cogato-Lanza, E., Pattaroni, L., Piraud, M. et Tirone, B., *De la différence urbaine. Le quartier des Grottes / Genève*, Genève: Mètis Press, 213 – 236.

Brévigleri, M., 2019, "Lisbonne XXIè siècle. Vers un nouvel espace référentiel du centre urbain: emprise marchande, aménagement certifié, libéralisme multiculturel", *espacetemps. net*; URL: https://www.espacestemps.net/articles/lisbonne – 21e-siecle/.

Brévigleri, M. & B. Conein, 2003, *Tenir ensemble et vivre avec. Explorations sociologiques de l'inclination à cohabiter*, rapport final Plan Urbain Construction Architecture, p. 438.

Brévigleri, M. & L. Pattaroni, 2005, "Le souci de propriété. Vie privée et déclin du militantisme dans un squat genevois", in Morel, A., *La société des voisins*, Éditions de la Maison des sciences de l'homme, Paris, coll. Ethnologie de la France, 275 – 289.

Bréviglieri, M., L. Pattaroni & J. Stavo-debauge, 2005, *Les choses dues. Propriétés, hospitalités et responsabilités. Ethnographie des parties communes de squats militants*, rapport final pour la Mission du Patrimoine Ethnologique, p. 333.

Bréviglieri, M. & L. Pattaroni, 2016, "A l'air libre. Notes sur l'expérience vive et commune du dehors", in Györik Costas, L., *Dehors ! Cultiver l'espace public*, Genève, Editions la Baconnière, 18 – 24.

Carmo, L., 2020, "Esthétiques de la résistance et du recyclage", in Pattaroni, L. (DIR.), 2020, *La contre-culture domestiquée. Art, espace et politique dans la vie gentrifiée*, Genève, MètisPresses, 149 – 174.

Clement, K., 2017, "Mobilisations sociales à Astrakhan. Une politisation terre à terre", *Revue D'eétudes Comparatives Est-Ouest*, Vol. 8, n°3 – 4, 125 – 158.

Cogato-lanza, E., Pattaroni, L., Piraud, M. et Tirone, B., 2013, *De la différence urbaine. Le quartier des Grottes/Genève*, Genève: Mètis Press.

Grinevald Allenspach, 2016, 40 *ans d'histoire des squats à Plainpalais. Du Mouvement de Relocation Forcée au Rhino*, mémoire de Master, UNIGE.

Gros, D., 1987, *Dissidents du quotidien. La scène alternative genevoise*, Lausanne, Éditions d'en bas.

Gros, D., 2005, "D'une contre-culture à l'autre", in Chantre, P. -L. (dir.), *Genève en mouvement*, 24 – 31.

Lamont, M., Thévenot, L. (eds.), 2000, *Rethinking Comparative Cultural Sociology: Repertoires of Evaluation in France and the United States*, Cambridge, Cambridge University Press.

Pattaroni, L., 2005, *Politique de la responsabilité: promesses et limites d'un monde fondé sur l'autonomie*, thèse de doctorat, EHESS/UNIGE.

Pattaroni, L., 2007, "La ville plurielle. Quand les squatters ébranlent l'ordre urbain", in Bassand, M., Kaufmann, V et Joye, D., *Enjeux de la sociologie urbaine*, PPUR, 283 – 314.

Pattaroni, L., 2012, "Les friches du possible: petite plongée dans l'histoire et le quotidien des squats genevois", in Gregorio, *Squats. Genève 2002 – 2012*, Genève, Labor et Fides, 95 – 119.

Pattaroni, L. (dir.), 2020, *La contre-culture domestiquée. Art, espace et politique dans la vie gentrifiée*, Genève, MètisPresses.

Pattaroni, L. & Piraud, M., 2020a, "L'irruption des contre-cultures dans la ville. Petite histoire genevoise de la part spatiale des subversions", in Pattaroni, L. (dir.), 2020, *La contre-culture domestiquée. Art, espace et politique dans la vie gentrifiée*, Genève, MètisPresses, 27 – 58.

Pattaroni, L. & Piraud, M., 2020b, "L'invention de la culture alternative. Quand la question culturelle devient question urbaine", in Pattaroni, L. (dir.), 2020, *La contre-culture domestiquée. Art, espace et politique dans la vie gentrifiée*, Genève, MètisPresses, 59 – 79.

Piraud, M., & Pattaroni, L., 2020, "L'avènement de la post-contre-culture. Fragmentations, coalitions et nouvelle géographie culturelle", in Pattaroni, L. (DIR.), 2020, *La contre-culture domestiquée. Art, espace et politique dans la vie gentrifiée*, Genève, MètisPresses, 105 – 147.

Sarthou-Lajus, N., *La culpabilité*, Paris, Armand Colin, 2002.

Stavo-Debauge J., 2014, "L'idéal participatif ébranlé par l'accueil de l'étranger. L'hospitalité et l'appartenance en tension dans une communauté militante", *Participations*, Vol. 9, n. 2, 37 – 70.

Stavo-Debaugb, J., 2017, Qu'est-ce que l'hospitalité? Recevoir l'étranger à la communauté, Montréal: Editions Liber.

Thévenot, L., 2006, L'action au pluriel. Sociologie des régimes d'engagement, Paris, La Découverte.

Thévenot, L., 2014, "Voicing concern and difference. From public spaces to commonplaces", *European Journal of Cultural and Political Sociology*,

Vol. 1, n 1, 7 – 34.

Thévenot, L., 2015a, "Autorités à l'épreuve de la critique. Jusqu'aux oppressions du 'gouvernement par l'objectif'", in Frère Bruno (sous la dir.) Le tournant de la théorie critique, Paris, Desclée de Brouwer, pp. 216 – 235.

Thévenot, L. & Kareva N., 2017, "Le pain merveilleux de l'hospitalité. Malentendus éclairant les constructions du commun", *SociologieS*, URL: http://journals.openedition.org/sociologies/6933.

Thévenot, L., 2017A, "Des liens du proche aux lieux du public. Retour sur un programme franco-russe pionnier", *Revue d'études comparatives Est-Ouest*, Vol. 48, n. 3 – 4, 7 – 43.

Thevenot, L. (avec la collaboration de Janna Tsinman et Ariane Zambiras), 2017b, "En commun, en différend. Politiques comparées dans l'apprentissage de la vie ensemble en foyer étudiant", *Revue d'Etudes Comparatives Est-Ouest*, Vol. 48, n. 3 – 4, 45 – 93.

Viveiros de Castro, E, 2009, *Métaphysiques cannibales*, Paris, PUF.

从历史视角解构实用主义社会学
——以日内瓦占屋运动研究为例

严 飞 黄思奕

在法国社会学家马佩力（Marc Bréviglieri）的这篇有关日内瓦占屋运动的文章中，他所探讨的核心问题就是为什么这一轰轰烈烈的城市运动会突然销声匿迹。他并没有用社会运动研究的一般范式去探讨这个问题，这是因为他发现学界用政治和经济形势结合促使国家权力对这一运动的容忍度下降，进而加速铲除非法占屋行为的因果逻辑来解释，这远远没有看到这个运动内部群体关系以及内部群体和外部群体互动的变化对其消亡产生的决定性影响。而占屋运动本身就是一场以进驻空置房屋、改造新居所，并通过这些特殊的房屋来针砭和讥讽"正常"世界的"微型实验社会"，因此占屋运动参与者群体内部以及他们和外部社会的互动关系，又很直接地通过居住空间呈现出来。正如作者所说，"居住空间的内部历史，指的是居住空间内不断变化的杂居的格局，以及杂居和作为反例的外部世界之间不可割裂的联系"，他希望通过深入分析占屋运动中居住空间的内部历史对文章的核心问题作出新回答。

一 越划界越融合——占屋运动的内部空间史

马佩力所说的"居住空间的内部历史"，毫无疑问并没有探讨某一个具体的历史事件对占屋运动的影响，这正是作者想要摒弃的。

"现实是一组连续事态的组合……事态本身是一个连续的、没有分断的整体，中间没有时间和空间的分界"（上田信，2004），因此文章里作者所想要发掘的"历史"，是占屋运动群体和外部社会在同样的时间轴上、同一个大社会空间里连贯的、相互的关系，是这种关系由于各自本身的特点和张力引发的变化如何导致了这场运动结果的过程。他在文章中也运用民族志材料，对占屋者的空间关系和他们所反对的"城市社会"或者说"外部社会"之间的空间互动有深入的分析。

造成这场运动突然消亡的内部张力在哪呢？作者分析得十分细致，但我们将之归纳为"越划界、越融合"。占屋者原本的信仰是要"撕裂原有秩序"，要和"经济上资本主义为主导，精神上从众的城市社会"作最极端的切割和最鲜明的对立，这种对立的立场也是他们得以存在、被自己和"主流"定义为"反主流"的基础，是他们个人和集体生活方式的最初核心。因此"划界"对占屋者来说是必要且重要的，他们必须和外部社会划清政治、经济、文化、生活方式等方方面面的界线，并且一定要和他们所讥讽的这个外部社会不一样。但越划界，却越发现两个世界之间原本就在空间上相连，在价值观念、生活方式上相互依赖，外部社会中发生的问题和矛盾在占屋运动的微型社会里也一样存在。在划界的过程中，占屋运动的空间和外部社会的空间相互吸收，两个人群价值观念也相互融合，作为城市斗争基础的"分界线"也就变得逐渐模糊。

这个结果看似在意料之外，运动的走向朝着与它原本目标相反的方向发展；但却又在情理之中，这是对占屋运动内部空间史考察后可以想象的。在马佩力文章中所体现的占屋运动的"划界"，主要有三类，而这三种划界本身的确都充满了矛盾和张力。

其一是有关"什么是政治的，什么是生活的"。占屋运动本身是一场带有政治立场和目标的社会运动，这场运动本身始于对低阶层社区 Les Grottes 拆建项目的反对。并且正如前文所提到的，占屋者所打出的旗号是对现实的城市社会不满，他们想要通过实验和行动造出一个迥然不同的"微型社会",以讽刺现实、针砭"主流"。作为一场城市斗争,一场政治抗议,占屋运动的参与者们是需要组织起来参与抗议运动和追求解放的。占屋运动需要集体决策,需要参加共同的集会,需要通过一起生活来创造占屋政治的讨论空间、培育共同的价值观念。为了在群体中获得这种政治上的"共同",就需要"杂居",需要近距离生活。但我们都知道,生活本身是非常私人的,这二者其实本身是差距很大的。并且占屋运动的政治原则是"所有成员平等参与、任何人都有权独特、热情对待包括边缘人的所有人",这种原则落实在现实中,很难不产生争论、狂怒、唇枪舌剑,占屋运动本身是鼓励这种情况的。可刚进行了一场愤怒而激烈的争辩的人们,回到杂居的生活场景里又是彼此的邻居,需要和谐稳定的关系才能够有更好的生活。

因此随着占屋者们在居住上的稳定,想要每个人把生活的空间和政治的空间结合,毫无疑问要么过度充沛的情感和能量会压缩必要的生活空间,要么生活本身会使得政治的激情和理想被消磨而趋于平淡。最终,"作为占屋者而生活",或者说"生活在占屋运动社区"这种个人的空间状态,本身就成为一种不可能实现的矛盾形式。紧接着,如果占屋者们纷纷发现自己正处于这种矛盾之中,都在根据自己的情况作出选择、适应、调整,那么就会发现,原本占屋者们为自己群体所划定和外部社会不一样的政治参与状态、不一样的生活状态,似乎仅仅成为最初的几位革命者能够践行的伟大理想。后来的占屋者们似乎越来越成为自己当初最鄙夷的人,而这个结果并不是他们的意志变得不坚定了,又或是他们改变初心,而是他们最初设定的分界线所内含的张力就注定它的逐渐模糊。

其二是有关"什么是集体的,什么是个人的"。这个问题的划界其实与上一个问题息息相关。但这一划界工作的失败或者说占屋运动和外部社会的相互融合吸收,马佩力认为一部分源于运动的目标本身内含张力,另一部分则是因为"人性的自然结果"。

占屋运动本身是希望维持集体的凝聚力,因为这是他们战斗力的根源,可是这种以认同感和归属感黏合在一起的集体又像极了传统的家族。占屋者们渴求追逐个人风格，把居住方式拟人化，制造空间的个人特点，这是占屋社区和人群抗议外界的方式，是占屋运动的一项重要内容呈现。但这种个人风格的绝对自由彰显，又逐步地侵蚀和破坏着占屋者们的团结。即使我们可以说"他们最大的相同点就在于他们有个性"，但终究实现不了一个成功的社会运动所需要的"共同意识"和集体行动力。

人性的自然结果即在一个地方长期生存后，这个地方慢慢就变成了"家"，而不是"空间"。"家"在人们心中都是私人关系的，是有情感连带的，并非归一个社会团体管辖，不是一个公共空间。占屋者们在聚集的社区由占领者、闯入者变为所有者、居住者，集体生活逐渐使人厌倦，人性的自然结果逐渐使他们开始把共享的公共空间通过种种方式划归为个人私有的。马佩力在文中举了很多具体的例子，比如空间改造、轻型隔断、个人占有公共资源等，这和我们在中国乡村和不少城市老旧社区看到的"私搭乱建"庭院、阳台，用粉笔标记归属的广场舞场地似乎有着一种巧妙的一致。此时，占屋运动社区和"外部社会"社区，乃至远隔万里的、若干年后的中国社区，别无二致。

其三则是有关"什么是创造力的，什么是守旧从众的"。占屋者们开展运动的初衷是想要用自己无限的创造力来讽刺外部资本主义城市社会的守旧和从众，他们认为自己是"反叛的""反主流的"。但马佩力发现，占屋运动的形象看似始终有两种分别来自自己和外部环境的相反的认知，并且这两种形象互相排斥，但如果这两种观点产生交流，占屋运动和日内瓦的城市社会就会相互吸收融合，使占屋消亡。由此我们可以看到，在划界中，界线在哪以及清晰与否不会只取决于占屋者一边，虽然这个界线是占屋者率先主动划出的，还需要看界线的另外一侧——占屋运动以外的日内瓦社会的态度。

占屋运动开始之初，外部社会也许的确是"鄙夷"的，把占屋者们看作"亟需教化的边缘年轻人"，但随着城市自身的竞争需求变化，城市形象和吸引力的建设逐渐成为城市主流认同和当权者的目标。而

"吸引力的潜力取决于城市创新力",马佩力也指出占屋运动在创造力上的两大优势,即艺术创作是其政治行动的原则和其批判抗议姿态本身就激发活跃想象力,占屋者所具备的部分品质和占屋运动所宣扬的部分理念似乎已经成为主流的需要,也因而给了他们自治、自我管理、自我决策的空间。似乎占屋运动和外部社会之间在创造力和文化品位上的界线再一次同样不再清晰,只不过这主要是来源于他者的变化,而非自身的张力。因而以前占屋运动非法的空间占领和改造,被政府的城市规划转化为合法的公共空间改造项目,使脱轨的人、脱轨的行动被囊括到重新划定的轨道中来。

二 历史视角——实用主义社会学研究的特点

马佩力对日内瓦占屋运动消亡原因的分析范式属于"实用主义社会学"(pragmatic sociology)研究,他还整理出实用主义社会学的一整套问题,包括在社会变迁的背景下人们如何评判现实,变迁如何引起社会规范的调整和世界格局变化,个人生活与集体价值的共生反应与辩证关系,田野调查应该如何搭建研究框架等。事实上我们整体了解法国的实用主义社会学研究会发现,他们的研究重点总是放在"当代社会变迁随之而来的对现实世界的感知方式的检验,对世界评估和组织原则的检验,对具有政治道德合法性的治理形式的检验",他们会关注空间场所,关注变迁中的微观个体,关注社会运转的具体机制和效力,关注实际的社会规范和社会管理应该如何开展。他们关注的是社会转型背景下微观的、行动的主体,但他们并不是走在最前面的人。

实用主义对于社会学来说并不陌生,涂尔干就曾对社会学和实用主义有过辨析,在他看来,"现象不可能表现为封闭的系列,正因为事物具有一种'拐弯抹角'的性质……我也不能接受实用主义有关行动即起源的说法","实用主义是从心理和主观的角度来解释真理的。不过由于个体太有限了,不足以单独解释人类的所有事物"(涂尔干,

2005：119）。那时，虽然涂尔干赞同了实用主义相对理性主义的批判与进步，但仍然认为实用主义和社会学还是两个完全不同的价值取向和研究流派。但思想史的发展告诉我们，来自北美的这种社会思潮和行动方式后来深刻改变了欧洲古典社会学的思维和研究范式，为社会学的发展注入了新活力，影响和造就了芝加哥学派及后来一系列北美的社会学大师，同时这种新思潮也漂洋过海影响了欧洲社会学的发展。

事实上我们会发现，所谓"实用主义社会学"是在用实用主义的方法做社会学的研究。这种研究取向源于世界的不确定性变高、可预见性变低，社会转型和变化的速度加快，不同类型的群体之间必要的相互交往扩大，社会的撕裂和弥合不断上演。学者们希望抛开空谈宏大的社会话题，在最微观的社区里，在最小单位的群体里，找寻社会之所以能够存在以及裂缝之所以能够被弥合的原因。在解决实际的社会治理问题中，找到更具有普世价值的社会学问题的答案。这个答案如何寻找呢？答案组织的逻辑又应该为何呢？

我们认为涂尔干就已经给出了答案。"通过历史的角度来考察人类的事物秩序……人是历史的产物，因而也是变化的产物，在人的身上，从来就没有预先给定或确定的东西。历史既没有来由，也没有终点"（涂尔干，2005：118）。实用主义的趋向来源于社会的变动，但因为历史总是在不断变化之中，而人又由历史塑造，毫无疑问，历史的视角正是实用主义社会学的重要特点和武器。马佩力也在这篇文章中践行了这个视角，一场社会运动的消亡，不是政治经济背景的结构性偶变，而是在社会群体内部以及不同群体之间的关系发展，造成了运动内外群体的社会行动和社会观念的变化。应该注意的是，我们所说的历史视角并不是历史学的视角，历史在这里并不是一个时间点，而是一个时间段；历史也不是固定的文本故事，而是活灵活现的过往社会场景；历史的事件也并不是由宏大的、庞杂的经济形势、政治理念所决定，而是由具体场景中的人和群体之间互动关系的不断变化所决定。

三　从日内瓦关照中国

离开日内瓦的城市社区和马佩力回看中国,我们会发现北京的社区以及中国的社会学家们也有着不谋而合之处。我们也会发现,北京798艺术区的发展与占屋运动的消亡和融合是多么类似,城市权力对这些曾经的边缘社区、当下的"打卡潮流圣地"的规训和改造是如此雷同。我们还会发现,从中国早期社会学家许仕廉、梁漱溟、费孝通先生等人到当代的李强、沈原、郭于华教授等,无不关注小型集体如何构建能够适应每个人和所有人不同行为能力的共居生活,并通过了解这种脆弱共居的基础来更好地进行"社区治理",再通过社区治理的实践构建更好的城市社会规范和社会理念(郭于华、沈原、陈鹏,2014;沈原,2019;Li,2020)。他们也都同样运用着一种历史的视角,看到每一个小集体、小群体内部和之间的互动关系和发展历史,看到转型的社会背景下集体价值和社会行动的转变,看到更长的时间段里城市、社会和人类发展的逻辑。

参考文献

[日]上田信:《被展示的尸体》,王晓葵译,载孙江主编《事件·记忆·叙述》,浙江人民出版社2004年版。

[法]爱弥尔·涂尔干:《实用主义与社会学》,渠东译,上海人民出版社2005年版。

郭于华、沈原、陈鹏:《居住的政治:当代都市的业主维权和社区建设》,广西师范大学出版社2014年版。

沈原:《老旧街区的社区建设》,社会科学文献出版社2019年版。

Bréviglieri, Marc., "A Pragmatic Sociology of Cohabitation Absorption and

Distortion of the Geneva Squat Movement", 2019.

Li, Qiang, *China's Development Under a Differential Urbanization Model*. Singapore: Springer, 2020.

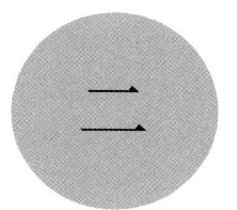

⇌

应对环境风险的过渡
——身处国家制定的沿海防洪计划下的居民们（法国圣米歇尔山海湾）

德维诺（Laurent Thévenot）
傅蘭思（Florence Padovani）

如何通过恰当的过渡来预防环境变化带来的风险和气候变化带来的冲击？2010年法国沿海遭遇洪灾后，政府制定了全国性的"海洋防洪计划"。我们探讨的这部分计划是特为圣米歇尔山海湾制定的。这片位列联合国教科文组织世界文化遗产名单中的海湾非常辽阔，得名于修建在岩石小岛上的圣米歇尔山修道院。从8世纪开始修建并得到扩建的修道院每天都吸引着众多的朝圣者和游客，是法国第三大旅游景点。借由这条被称为"安妮公爵夫人堤"的堤坝，人们从大海中开发出处在水平面以下的圩区和沼泽。除了旅游和蔬菜种植业，这片海湾还以生产符合AOC要求（即产地正宗、限量生产、质量检查合格）的贻贝和牡蛎而闻名。我们跟踪了"海洋防洪计划"在地方一级的执行情况，并反映了各方行为者因行动领域的不同而产生的冲突和多种多样的见解。除了环境部长、公务员、专家和在受影响的地点工作的专业人员外，居民是首先受到该计划影响的人群。那么，他们提出的辩护采用了哪些合理的形式，又是如何对其加以强调（"量值范畴的排序"：Boltanski & Thévenot, 1991），让各个活动和地点富有意义呢？对真实发生的事件理解不同、对证明该事件的证据掌握也各异，因此，随着证明方式和强调的重点不同，不管是对话，还是对别人的担忧和观点产生同理心也都变得愈加困难。在法国实行的民主制度中，居民参与公共事务是理所当然的,但公共行政部门对居民参与的重视与考量,才是本文希望加以审视和批评的重点。居民对自己生活的地方有着很深的依恋,但这份依恋却很难纳入"海洋防淹计划"的考虑之中。主要建立在地球物理学的专业知识上的这份计划制定时并没有考虑到人文科学(历史学、人类学、社会学)能够做出的贡献。本文所涉及的时间范围可以追溯到 11 世纪,也就是大堤初建的时代。专家们如今开始质疑该堤坝在抵御大型潮汐方面的有效性。本文呈现了该计划能得到中央支持的根据,并梳理出为何此计划在地方一级遭到质疑。

在此,我们将重点关注过渡期的酝酿,并分析在过渡期内催生出变化的多重力量,各方行为者的多元性及其应对预计灾难时行为方式的多样性。过渡期的酝酿就如同一条连接"之前"与"之后"的通道,是从一种状态过渡到另一种状态的桥梁。状态发生的变化对应着一个动态的过程,或多或少地影响了各地区,带来了或强或弱的反应,包括政治、法律、社会、环境等方面,让人们提高了意识,实施新的基准。有时发生在同一个地区的灾害总是卷土重来,令人忍不住质询并提出一个问题,即建立在经验反馈上的管理方法是否有效。

一 在过渡的源头……失衡……

如果我们把过渡看作一个时期,那么思考过渡问题时,一般都会从时间性上提出疑问。过渡既是一种中间状态,也是于不断变化的系统中游走在两个极点之间的过程,而且不总是可见的。其实,当下的气候过渡就让我们无法准确预测其走向。因此,必须明确界定对过渡(这里指气候变化)进行严格科学分析的初始条件。也许这才是过渡和变化的不同之处。变化反映了一种非连续性的形式,而过渡却意味着线性过程中发生的突变,而且这种过程可以在循环的形式下不断重复(Coudroy de Lille 等,2017)。相对于分析性的角度而言,系统化分析能让人的视野更为全面。因此,我们通过系统分析,可以想象在初始状态中存在着能催生变化的力量，一种缔造了过渡的失衡，它需要达到过渡的最后阶段才结束：一个新的状态出现了。整个过渡期的管理问题都在于如何陪伴、引导甚至阻挡过渡的进程（l'ubergang—Godelier，1990）。库尔特-卢因（Kurt Lewin）的变化模型（1952，1975）将过渡放在变革过程的核心，在"去结晶"阶段和"再结晶"阶段之间。放到系统性语言里，这些阶段一次对应了失衡和一个新平衡的出现：过渡是处在两者之间的。因此，过渡的出现是卢因在力场理论中解释的"去结晶"的结果，即稳定力和变化力之间的平衡遭到了破坏。然而，应该注意的是，这种不平衡的时刻可以或紧张或松弛，或快捷或缓慢；其机制可以是有计划的，也可以是受到外力强迫的。最后，推动变化的力量有时是内生的，而且从严格意义上说，很少是真正外生的，而大多数的时候两者是同时存在的。此外，再结晶的概念也受到一些人的批评，他们认为在不断变化的时代很难实现再结晶（Bareil，2004）。

二 对过渡的计划："应对冲击的艺术"

计划过渡的前提是在预期气候变化及其一些后果的逻辑中，对一个系统里假设稳定的力量有一个整体的认识，并预期将会到来的失衡。这里讨论的过渡指的是处在初始阶段的过渡。这意味着做出计划、设计出协调有序的反应，以避免悲惨的前景。这里分析的过程时间性很短，只以人的生命为尺度。在去结晶阶段，怀疑派、现实派和灾难派的言论各自为营。观点的对立助长了争议，有时还是维持现状派的人所刻意制造和利用的，而结果只能是把行动的时间更向后推迟。同样，科学技术的进步也导致了灾害产生时间的后移。就此事而言，是海平面的上升导致了灾害的产生。在过渡的过程中，很多力量也解释了一种方式不可能得到迅速变革的原因，其中包括技术上的限制，经济政治上的考虑，也是因为不停产生的争议减缓了变革速度。应该指出，时间上的渐变和或长或短的过渡与空间上的渐变有关，后者让人们能够根据采用的解读方式的变化，从微观的、地方的角度，过渡到宏观的、整体的角度。在本章分析的多乐沼泽的防淹工作中，我们指出，因为对有关地区的熟悉程度不同，对过渡的感受也就不同。"安妮公爵夫人堤"沿岸居民与政府派来的代表或科学家之间的介入程度不同。因此，这里存在着行动者、理由和行动方式的多元性。同时，要注意国家在这里扮演了保护公民的角色。国家的这种行为符合对国民负有的庄严承诺。

计划是一种介入方式，包含从不同的外延和规模化，到这里讨论的国家监管计划。从地方性的个人行动计划或项目这一最基本的层面来看，它为协调与他人的行动提供了可能性："计划行动指明了一种因为基于一种意图而被视为行动的行为……它的先决条件是把意图置于用目标呈现的计划中……计划要求将一项看似复杂的行动里前后相连、彼此相关的序列分拆开来。"（Thévenot，1995）这一复杂的行动旨在保护沿海地区的土地不因持续的气候变化而被淹没。计划里的介入需要得到现实中具有实用性的一面的支援。当这一面变成标准化的对象时，这种介入将扩大协商运作的范围。它所实施的有效权力需要这种标准化。德维诺（Thévenot，1997）称为"依规范或标准治理"。指定计划的官员将与科学家一起，对规范和检验设置做详细说明，从而起到陪伴过渡的作用。随后，这一计划将摆到相关地区的居民和工人面前经受检验和批评。

正如卡特琳（Catherine）和拉斐尔·拉莱勒（Raphaël Larrère）所指出的那样，在呼吁"灾难中的过渡"的崩溃论者中，我们一定要区分出两种人。一种人预见到未来一定会面临威胁，甚至迎来一场可能的灾难，并会思考避免这些威胁的过渡方法；另一种人则认为，过渡意味着适应已经发生的或不可避免的崩溃（Larrère 等，2016：243）。对于我们来说，站在第一种立场上，灾难并非是一片逃无可逃的黯淡，而是一桩充满张力的事件，它能够引发重大的人力和物力损失。我们考察并深入思考其改变现有平衡的能力。转变可以是一个"陪伴"的过程，在一个有限的空间里，阵发性事件的重复导向了一种在习惯支配下已经形成的接纳冲击的形式。

三 作为应对危机和预测风险的转型

　　管理好过渡期意味着突出一个或实际或潜在的触发因素。这就是安东尼·吉登斯（Anthony Giddens，1999）在其命名的"风险社会"中作出的分析。根据其定义，风险是一种可以用概率形式衡量的危险。在最极端的情况下，它可以通过灾难的形式变得具体化。因此，我们需要计算灾害发生的概率，通过不同的波及范围预测灾害的严重程度，并确定需要做出的经济补偿。法兰克·奈特［Franck Knight，1971（1921）］认为风险与不确定性相对立。不确定性指的是一种情况。在这种情况下，宣布危险发生的概率是不可能的。保险的概率计算很早就与风险测算相关联："保险创造了抵抗风险的解药……对风险的憎恶是与增加保险覆盖种类的倾向并存的"（November & November，2004）。根据吉登斯的分析，一个"风险社会"的意思是国家对受到威胁的共同利益负有责任，并作出政治性的回应。这就是专家和非专业人员对风险的认识往往存在分歧的地方。

　　在这里提出的防淹风险分析中，部分当地居民提出要签署责任免除书。这就意味着他们宁可冒着失去土地，甚至失去家园和生命的风险，也不愿违心接受防淹计划。但是，如果有些人愿意承担失去一切的风险，那么另一些人则倾向于采取预防措施。因此，这其实意味着在灾害发生前做出计算并预测后果。国家的任务是通过采取预防措施来避免灾害的发生，即使受到一部分人的批评，指摘这些措施的过分。专家治国的设置本意是为了抚慰人心，其具体流程是现成的，意在能为未来提供保障。

　　在一个有能力做计划的社会里，当出现计划中的事件、突然发生

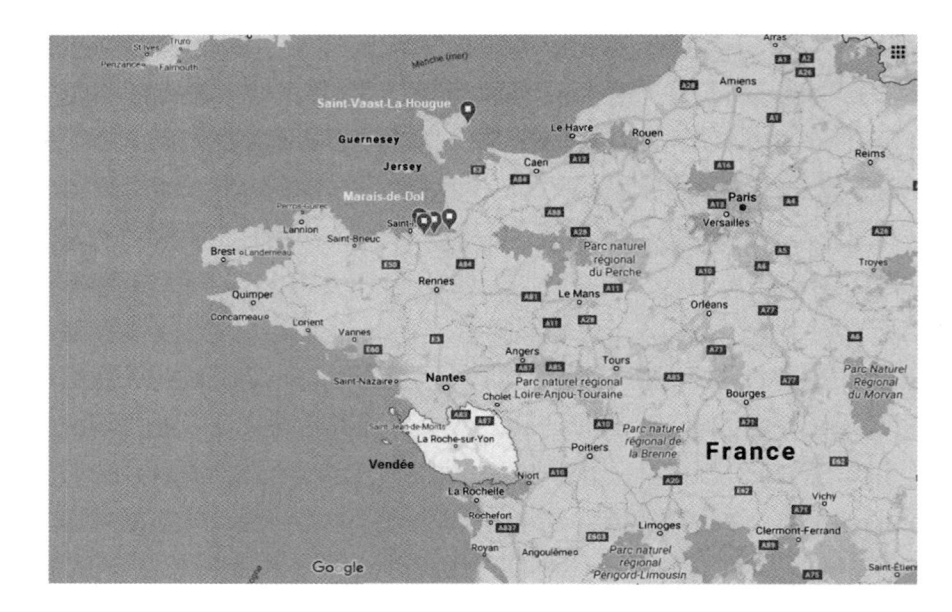

图 1　法国西部（地图由 S. Fontaine 根据谷歌制作）

图 2　圣米歇尔山海湾（地图由 S. Fontaine 根据谷歌制作）

的阵发性事件，或缓慢的动荡时，要有合理的管理来处理这些不平衡。在这里，记忆的重要与对惯常的依恋就开始发挥作用。记忆能预防新的灾难降临，或者更有效地做出反应。保罗·利科（Paul Ricœur，2003）在分析记忆、历史和遗忘之间的联系时，说明了一个单一的事件是如何可以被当作范例的。一个事件之所以能成为典型，并不是因其发生在已不可挽回的过去，也不是因其不可逆转，而是因其意义对未来很重要。最后需要指出的是，对于利科而言，历史事实与再次回忆所记述的实际事件是不同的。因此，对一场灾难的纪念来说，社会记忆和专家们为防止灾难再次发生，双方保留的东西是有距离的。与熟悉事物的联系，可以从"制造记忆"的方式中找到。

四　面临多乐沼泽淹没风险的各方

过渡标志着从一种状态到另一种状态的转变。因为它源于同一个词源的"焦虑（transe）"。这个词更加彰显了这份张力。在它的主要含义里，"焦虑"表达了对危险的焦急等待："对一种人们相信就要到来的邪恶降临的巨大担忧。"（Littré 词典）这个定义汇集了我们本章研究对象的三个构成要素。担忧指的是对一种情况加以理解，以便通过感官和思维对其作出判断。但从另一个通俗的意义上说，也正是有了这种理解才会带来恐惧。邪恶作为一种价值判断补充了对知识的判断。至于下一个限定词"就要到来的"，它涉及接近痛苦事件的时间和空间双重维度。掌握专业知识的管理人员试图在合理的距离内处理灾难性事件。但他们制定的计划和居民为深刻影响自身的灾难事件而担忧截然不同，因此就产生了冲突。这种冲突显示了在对人与环境的关系如何理解上，两种大相径庭的方式引发的张力以及从一种方式转变到另一种方式带来的张力：一场灾难将对一些人产生直接的、即刻的冲击；而对另一些人来说，运作计划和采取措施都在空间和时间上保有距离。这种结构性的张力是本文所讨论的现象所固有的，也是本篇的主题。我们的写作目的是分析这种张力产生的原因、表现和可将其缓解的方法。

我们调查的对象是身处危险，同时又十分焦虑的各色人等，以及那些在准备并采取计划措施中受到影响的人。《多乐沼泽受海水淹没风险预防计划》（简称《计划》）涉及布列塔尼圣米歇尔山海湾西部的多乐沼泽地区，包括22个镇子（常住人口15000人，夏季达21000人）。有赖于11世纪以来安妮公爵夫人堤坝的修建，这片沼泽得以从大海中开垦出来，并在19世纪与西堤连接了起来。这些8—10米高的堤坝保护了公海水平线以下的内陆地区。内陆是一个狭窄的运河网络（被称为"引水渠"），通过面向大海的水闸疏散海水。

猛烈的海潮带来的局部危险性由于海平面的上升而增加，并因与气候变化相关而带有了全球性。在圣马洛（Saint-Malo），西永大堤（digue du Sillon）经常有部分表面没入海中，但多乐大堤和圣马洛却与此不同，也非常少见。① 当讨论环境问题时，比例的极度多样性永远是讨论对象的一部分。离我们住所最近的大自然会让我们产生依恋，同时也将我们置于突破社会和政治界限的全球相互依存系统中。价值概念并不能充分反映这些具体的依恋和依赖关系。批评与辩护的实用主义社会学（Boltanski & Thévenot，1987，1991）的起源叙事为相互依存的关系定了性。各个关系在公共场合分别从共同福祉的不同范畴去批评对方，为己方辩护，寻求自身的合理性。

我们的研究对象还包括近距离的亲密关系。这要求我们超越比例和范围的概念，解释本不相容的理解方式之间紧张对抗产生的张力。以"介入"这个概念为基础的实用社会学延伸后通过区分与不同环境建立的、从最亲密到最公开的（Thévenot，2006）特定关系，使得分析公共资格成为一种可能。在不同时空取向的"介入制度"下，人

---

① 1962年4月5—6日的暴风雨给当地造成了巨大损失。多乐参议员兼市长为此于1962年5月29日在参议院发出如下呼吁："圣马洛（Saint-Malo）到帕拉梅（Paramé）以及圣米歇尔山海湾的堤坝断裂了，修理费用将由河边居民负担。堤坝的断裂是一场全国性的灾难，比不幸的马尔帕塞（Malpasset）事件严重得多"引自《2016年专家报告》，第17页）。1959年12月2日晚，马尔帕塞大坝垮塌，423人死亡。

们把握现实的"规模"也不尽相同，既有耳熟能详的个人化的线索，也有传统的、标准化的形式。介入的规模不同，对现实的认识也不同，处在令人担忧或遭到打扰的环境里的"介入"人员的价值判断也不同，从而对危险的防范措施的设计也不同。通过这种区分，我们可以了解居民和居民代表对预防程序和措施的反应。居民所表现出的关注方法与"风险预防计划"所制定的具有规范性和法律约束力的措施形成鲜明的对比：一张带有规定的建筑禁令或授权图，相当于附带"公共设施地役权"的"土地使用计划"或"地方城市计划"。

我们所做的调查跟踪了那些受潜在危险影响的人，因为他们正试着参与一个将从地方和个人层面影响他们生活的监管措施的过渡。接下来的呈现方式是以形象化的小节来说明，主人公们不只以论证方式，还会用图像和想象来展示这些张力。

五　从灾害到预防计划处方的正式过渡

2010 年 2 月，一场由强风和大潮共同造成的特大风暴在法国旺代海岸卷起了 1.5 米高的巨浪，并导致 59 人死亡，造成了大量的物质损失。随后，正如在多乐沼泽社区居民会议上播放的幻灯片所提醒我们的那样，共和国总统要求对受损国土进行全国性清查，并实施防洪方面的"风险预防计划"，其中一项计划涉及与圣米歇尔山相连的多乐沼泽。事情的起源可以追溯到一个被媒体广泛宣传的事件，这里将以受害者人数和损失量来量化。对此事件的展示首先讨论了圣米歇尔山海湾在舆论中的"声誉度"量值范畴（Boltanski & Thévenot，1991），然后谈到民选代表的"公民"量值范畴，最后，国家提出"要求"实施的"措施"，随后再下沉到地方执行。与受计划影响的群众的距离是公共空间的疏离所固有的。"公民"属性凸显这种距离，把与此事密切相关的人看作与共同福祉相对立，有着个人利益的人，并剥夺其参与辩论的资质。在整个调查过程中，我们都将重新发现这种介于依恋与疏离间、体现在不同方式中的张力。我们需要将之厘清，以便理解吸引我们的过渡所需要的条件和困难。

因为与受灾群众有着合理的"家庭式"的共同福祉，属于不同的"量值范畴"，本身离人们很远的"大人物"却亲自跑来探望，仿佛弥补了一部分的距离。这种理解"小人物"的方式是拥抱并倾听他们，也体现了这种"量值"（Boltanski & Thévenot, 1991）。遭到辛西娅风暴的席卷之后，《巴黎竞赛》周刊于 2010 年 3 月 1 日发表了一张照片，体现了其背后的大型肖像系列照片的特点，即当局亲临受害者"床边"，仿佛对受害者有"家庭式"的理解。在这幅摄影作品中，无论是前景中的萨科齐（Nicolas Sarkozy）总统本人，还是中景中站在萨科齐总统身边的一位身穿长袍的神父，都承载着"家庭"式的权威。他们的目光汇聚在一个坐在行军床上的老太太身上。老太太抬起头，看向总统。背景中，一位摄像师正在拍摄，一位拾音师正在高举话筒杆拾音，一位摄影师正在捕捉现场的瞬间。当选总统的权威本来是有"公民"性质的，在这里却闯入了受灾者"熟稔"的亲密关系。当人们把这种政治建构从实质上看作一种民族文化，称为"法式共和主义"时——在以与政治自由主义极为不同的前提条件为标志的英文文献中，这种情况经常发生——人们认识不到在其他文化中可以看到的政治界结构性约束的普遍性。它们源于不同量值范畴的复杂对抗，有助于政治的构建，也源于不太公开的"介入"，触及受灾者熟悉的亲密关系。这种熟悉亲密关系遭到打击后，"大人物"的靠近就亲自向公众和媒体展示了他们有多么体贴民情。

六 "正式协商程序"

最高权力机关在刚才描述的场景里为了接近受灾群众而移师灾情现场是特殊的，也是与灾情相称的。"正式协商程序"与此相反，是规范框架的一部分。正如我们在法美比较中已经观察到的那样（Moody & Thévenot, 2000），协商的方式取决于在同与异背后运行的政治结构和文法原理。① 因此，有必要对这些处于我们问题核心的方式加以精确描述：在可能或现实的冲击影响下，当地居民如何参与过渡中，制定预防或避免灾难重演的计划？

前面已经提到省级行政长官②在权力不对等的行动者等级体系中的优越地位：由省级行政长官"规定"国家相关部门去"预审"该事件；有关市镇进行"联动"；公众"知情"并"被邀请表达"。上述两个"正式协商程序"如下：一是"信息和通信工具"（网站、信息传单、新闻文章）；二是"工作和信息会议"（《2016年协商总结》，第4—16页），其中包括"地方协商委员会"或"监督委员会"，在某些乡镇特别相关的情况下，还增加了"公共信息会议"。

《环境法》规定，"省级行政长官应确定与编制预防可预见的自然风险计划草案有关的协商程序"（第L562—563条）。按照这两个程序组织的"协商总结"拟定了《2016年协商总结》。最后一个阶段是"公开调查"，在此期间（2月15日至4月13日），公众可以到市政厅面见独立调查员，查阅档案，并在提供的登记簿上记录他们的意见。在最后一个阶段结束时，调查专员会起草一份"公开调查报告"，其中涉及调查的进展情况，并对收到的意见进行分析（2016年公开调查报告）。因此，2010年7月21日的省令第3条规定，"协商将在监测委员会会议期间进行，该委员会由国家相关部门（省、省领土和海洋局、区域环境、计划和住房局）、市政当局和圣马洛省（Saint Malo）联合联盟的代表、当地居民代表以及堤坝和沼泽所有者协会的代表组成"。

---

① 我们之所以选择"差异"，是因为这个词表明，分歧已经有了框架，有了渠道——"同与异文法原理"（Thévenot，2014，2019b）使之成为可能——而因为文法原理的不同，同一个分歧中存在不同的"差异"可以被接受的。

② 中国的省份比法国的要大许多，省长和省级行政长官的职能也很不一样。

七 "这里有一些人没有受到邀请"

这些正式的协商程序执行情况如何？根据我们发展的实用主义社会学方法，我们研究了"检验"的情境（Boltanski & Thévenot, 1987, 1991）。先说最高协商机构。由正级或副级行政长官主持的"监测委员会"从第一次会议开始就扩大到贝类养殖户（贻贝养殖户）。

圣米歇尔山海湾经济发展和旅游促进协会（ADEPT）主席出现在委员会会议上。委员会主席说："这里有一些人没有受到邀请。"他在没有得到发言权的情况下，表达了 ADEPT 所捍卫的观点："我们现在的分区意味着这片土地走到了尽头！"在他的眼里，会议后来已变质，市长们对他不但充满敌意，还反驳道，"如果我们愿意，我们没有你，也一样开会"。于是他就离开了。

在相关会议记录中，并没有记录这些激烈的交锋。2013 年 7 月 25 日的会议将紧张的审判降为和平的判决："在监测委员会成员没有反对的情况下，授权'圣米歇尔山湾经济发展和旅游促进协会'的代表如前两次会议一样作为简单的观察员出席监测委员会。"（2013 年 6 月 11 日和 7 月 4 日）。

《2016 年协商总结》提到了监测委员会中的"民间社会代表"（《2016 年协商总结》，第 9 页）。不过，"公开调查报告"接受了两个未被邀请的协会的批评："圣米歇尔山湾岸之友协会对协商方法提出质疑，因为它作为当地居民的协会，没有被邀请参加监测委员会的各种会议……ADEPT 也有同样的说法，它说它不得不'强行上门'参加会议"（《2016 年公开调查报告》，第 118 页）。在报告了这些批评意见后，问道："既然如此，既然协商程序规定要让当地居民的代表参加，为什么不邀请这些协会？"（《2016 年公开调查报告》，第 119 页）。在《2016 年公开调查报告》中所载的《答复备忘录》中，维拉讷省（Département d'Ille-et-Vilaine）领土和海洋局指出，《风险预防计划》是在 2010 年规定的。"当时 ADEPT 并不存在，海湾海岸之友也没有任何与海洋淹没有关的活动"，"前来参加会议的协会的出席得到指导委员会的认可（指导委员会在第一次会议上确认了协商的组织工作，只是要求增加区域贝类养殖委员会——见协商总结）"（《答复备忘录》，省领土和海洋局，2016）。

这些协会代表什么利益？就这一问题，ADEPT 主席强调自己的协会创办之后成立的另一个协会——"保卫本笃（Saint-Benoît-des-Ondes 居民的统称）居民权益协会"——的区别。本笃委员会的发起者根据村子的特点解释了当地居民协会的成立："ADEPT 负责照顾所有的村镇，但我们，我们必须管我们自己。"对此，ADEPT 主席反驳说，"虽然我们住在海湾，这也不是解决问题的办法……没有理由不能随便干预"。在论证的范围内，他呼吁为超越了某市居民的"我们"的行动提供理由。ADEPT 整理的文件内容证明了这一点。

八　溃堤：市长离开委员会并号召举行示威

ADEPT 主席在上述会议上想要表达并成功引起市长们注意到的一个问题是关于安妮公爵夫人堤坝的溃堤模型问题。面向公共调查，ADEPT 指出："《风险预防计划》应在档案中列入一份初步研究报告，预测 100 年内防淹结构的演变。由于没有考虑到保护性工程适应海平面变化的问题，（调查委员会）对北科坦丁（Nord Cotentin）、圣瓦斯特－拉胡格区（Saint-Vaast-La-Hougue）的保护区计划提出了不赞成意见"（《2016 年公开调查报告》，第 114 页）。

2014 年 7 月，多乐沼泽的《风险预防计划》所涉及的村长向部委提出了"旨在排除溃堤假设的减损的请求"（《2016 年公开调查报告》，第 6 页）：这意味着不把可能破坏堤坝的影响因素纳入淹没模型，因为堤坝的加固因素也没有纳入进来。省级行政长官在 2014 年 10 月的监测委员会会议上转达了塞戈莱娜－罗亚尔（Ségolène Royal）部长的否决答复，并因日程繁忙而取消了对该地点的部长级访问。这引发了一场大规模的批评检验。考虑到"开展建设性对话的条件已不具备",谢尔吕埃(Cherrueix)市长决定离开会议。多乐-德-布列塔尼市(Dol-de-Bretagne)市长也离开了会议。他解释说,"海湾的当选代表感到部长女士对他们是蔑视的"。随后,《风险预防计划》有关市镇的所有市长和市议员也退出了会议(会议报告载于《2016年协商总结》附件,第85页)。在谢尔吕埃(Cherrueix)和多乐沼泽的当选代表和ADEPT的倡议下,号召12月举行示威(图3)。

图3 玛鲁安地区(2014年11月25日)

罗亚尔部长在 12 月终于来到当地考察，但这导致协商不得不推迟，并决定派出一个由环境与可持续发展总理事会领导的部长级专家评估团。这次评估任务需要对大堤的状况和行为、可能的破损机制和"百年一遇的假设事件"进行判定，特别是观测 2015 年 2 月和 3 月的大潮。

　　专家于 2015 年 7 月提出鉴定结论，声明了"百年一遇的假设事件"价值确定和使用的水力模型的有效性。但是，他们建立了详细的报表，根据堤坝的形态，提出了不同程度的溢流或破口方案，从而建立了新的模型。在这个任务结束后，危险区划的演变和初步的监管区划得到了重新审查。条例中对既有建筑的规定有所减轻，其余内容也得到了验证（《2016 年公开调查报告》，第 5 页）。

九　"不要让我们被国家淹没！"

　　在 2016 年 4 月公开调查的最后一天，ADEPT 组织了一次公开会议，呼吁民众不要"被国家淹没……你们的祖宗基业处于危险之中"，约有 300 人聚集在谢尔吕埃（Cherrueix）市政厅（图 4）。该协会还向调查委员会提交了一份有 1017 个签名的请愿书，民选代表和纸质媒体及电视媒体都在场。

　　调查委员会的报告总结道："最后，调查委员们觉得自己花了很多时间解释案件，还原了监管义务的真相，而一些民选代表和协会代表，通过媒体转述，则是在努力唤起民众的关注感，以调动民众的积极性"（《2016 年公共调查委员会》，第 20—21 页）。在公开调查中发言的 581 人中，269 人明确表示了不赞成，291 人对该项目持非常批评的态度，9 人表示赞成，12 人表示赞成，但持保留意见，因此，对该项目持赞成意见的总比例仅为 3.6%（《2016 年公共调查委员会》，第 354—366 页）。

SUBMERSION MARINE. « Ne nous laissons pas noyer par l'État ! »

La manifestation qui a eu lieu le mercredi 13 avril à Cherrueix, à l'occasion de la clôture de l'enquête publique liée au Plan de prévention des risques de submersion marine (PPRSM), a fait salle comble. Preuve de l'inquiétude des riverains de la baie.

L'Association pour le Développement Économique et la Promotion Touristique de la baie du Mont Saint-Michel (ADEPT), présidée par Michel Flaux, l'est autant. Elle a été à l'origine de cette manifestation dont le but était d'inciter à ce que soient prises en compte les remarques des habitants des 22 communes concernées par l'enquête en question.

Mobilisation forte lors de l'enquête

Ils ont été 500 à le faire, nombre important pour ce genre de consultation qui, d'habitude, ne déplace par les foules. L'occasion pour la plupart d'entre eux de dire que « le risque de submersion marine est nul en Baie du Mont Saint-Michel pour la simple raison qu'elle s'ensable, au contraire ». Et qu'il n'y a donc « pas lieu de geler son développement économique et urbanistique comme le fera le PPRSM si l'enquête publique qu'il a suscitée est validée en l'état par les pouvoirs publics ».

Dans ce cas, ce sera le début d'un « contentieux entre l'État et l'ADEPT qui, de son côté, réclame une étude complète de la digue littorale afin de cerner ses points faibles, ainsi que la prise en compte des particularités naturelles de la baie et une étude socio-économique de l'impact du PPRSM ».

« Ne nous laissons pas noyer par l'État ! ». Tel a été le slogan de cette manifestation qui a connu la participation d'un nombreux public.

图 4 玛鲁安地区（2016 年 4 月 21 日）

十　监管地图与熟悉领域的冲突

我们研究的过渡类型主要产物是监管地图。它按照确定建筑的限制、授权和禁止水平的类别显示了彩色分区：红色和粉红色代表禁止建设的区域，浅蓝色和深蓝色代表如有规定则可以建设的区域，白色代表没有规定（图 5）。

地图是政府用来应对自然灾害行动的主要工具。洪淹区的范围取决于参考事件和模型（Le Bourhis，2003）。这就是国家官方机制规定的过渡工具，以便从可能的灾害冲击过渡到防灾管理。监管地图引起了截然不同的"介入"规模之间的结构性紧张。在法律程序和"公开合理的介入"协议的支持下，它也密切影响着那些每天对自己生活和日常活动所使用的领土有着"熟悉性"介入的人们。

图 5　监管分区图集摘录和相应地区的照片（谷歌）

调查委员会的常设期间获得的一些观察得到了委员会报告的证实，表明许多来访者都是通过在监管分区计划上定位来试图将不同的规模加以联系和理解，了解其分类的原因和与每个区域相关的监管规定（《2016 年公共调查委员会》，第 20 页）。

居民对该地区的"熟悉性"介入方式基于通过个人习惯获得的线索，与量化的、模型化的成型的危险，以及相关监管措施的类型相抵触（Thévenot, 2019a）："居民们依靠他们的经验和个人记忆断言，海水多年来没有越过海堤，只有极少数时候涌到海堤下，因此质疑了设定在 9.12 米的参考危险度，并将淹没的风险相对化了"（《2016 年公共调查委员会》，第 20 页）。

十一　焦虑和眼泪

对知识了解规模的分歧过大，导致了严重的压迫感的产生。我们观察到一个情境，发现对过渡的理解不同已产生了非常严重的后果。一位在沿海某受灾村落生活了三十多年的老太太对海湾很熟悉，在岸边捕鱼尤其在行。她参加过村里组织的介绍本村风险预防计划的"情况介绍会议"。她首先谈到，面对专家的介绍和图表，与会者茫然不知所措。这种茫然转变成愤怒，表达方式越来越个体化，直到老太太号啕大哭。她感到屈辱。官方的介绍与她自己对陆地和海洋环境的投入和"熟悉"知识之间有着极深的沟壑，在她身上引发了剧烈的情绪反应。

在公开调查公布的数字记录中，前拉弗雷斯奈（La Fresnais）市长对会议进程也是愤愤不平："我作为一个市长，意见竟然无关紧要，好像我们什么都不懂似的。人家觉得我们什么都不是，只有他们才是正确的，只有他们才能垄断话语权，给我们做科学的灌输。"ADEPT主席对这些会议的举办方式提出了更具体的批评。因为有在非洲某人道主义非政府组织工作的经验，他很注意与所在地居民的沟通方式。对情况介绍会的过程，他做了如下评论："他们遵守了告知义务，在不受防淹计划影响的圣梅洛尔（Saint-Méloir）地区（图6）、拉弗雷斯奈和谢尔吕埃举行了3次会议。但他们完全不关心信息传达是否有效。他们等到了最后一刻才申请会议室。为什么不在每个市镇有组织地、时间充裕地举行人人可以听得懂的会议？他们对会议效果不需要负责。我呢，我却有这个经验。我们对开会使用什么语言非常在意……"他报告说，在与省级行政长官Cadot会晤时，他说："它形成了民粹主义的反应。"

图 6　协商大会总结现场

资料来源：《2016 年协商总结》第 10 页。

十二　过渡的方式和政治的危险

在公开调查的数字登记簿中，前文引用的拉弗雷斯奈前市长用这样的话总结了他对协商的批评："我同意，风险预防计划确实能起到警示作用，我们也一定要重新思考领土如何组织好，但让人害怕是不对的。恰恰相反，风险预防计划必须提高人们的认识深度，让他们思考。国家和省领土和海洋局的部门没有在提高民众的认识上展现出人性化和体贴，相反，他们释放了恐惧和担忧。"（《数字登记册》，2016 年 2 月 20 日）公众调查员报告了圣马洛和迪南地区遗产保护协会提出的另一项一般性批评。该协会虽然宣布赞成《风险预防计划》，但对协商方法持强烈保留意见："今天的公众似乎是风险预防政策的最大缺席者。归根到底，他们只会偶尔行动，要么在灾后，以灾民的身份出现，要么再次以防卫的姿态出现，反对土地财产的贬值。因此，目前预防是被强加的，往往被社会成员所拒绝。他们认为预防是一种约束，因为他们没有被要求参与选择……在一个法治国家，如何让信息传达的对象整合并了解所有的风险信息，是一个重大的挑战，决定了参与是不是真正的民主。"（《2016年公开调查报告》，第37、119页）省领土和海洋局的备忘录在之前回顾了信息和协商机制的清单后，提出了这一点，可是没有对这一批评意见作出回应或评论。（《2016年回复备忘录》，第6—7页）

　　这里讲述的故事具有寓言的某些特点，并以其道德性作为点缀。到了最后，似乎在《风险预防计划》必须预防的恶劣环境上，又嫁接了一种政治带来的损害，而策划者对此还不够重视：一种损害可以掩盖另一种损害。国家管制措施或专家建模的规模与受影响的人所感受到的熟悉空间受到威胁的规模之间的巨大鸿沟，并没有被协商和公众调查程序所弥补，远远没有。这条鸿沟甚至让一些理智的人陷入焦虑，在极度兴奋的状态下变得不像自己了。当时正在形成的、如今正在向旧的民主国家蔓延的、必须紧急防止的大害，是民粹主义有可能对习惯性拒绝由法律和规章制度定义的国家、拒绝由规范和标准定义的欧洲的人们进行反动剥削，因为他们这些人没有能够参与过渡。在这方面应当强调的是，得到1017个签署人请愿书支持的ADEPT提出的批评不是反动的，甚至不是反作用的。在资料翔实的紧锣密鼓中，该协会利用法律文书和技术方面的专长，开展了有理有据的、重要的批评检验，超越个人利益，直指"公民"量值范畴和有着高技术效率的"产业"量值范畴。在最后一部分的讲述中，我们将从对冲击和预防管理之间的过渡机制的观察中得出一些政治教训，这些教训预示了还有其他可能的途径。

十三　在从个人关注点转变到共同关注点的基础上，对政策采取新做法

　　对环境的重视有助于重塑政治家的思路，特别是关于公民参与政

策方面的思路。环境问题也是实用主义社会学的主要发展领域。（Blok，2013）这是因为人与自然的关系可以以不同的方式发展，引起不同量值范畴之间的重要张力，并在它们之间寻求公共折中。（Thévenot，Moody & Lafaye，2000；Fourcade，2011）也是因为真正具有绿色环保量值范畴的社会实践，通过把后代也纳入参照系的共同体而将所有量值范畴的文法原理推到极限。（Lafaye & Thévenot，1993，2017）最后，这是因为"介入制度"的理论发展可以使得人们理解从对环境理解的无限亲近到有限公共性，甚至可量化性的极端差距。（Blok & Meilvang，2015；Centemeri，2015；Cheyns Silva-Castañeda & Aubert，2019）

最后一点解释了"介入的实用社会学"对有关参与的文献的贡献，以及对影响这种参与的排斥或支配机制的文献的贡献。根据介入区分"参与格式"（Richard-Ferroudji，2011；Richard-Ferroudji & Barreteau，2012），使得批判扩展并触及以前没有涉及的压迫和"参与造成的负担"（Charles，2012；2016），分析个人化的依恋关系转变到在公共场合发出声音中遇到的障碍（Bouteloup，2008；Cheyns，2014；Koveneva，2011；Thévenot，2017），并强调民主包容的局限性（Berger & Charles，2014）。这个框架导致在处理这些参与方式的同时，还要处理积极分子或志愿者的行动（Luhtakallio & Tavory，2018），以及那些因为深植于亲近性的量值范畴，常常被明确地表现为非政治性，并不常被认同为社会运动的行动。（Clément，2017；Colin Lebedev，2013，Thévenot，2019b）。

任何政治目标都需要在极为个人的关注规模与共同性和处理差异化的公共规模之间进行一连串的转换。① 我们所观察到的政府组织的过渡里缺乏对这一链条的反思性后视，也缺乏适当的分析工具。除了"介入"及其检验规模的区别外，我们还有处理"同与异的文法原理"。文法原理支配着过渡，因为共同性的行为（可以理解为"沟

---

① 作者为"转换"的法语原文特意加了破折号，即"trans-format-ions"，包含"改变—大小—化"三个词。——译者注

通")和处理差异(这是一种需要把已被承认的合理分歧组合起来并放到社会利益里去考虑的分歧)而不同。《风险预防计划》的机制和程序主要是按照共同福祉多元化量值范畴的公共文法原理来组织的。这些量值范畴之间的重要关系要求各自做出折中,以实现社会利益。"计划"草案涉及专业的技术,旨在让有高技术效率的、为了未来而做出巨大投入的"产业"性得到接受,变得合理。做公共调查是为了人人有其尊严,通过剥离个人利益,建立起集体的、团结的公民性。我们注意到,公共当局或地方民选代表的一些干预措施指向了传统权威的家庭性。这种量值范畴在当代法国虽然不再有其合理性,但仍在发挥作用。

尽管如此,共同福祉量值范畴的文法原理并不利于理解个人依恋,比如"熟悉"的介入就必须经过相当大的改造才能放大到共同福祉的规模。调查委员的意见收集机制及其综合工作,理应有助于实现这种从个人利益到广大"公民"利益的转变。在这方面,法国的公开调查与美国的"公开听证会"(public hearings)有很大不同。后者更多的是受个人利益的"自由主义"文法原理的支配。自由主义文法原理要求在大家都知道的选项中,较少地将熟悉的依恋转化为个人公开表达的偏好,考虑这些"利益"之间的"谈判"和它们之间的"联盟"所导致的个人选择的差异(Moody & Thévenot, 2000)。通过对围绕《风险预防计划》实施的制度和程序的分析,我们可以理解这一制度给个人的、对近邻的依恋带来的沉重压力,也可以解释随后的剧烈反应。

十四 依恋状态的个人与疏离状态的国家之间可能的过渡性客体?

历史是否可以——以及在其之后是否仍然可以——以不同的方式展开,从而防止政治危险和环境危险?可以利用我们的分析框架对周围的物质世界以及更广泛地对人类与环境的关系进行评估这一事实，勾勒出一条可能的道路。我们根据道路设施、公共资质和各种介入的情况，展现了被周遭设施"包围"的人类在道德和政治上的复杂性（Thévenot，2002）。在这里，万事俱备的政策底下并不是一条路，而是一条堤坝——此外，居民和游客也在堤坝上行走。过渡期的设计和验收可以从这一堤坝提供的设备支持中获益。难道它不能成为国家和当地相关人等之间的物质中介吗？为了朝着这个方向进一步发展，有必要在已经含义丰富的"边界对象"概念所允许的范围内做得更加精确（Star & Griesemer，1989）。

事实上，无论是公开调查收集的意见，还是洪水模型和专家报告中的许多意见，都是围绕着大堤构成的主要预防设备展开的。年代久远充满传统的"家庭"共同福祉凸显了堤坝的重要。我们经常能在环境评估中观察到这种延伸（Fourcade，2011；Thévenot，Moody & Lafaye，2000）："我们的上辈能够通过建造堤坝来保护自己、居民以及土地免受海洋淹没的风险"（2016年2月25日《数字化汇编》）；"让我们从维护堤坝这个老太太开始"（2016年3月7日《数字化汇编》）；"我们的村子可不止50岁，它的年龄要大很多很多，经历了很多风雨以后，依旧挺立着。我们祖先修建的堤坝保护着村子"（2016年3月15日《数字化汇编》）。

堤坝还涉及另一个在这里很重要的基本文法原理，因为它比其他成为习俗的介入更让人感到舒适。人们为一个"共同场所"作出自己的投入，并通过这个场所与一种强烈的情感产生链接。这种情感会顾及他们各自的依恋情绪（Thévenot，2014）。"共同场所"远不是在"老生常谈"里以贬义的口吻记录下的沟通失灵。它不仅是一个共享的场所，也是大家从亲密依恋中共同付出心血灌溉的文化客体。这是"符号"的概念中没有涉及的。观察表明，大堤也是个居民之间的激烈交流的合适场所。他们从内心最深处，从自己与周围世界关系的深刻认识中对之倾注心血。在这里，人与各种自然元素（天空、海洋和海岸）产生强烈感情，还能与邻居、熟人或路人或多或少发生意外的相遇，产生交流的机会，就像西班牙（passeo）或意大利（passeggiata）文化中专门用于这些用途的地方一样。伽罗当地语言中的"pa'd'sur la digue"这一表达方式，让人联想到这个场所和在那里发生的事情。人们在堤坝上走过时会习惯性地打招呼——即使他们互不相识——这在其他地方是不常见的。人们这样就表达出了身处其中的幸福感，以及作为群体一员的归属感。安妮公爵夫人（1477—1514）的名字是在堤坝建成后很久才加上去的，这体现了人们对"布列塔尼人的守护神"圣安妮的眷恋与忠诚。

图7　作为"共同场所"的堤坝（摄影：Joëlle Affichard）

市长们的批评式反应以及 ADEPT 在前期所作出的批评主要集中在对堤坝认识不足上，这导致他们暂停意见协商，直到部长女士莅临现场，并要求提出一份专家报告，且报告中必须涵盖这一问题。两位出身于国立路桥学校的高级技术官员署名的这份报告得到了某数据充分的科学委员会支持，主要内容就是关于这座堤坝的。其中突出了泄洪口的建模问题，深入阐述了泄洪口的多种配置如何影响堤坝内部稳定性。报告里的资质，通过具有高技术效能的"产业"量值范畴的检验，显然不同于此前公开调研文件中所强调的"家庭"量值范畴资质。从"产业"量值范畴的角度看，这份专家报告对大坝做出了常见的揭露批评，但无法忽视这种差异，只是将之归咎于居民和当地议员之间存在的某种"误解"。报告直接指出，"对大坝现状及其表现，尤其对可能发生的断裂机制的不了解，是居民与议员彼此不能理解的基本原因"。

8. Stabilité interne des digues

Sensibilité à l'érosion interne

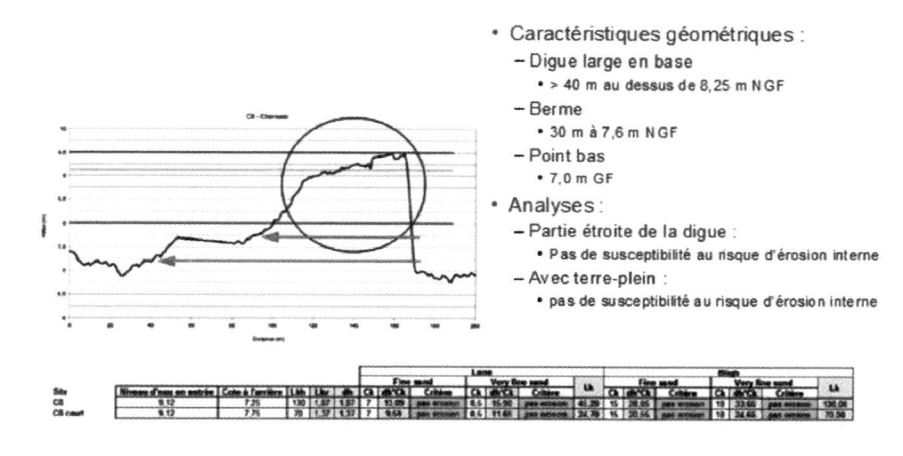

- Caractéristiques géométriques :
  - Digue large en base
    - \> 40 m au dessus de 8,25 m NGF
  - Berme
    - 30 m à 7,6 m NGF
  - Point bas
    - 7,0 m GF
- Analyses :
  - Partie étroite de la digue :
    - Pas de susceptibilité au risque d'érosion interne
  - Avec terre-plein :
    - pas de susceptibilité au risque d'érosion interne

图 8　专家大坝

资料来源：《2016 年专家报告》，第 70 页（题为：堤坝内部稳定性；内部腐蚀敏感度）。

这种判断堤坝、居民和议员有着何种量值范畴的"产业"检验也没有放过省领土和海洋局的相关部门，对其做出了谴责，批评其"缺乏量值范畴的性质"："面对当地行为者的坚定信念，负责起草《风险预防计划》的部门由于缺乏技术支持和培训，在解释可能发生的断裂机制及其后果方面无所适从"（《2016 年专家报告》，第 27 页）。题为《大堤，令人欣慰又少为人知的存在》的一节强调，"自 1922/1924 年以来没有发生过大坝断裂"（《2016 年专家报告》，第 25 页），这助长了带有误导性的安全感，而"科学委员会毫不怀疑，以安妮公爵夫人大坝海边目前的地形状况，百年一遇的假设事件（一百次事件中只有一次机会发生的危险）将在几个地方超过其高度"（《2016 年专家报告》，第 16 页）。为了模拟一场虚构的风暴，"法国气象局干脆把 2005 年 2 月 13 日的风暴和两天前 2 月 11 日的潮汐（系数 108）结合了起来"（《2016 年专家报告》，第 18 页）。

除了这个属于"产业"量值范畴的资质以外，大坝在制度上也被更具有地方性的社区所掌握。大坝也因此而成为所有过渡性安排的核心。自 1799 年以来，它一直由"多乐沼泽和堤坝工会协会"这一"获得授权的工会协会（ASA）"负责。该协会将所有业主聚集在一个工会理事会周围，选出一名主席，任期 7 年，并可连任。尽管专家报告赞扬了现任主席的清晰思路，但报告中仍强调，"主席对海洋淹没风险的担忧被行动各方误解了。他们不清楚他（ASA 主席）和 ASA 的责任，也不了解他们自己的责任（ASA 中业主的责任）……他们认为归根到底这个人（ASA 主席）其实阻碍了地方的发展"（《2016 年专家报告》，第 20 页）。

图 9　左 Le Vivier 维维耶河：西部贝类基地；
右 Les Nielles 尼耶尔勒河：被淹的临时堤坝

资料来源：《2016 年专家报告》，第 72—73 页。

报告批评了与 ASA 协会作出的各种安排，认为这些安排削弱了大坝："贝类基地的建设将即时管理的设施置于安全需要之上，并导致大坝出现了三个易断裂区域"（《2016 年专家报告》，第 21 页）。专家们从空中观察并拍摄到了 2015 年 2 月的潮水（图 9）。这场潮水导致了海边维维耶河（Vivier-sur-mer）畔底部被淹，而且因为"在尼耶尔勒河（Nielles）这段区域，为了机器更容易移动或停车的方便，堤坝已被夷为平地。在威尔德尔（Vildé-la-Marine）地区，贝类养殖户向地方政府施压，在20米宽的堤坝上凿出了一个缺口……这个问题在研究风险时没有体现出来。……在海边维维耶河畔，（市政府）管辖的营地和省管海港右侧的堤坝被蓄意破坏。土地登记簿显示，ASA的土地在省管海港西侧就停止了。据说，30多年前，ASA与市政府签订了一份土地交换契约"。此外，"在9公里长的土地上，堤坝和省管的堤岸呈掎角之势，因此就形成了独一无二的景观"，因此，"堤坝实际上有两个共同管理者，这种情况需要在危险研究中加以澄清，而因为MAPTAM法（关于'领土公共行动现代化和大都市确认'的法律里关于权力下放和地方当局的权力）的缘故，这种澄清是必不可少的"（《2016年专家报告》，第21页）。

我们需要对这个细节加以详细说明，以便呈现大坝由于处在多重介入的焦点而成为共同福祉复杂构成的中心，而我们认为过渡机制应考虑到这一点并予以加强。

筑堤不只是一个由各个不同成分构成的共同坐标，还使人们能够提出关于共同福祉以及为管理共同福祉而采用的基本文法原理的最笼统的政治问题。专家报告指出："在采访期间每次都会问对方一个假设的问题：为了国民团结，是否可以放弃《风险预防计划》，把项目撤销？考察团并未就此问题得到答复。"（《2016年专家报告》，第31页）然而，这种对共同福祉和团结一致的"公民"量值范畴的质疑并不是什么理论问题，因为其中一位发言者在公开协商的数字化登记簿上提出了一个建议，即用个人利益的"自由主义"量值范畴来取代这种"公民"量值范畴。这个建议"实施起来相当简单，当然比各处听来的任何东西的成本都要低。而且，它会让大家能有自由的选择。……1. 对于那些希望这样做的人：到公证处（需付少量费用）签署一份标准的确认书，该确认书大体上解除了国家在任何洪水造成的物质损失或身体损伤中的所有责任（因为这是该《风险预防计划》的目的）。

换句话说，自愿接受这个办法的市民承诺，在充分了解原因的情况下，他们将会生活在海湾附近，并接受对任何人都没有追索权的条件。2. 对于其他人来说，他们有义务遵守该《风险预防计划》立法规定的标准，没有任何援助或补偿"（2016 年 3 月 4 日《数字化汇编》）。

十五 结论：为促进变革，有必要对过渡机制做出更新

在协商过程中，发言的行动方分头组织了自身的干预行动。其中，大部人已经提到大坝问题。然而，在处理该问题时，并没有考虑介入的多样性意味着要考虑到其构成，而大坝正处在多样的介入中。这些介入的时间和空间范围非常不同，我们因此能预知掌握这种特点会带来的极端变化。对一段过去的故事的解读碰到对未来的预判，仿佛后者是一场前所未有的独特灾难。在空间上，大坝有助于在它要保护的领土上建立团结的纽带，而在被淹没的情况下，大坝会将自己舍弃给大海。同时，大坝又能被切割成不同的区域，不管是贻贝养殖还是露营扎寨，不管是种植装饰性松树还是无花果树。但是在满足各种不同的用途时，大坝也变得脆弱了。这些都是以牺牲其坚固性为代价的。因此，大堤处于各种时间和空间介入的交汇点。这个位置应该用来让一个群体重现勃勃生机，而不是沦为令人欣慰的过去和假设的百年一遇的假设事件之间的主要对抗点。大坝是过渡性，因为它可以促成冲击和计划之间的过渡，更广义地说是促成所有这些对形势的不同理解之间的过渡。但居民对它有着最亲密、最重要的依恋，这依恋让大坝令他们无比安心，以至于对大坝和我们的脆弱视而不见，因此这也能让我们想到温尼科特［1959（2016）］所说的"过渡性客体"。

因此，为促进变革，有必要对过渡机制做出更新。我们的分析框架凸显了《风险预防计划》中包含的"协商"方式的结构性局限。实用主义社会学的分析框架使得我们设计出更多通过游戏进行创新参与

的过程（Germe & Thévenot，1996；Richard-Ferroudji，2015；Richard-Ferroudji & Barreteau，2012），并强调新一代参与性安排的益处。这些安排考虑到了我们所强调的压迫，并向更广泛的介入制度敞开怀抱（Meilvang Carlsen & Blok，2018）。

最后，我们要指出的是，这项调查及其分析做出的时间是早于今天遍布全球的政治动荡的。这种动荡的特点是在世界各地——无论在西方还是在东方，在北方还是在南方——都能看到频频爆发的反动的、民粹主义的热潮。这些热潮很容易辨认，因为它们的专制统治者往往被描述为民粹主义者。在此之前，这些问题已经在21世纪初启动的法俄合作项目中通过鼓励采取从近距离看政治的视角得到呈现。我将其命名为"从近处的链接到公共的场所"（Thévenot，2017）。这种从"规范化的自由主义"（Thévenot，1997）施加的压迫和从临近处入手的崭新的政治方式已经成为一种全球化的治理方式（Bréviglieri，2013，2018；Cheyns，2014；Cheyns & Thévenot，2019a，2019b，Pattaroni，2015；Stavo-Debauge，2018；Thévenot，2018），使得人们在面对用标准和目标的治理做出激烈甚或暴力的反应时，在政治家们考虑如何从"亲近性"入手并从中受益时，能够将"民众"和"民粹"放在一起考虑（Thévenot，2019b）。

参考文献

一 行政报告

Baromètre IRSN，2019，La perception du risque et de la sécurité par les Français，https：//www. irsn. fr/FR/IRSN/Publications/barometre/Documents/IRSN_Barometre2019-essentiels. pdf.

Bilan de la concertation，2016（Plan de Prévention des Risques naturels prévisibles de Submersion Marine du marais de Dol），Direction Départementale des Territoires et de la Mer d'Ille-et-Vilaine，29 janvier 2016.

Commission d'enquête publique: Faysse Danielle, Hanrot Lore, Camille et Monnier, Yves (commission d'enquête), 2016, "Rapport d'enquête publique relative au projet de Plan de prévention des risques naturels prévisibles de submersion marine du marais de Dol-Enquête n. E14000286/35, 15 février 2016 – 13 avril 2016", Rennes, 15 juin 2016.

Expertise du projet de plan de prévention des risques de submersion marine des marais de Dol (Ille-et-Vilaine), 2015, rapport n° 0101117 – 01 établi par Nicolas Forray et Dominique Marbouty, Conseil Général de l'Environnement et du Développement Durable, Ministère de l'Ecologie, du Développement Durable et de l'Energie, avril 2015.

Mémoire en réponse, Direction Départementale des Territoires et de la Mer, 2016, remis à la présidente de la Commission d'enquête à Rennes le 25 mai 2016.

二　出版物

Bareil Céline. 2004, "Les modèles dynamiques, une façon renouvelée de comprendre les réactions des individus en situation de changement organisationnel", *Cahiers du Centre d'études en transformation des organisations*, Cahier n°04 – 08 (consulté 14 février 2019) En ligne: http://web.hec.ca/sites/ceto/fichiers/04_ 08. pdf.

Beck Ulrich, 1992, *Risk Society: Towards a New Modernity*, London, Sage publication.

Berger, M. Charles, J., 2014, dossier "Les limites de l'inclusion démocratique", Participations 9 (2).

Blok, A. 2013. "Pragmatic sociology as political ecology: On the many worths of nature (s)", *European Journal of Social Theory* 16 (4), pp. 492 – 510.

Blok, Anders & Meilvang, Marie Leth, 2015, "Picturing Urban Green Attachments: Civic Activists Moving between Familiar and Public Engagements in the City", *Sociology*, 49 (1), pp. 19 – 37.

Boltanski, Luc., Thévenot, Laurent, 1987, Les économies de la grandeur, Paris, Presses Universitaires de France et Centre d'Etude de l'Emploi.

Boltanski, Luc., Thévenot, Laurent., 1991, De la justification. Les économies de la grandeur, Paris, Gallimard.

Bouteloup, Claire, 2008, Amoco Cadiz, 1978 – 2008, Mémoires Vives, Brest, Cedre.

Bréviglieri, Marc., 2013, "Une brèche critique dans la 'ville garantie'? Espaces intercalaires et architectures d'usage" in Cogato Lanza Elena, Pattaroni Luca, Piraud Mischa, Tirone Barbara (eds), De la différence urbaine. Le quartier des Grottes, Genève: Métis Presses, pp. 213 – 236.

Bréviglieri Marc, 2018, "The Guaranteed City. The Ruin of Urban Criticism?", in Resende J. M., Martins A. C., Bréviglieri M. & Delaunay C. (eds.). The challenges of communication in a context of crisis. Newcastle upon Tyne, Cambridge Scholars Publishing, pp. 200 – 227.

Centemeri Laura, 2011, "Retour à Seveso La complexité morale et politique du dommage à l'environnement", *Annales. Histoire, Sciences Sociales*, 1/2011 (66e année), pp. 213 – 240.

Centemeri, Laura, 2015, "Reframing problems of incommensurability in environmental conflicts through pragmatic sociology. From value pluralism to the plurality of modes of engagement with the environment", *Environmental values*, 24 (3), pp. 299 – 320.

Charles, Julien, 2012, "Les charges de la participation", *Sociologies*, http://sociologies.revues.org/4151.

Charles, Julien, 2016, La participation en actes. Entreprise, ville, association, Paris, Desclée de Brouwer.

Cheyns, Emmanuelle, 2014, "Making 'minority voices' heard in transnational roundtables: The role of local NGOs in reintroducing justice and attachments", *Agriculture and Human Values*, 31 (3), pp. 439 – 453.

Cheyns Emanuelle, Silva-Castanñeda Laura, Aubert Pierre-Marie, 2019, "Missing the forest for the data? Conflicting valuations of the forest and cultivable lands", Land Use Policy (on line).

Cheyns, Emmanuelle and Thévenot, Laurent, 2019a, "Le gouvernement par standards de certification consentement et plaintes des communautés affectées", La Revue des droits de l'homme, 16, mis en ligne le 01 juillet 2019, consulté le 18 juillet 2019. URL：http://journals.openedition.org/revdh/6843; DOI：10.4000/revdh.6843.

Cheyns, Emmanuelle and Thévenot, Laurent, 2019b, "Government by certification standards The consent and complaints of affected communities", La Revue des droits de l'homme, 16, Online since 05 July 2019, connection on 11 July 2019. URL：http://journals.openedition.org/revdh/7156; DOI：10.4000/revdh.7156.

Clément, Karine, 2017, "Mobilisations sociales à Astrakhan. Une politisation terre à terre", Revue D'études Comparatives Est-Ouest, 8 (3 – 4), pp. 125 – 158.

Colin Lebedev, Anna, 2013, Le cœur politique des mères. Analyse du mouvement des mères de soldats en Russie, Paris, Editions de l'Ecole des Hautes Etudes en Sciences Sociales.

Coudroy de Lille Lydia, Rivière-Honegger Anne, Rolland Lisa, Volin Anaïs, 2017. "Notion à la une：transition", Géoconfluences, mis en ligne le 16 février 2017, (consulté le 14 février 2019), URL：http://geoconfluences.ens-lyon.fr/informations-scientifiques/a-la-une/notion-a-la-une/notion-transition.

Fourcade, Marion, 2011, "Cents and Sensibility：Economic Valuation and the Nature of 'Nature'", *American Journal of Sociology* 116 (6)：1721 – 77.

Germe, Jean-François, Thévenot, Laurent, 1996, "Le traitement local des conflits en matière d'environnement", Vol. 2, "Jeu Éco-logiques. Un jeu pédagogique sur les logiques d'argumentation dans les conflits autour des projets d'aménagement", étude réalisée pour le Ministère de l'Environnement, Paris, Institut International de Paris La Défense, p. 76.

Giddens, Anthony, 1999, "Risk and Responsibility", *The Modern Law Review*, 62, pp. 1 – 10.

Godelier Maurice, 1990, "La théorie de la transition chez Marx", *Sociologie et sociétés*, 221, pp. 53 – 81.

Knight, Frank, 1971 [1921], *Risk, Uncertainty and Profit*, Chicago, University of Chicago Press (première édition 1921).

Koveneva, Olga, 2011, "Les communautés politiques en France et en Russie: regards croisés sur quelques modalités du 〈vivre ensemble〉", *Annales, Histoire, Sciences Sociales*, 66 (3), pp. 787 – 817.

Lafaye, Claudette, Thévenot, Laurent., 1993, "Une justification écologique? Conflits dans l'aménagement de la nature", *Revue Française de Sociologie*, 34 (4), pp. 495 – 524.

Lafaye, Claudette, & Thévenot, Laurent., 2017, "An ecological justification? Conflicts in the development of nature", in Cloutier, C., Gond, J. – P. and B. Leca (eds.) *Justification, Evaluation and Critique in the Study of Organizations: Contributions from French Pragmatist Sociology*. Research in the Sociology of Organizations, Bingley, U. K.: Emerald Group.

Larrère Catherine et al., 2016, "Les transitions écologiques à Cerisy", *Natures Sciences Sociétés*, 2016/3 (Vol. 24), pp. 242 – 250.

Le Bourhis, Jean-Pierre, 2003, "Quadriller le territoire. La cartographie au service de l'action publique contre les risques naturels", in Olivier Ihl, Martine Kaluszynski, Gilles Pollet (dir), Les sciences de gouvernement, Paris, Economica, pp. 157 – 167.

Lewin Kurt, 1952, "Group decisions and social change", dans G. E. Sevanson, T. M. Newcomb and E. L. Hartley, *Readings in Social Psychology*, New York, Holt, p. 459 – 473. Kurt Lewin, 1975, *Psychologie dynamique*; *les relations humaines*, Paris, Presses universitaires de France, p. 296.

Luhtakallio, Eeva & Tavory Iddo, 2018, " Patterns of engagement: Identities and social movement organizations in Finland and Malawi", *Theory and Society*, 47 (2): 151 – 174.

Meilvang, M. L., Carlsen, H. B., Blok, A., 2018, "Methods of Engagement: On Civic Participation Formats as Composition Devices in Urban Planning", *European Journal of Cultural and Political Sociology* 5 (1 – 2), 12 – 41.

Moody, Michael., Thévenot, Laurent. 2000, "Comparing Models of Strategy, Interests, and the Public Good in French and American Environmental Disputes", in Lamont Michèle and Thévenot Laurent (eds.), *Rethinking Comparative Cultural Sociology*: *Repertoires of Evaluation in France and the United States*, Cambridge, Cambridge University Press, pp. 273 – 306.

November Andràs et November Valérie, 2004, " Risque, assurance et irréversibilité", Revue européenne des sciences sociales [En ligne], XLII – 130, (consulté le 14 février 2019) URL: http://ress.revues.org/475.

Pattaroni Luca., 2015, "Difference and the Common of the City: The Metamorphosis of the Political, from the Urban Struggles of the 1970's to the Contemporary Urban Order", in Martins Alexandre and Resende José (eds.), *The Making of the Common in Social Relations*, Cambridge, Cambridge Scholars Publishing, pp. 141 – 172.

Richard-Ferroudji, Audrey, 2011, "Limites du modèle délibératif: composer avec différents formats de participation", *Politix*, 24 (96): 161 – 181.

Richard-Ferroudji, A., 2015, " Le jeu comme cadre privilégié d'exploration: un instrument de la démocratie technique", In Mermet L. et Zaccai-Reyners N. (Ed.), Au prisme du jeu, Concepts, Pratiques, Perspectives, Hermann.

Richard-Ferroudji, A. and O. Barreteau, 2012, "Assembling different forms of knowledge for participative water management-Insights from the Concert'eau game", in Claeys C. and Jacqué M (Ed.), *Environmental Democracy Facing Uncertainty*, Bruxelles, Peter Lang, pp. 97 – 120.

Ricœur Paul, 2003, La mémoire, l'histoire et l'oubli, Paris, Seuil, p. 736.

Star, Susan; Griesemer, James (1989). "Institutional Ecology, 'Translations' and Boundary Objects: Amateurs and Professionals in Berkeley's Museum of Vertebrate Zoology, 1907 – 39". *Social Studies of Science.* 19 (3): 387 – 420.

Stavo-Debauge, Joan, 2018, "Le Divin marché (de dupes). Un fondamentalisme qui ne paie pas de mine mais rapporte gros", *Sociologies.*

Thévenot, Laurent, 1995, "L'action en plan", *Sociologie du Travail*, Vol. 37 n°3, pp. 411 – 434.

Thévenot, Laurent, 1997, "Un gouvernement par les normes; pratiques et politiques des formats d'information", in Conein, B. et Thévenot, L. (dir.), *Cognition et information en société*, Paris, Ed. de l'Ehess (Raisons Pratiques 8), pp. 205 – 241.

Thévenot, Laurent, 2002, "Which Road to Follow ? The Moral Complexity of an 'Equipped' Humanity" in Law John, Mol Annemarie (eds), *Complexities: Social Studies of Knowledge Practices*, Durham and London, Duke University Press, pp. 53 – 87.

Thévenot, Laurent, 2006, L'action au pluriel. Sociologie des régimes d'engagement, Paris, La Découverte.

Thévenot, Laurent., 2014, "Voicing concern and difference. From public spaces to common-places", *European Journal of Cultural and Political So-*

ciology, 1 (1) pp. 7 – 34.

Thévenot, Laurent., 2017, "'Des liens du proche aux lieux du public': retour sur un programme franco-russe pionnier", *Revue d'Etudes Comparatives Est-Ouest*, 48 (3 – 4) pp. 45 – 93.

Thévenot, Laurent., 2019a, "Measure for measure. Politics of quantifying individuals to govern them", *Historical Social Research*, 44 (2) (forthcoming).

Thévenot Laurent., 2019b, "How does Politics Take Closeness into Account?", *International Journal of Politics, Culture, and Society* (submitted).

Thévenot, Laurent, Moody, Michael, Lafaye, Claudette, 2000, "Forms of Valuing Nature: Arguments and Modes of Justification in French and American Environmental Disputes", in Lamont Michèle and Thévenot Laurent (eds.), *Rethinking Comparative Cultural Sociology: Repertoires of Evaluation in France and the United States*, Cambridge, Cambridge University Press, pp. 229 – 272.

Winnicott, Donald Wood, 2016 [1959], "Le destin de l'objet transitionnel", *Journal de la psychanalyse de l'enfant*, 6 (1): 17 à 24 (traduit de l'anglais par Jean-Baptiste Desveaux et Emily Galiana).

实用主义社会学和在中国的借鉴
——基于对德维诺和傅蘭思教授文章的讨论

赵　炜

法国社会学家德维诺教授对实用主义社会学的革新有着重要的推动作用。实用主义社会学的出发点是对行动的研究，特别是对行动者不同行为方式和解决问题的多元途径的研究。革新的实用主义社会学强调实践（practice）和行动的问题，将公共体制置于更多地方参与的体制中，以更好地分析当代社会所要求的实践（pragmatic）的多重功能，特别是参与（介入）体制理论，非常有助于分析复杂的社会问题。实用主义社会学（Pragmatic sociology），作为一种新型的独特的法国社会科学的代表，在中国尚未全面引入。

德维诺和傅蘭思教授的文章章节"应对环境风险的过渡：身处国家制定的沿海防洪计划下的居民们（法国圣米歇尔山海湾）"，从经验和理论的角度来看，全面地反映了革新的实用主义社会学在实证研究中的运用。他们的研究既延续了实用主义社会学关注微观和中观层面的社会现象以及各种机制性规律，关注社会的多样性和复杂性，又在经验事实的基础上验证了"介入机制"等理论。本文将在对德维诺和傅蘭思教授对法国问题文献分析的基础上，讨论中国的相关研究以及革新的实用主义社会学在中国的运用。

一 德维诺和傅蘭思教授的研究

在德维诺和傅蘭思教授提供的章节中，作者详细地描述了2010年在法国中央政府制定了全国性的"海岸防淹计划"后，圣米歇尔海湾地方政府对此计划的执行情况以及各方行为者因行动领域的不同而产生的冲突和多样的见解。作者强调，公共行政部门对居民参与的重视与考量是研究的重点。

海岸防淹计划是由法国总统宣布的，米歇尔山的堤坝建设仅是其中的一个部分。在灾难发生后，时任法国总统萨科齐曾经前往探望，随后开始了为防止海岸淹没计划实施的协商程序。文章描述了整个协商的过程，也详尽描述了"检验"的情境：由于认为程序的不公，有代表退出会议并在地方官员的带动下举行示威，通过递交请愿等形式发表民众的建议。意见分歧出现的原因是居民对该地区的"熟悉性"介入方式基于通过个人习惯获得的线索，与量化的、模型化了的成型的危险，以及相关监管措施的类型相抵触。在冲突之后由地方政府和相关社会组织出现协调、征求意见并进行公众调查，通过几年的介入和协调，最终达成相对的妥协。对于当地来说"筑堤不只是一个由各个不同成分构成的共同坐标，还使人们能够提出关于共同福祉以及为管理共同福祉而采用的基本文法原理的最笼统的政治问题"。这个实证研究，具体体现了实用主义社会学的运用。

首先，反映了德维诺实用主义社会学的出发点。德维诺认为，布迪厄的研究主要集中于社会团体或者是已经达成一致的集体习性，在政治共同性的问题上不够精准，对政治共同体构建的多样性没有兴趣。而他的研究要比布迪厄的更向前推进一步，考虑到共同性的形成过程。在行动上，共同性建立于不同的活动和机制，通过认知、社会和政治意识统一到一起。德维诺的观点是，需要扩展现有的分析工具来处理当代政治，不仅是公众的批评，还有可能在发生暴力或者导致剧烈反应之前的沉默。应该考虑到公共空间中公众的不同态度，同时从基层关注人们的态度。在政治共同体中，应该从人们最难以理解的个人问题出发考虑人们在问题上的分歧方式，而不是从已经准备好在公共场所进行矛盾辩论的预先格式化的个人中考虑。在他们的研究中，详尽地描述了面对自然环境，米歇尔湾的各方人士的反应，也包括他们之间的冲突。将实用主义社会学用于环境问题，是社会学的一个发展方向。由于和自然的关系有着不同的发展方向，不同价值之间在寻找解决之道时可能产生相对紧张的关系。环境对未来的影响也涉及社区。"介入体制"的理论发展有助于理解公众对环境的态度。

其次，全面地运用了扩展的实用主义社会学的"介入理论"。以安妮公爵夫人堤坝为个案，分析从国家政府到基层政府、技术部门、所在地区民众等多种类型的参与者的不同的行动模式。面对自然灾害，人类需要通过各种方式进行防御。在此过程中，不同类型的组织和个体的反应是不同的。尤为复杂的是，自然环境本身具有不确定性，这就使过渡的过程变得更加复杂。海岸居民对风险防范的不同态度，与地方政府和技术官员不同的管理取向（计划）交织在一起。居民的熟悉的介入是基于他们的个人习惯和记忆所获的，以此对抗量化建模的和规范化的管理。由于争执的出现，行动者进入这个批判与辩护的参与方式。作者强调在处理与自然的关系上，人与人之间复杂的关系。从熟悉性到公共，通过在一个环境中不同的关系类型的区别，使得对公共资格的分析有了可能。人们理解现实的角度不同，涉入的多元情境不同。这种差异导致了居民对堤防态度的议事程序和措施的不同反应成为可能。

再次，是研究方法。作者区分过渡（transition）和变化（Change）。过渡涉及线性过程中的突变，此过程可以循环，变化则转化为不连续的形式。因此特别强调系统的分析方式比单一视角的分析更可能提供全面的角度。对过渡的思考应该看到其时间性，转变并不是一个只有两端的事件，而是一个不断变化的系统过程。德维诺和傅蘭思教授将研究个案回溯到 11 世纪，加上了时间的维度。他们提出，过渡可以是"伴随"的过程,在有限的空间内发作性事件的重复已经导致习惯性接受冲击的形式。在关于安妮公爵夫人堤坝的处理问题上,多方介入者的因素及其作用都尽可能地被考虑进去,包括沿岸民众、政府派来的代表和科学家。特别提出了国家的角色,即"公民价值"的因素。

最后,实用主义社会学非常强调对社会政策的影响。正如作者所述:实用主义社会学的分析框架能够设计出更多通过游戏进行创新参与的过程,并强调新一代参与性安排的益处。这些安排考虑到了我们所强调的压迫,并向更广泛的介入制度敞开怀抱。

二 实用主义社会学在中国的引进和发展

法国的实用主义社会学,特别是德维诺教授等提出的实用主义社会学还没有系统地被介绍到中国,只有零散的文章做了介绍。如,卢崴诩[①]的文章将德维诺的介入理论作为后布迪厄时代法国社会学界的一个新兴学说加以评述。

与德维诺的实用主义社会学有一定的相似性,中国学者从对布迪厄的批判性继承出发,发展了具有中国特色的"实践社会学"。其中的一些方面与德维诺提出的实用主义社会学有相似之处。中国的实践社会学发展基本可以分成两个部分。一是关于实践社会学的理论介绍;二是将实践主义社会学的基本方法"中国化"并用于解释中国现实。由于翻译的问题,在中文文献中,"实践"和"实用主义"一词,对应了多个不同含义的英语和法语单词;实践、实践理论和实践社会学等名词有着不同的内涵。

---

① 卢崴诩:《劳伦·泰弗诺的涉入理论——一种探讨人类行动能力的新社会学》,《学术论坛》2013 年第 3 期。

（一）对实践社会学理论的介绍

"实践理论"，在中国通常是指布迪厄的理论。北京大学谢立中教授较为全面地介绍了布迪厄的"实践理论"。布迪厄主要的贡献是试图通过他所提出的"实践理论"（或"实践社会学"）超越"社会物理学"和"社会现象学"之间的对立，形成一种能够帮助我们更适当地反映社会现实的社会学、人类学体系。实践理论的目的要揭示出"理论理性"的缺陷，恢复"实践理性"在社会科学研究中的核心地位。[①] 布迪厄实践理论的首要观点是认为人的实践行为是由一种既非属于客观因素又不完全属于纯粹主观意识的东西，即"习性（habitus）"所引导的。"习性"一词构成了布迪厄"实践理论"的核心概念。实践活动是实践感的产物，它所遵循的既非结构的逻辑，也非意识的逻辑，而是实践本身的逻辑。"场域"是由各种社会位置之间的客观关系所构成的网络。行动者及其习性都是场域的产物。布迪厄对实践过程之理解的独特性，就在于他强调了"实践感"在实践过程中的独特作用，否定了以往的诸多思想家对理论、意识在实践过程中之作用的强调。习性和场域，成为在中国社会学研究中心的流行词汇。

（二）对实践社会学的批评和"过程—事件分析"研究策略的提出

借鉴西方社会学理论并加以中国化，是中国社会学发展的特色之一。清华大学社会学系孙立平教授从对布迪厄的实践社会学的批判出发并加以发展，提出的"过程—事件分析"研究策略，是一个典型的例子。

孙立平教授提出，惯习、场域这样的概念，虽然单独地使用是非常有意义的，但却没有激活实践。布迪厄在倡导实践社会学上之所以

---

① 谢立中：《布迪厄实践理论再审视》，《北京大学学报》（哲学社会科学版）2019 年第 2 期。

失败，就是因为没有找到一种面向实践状态社会现象的途径。① 在对布迪厄批判的基础上，他强调了中国社会学语境下的实践社会学：面向实践的社会学，所要面对的就是处于实际运作过程中的社会现象。过程—事件分析的研究策略和叙事范式，其目的是解决静态结构分析所存在的局限。过程可以作为一个相对独立的解释变量。从根本的意义上说，它超出了因果关系的传统视野。通过"过程—事件分析"策略，展示制度、结构、行动者在具体社会场景中的动态运作。该策略有三个方面的特点。第一，强调动态叙事描述风格，将实践状态的社会现象以动态形式呈现出来。第二，强调事件性过程的重要性。实践社会学要研究的不是一般意义上的过程，而是那些把实践状态浓缩和集中的过程性事件，是能够揭示社会现象深层逻辑事件性过程。第三，"过程—事件分析"研究策略具体包括四个环节，即过程、机制、技术和逻辑。其中，过程所指的事件性过程；机制则是制度、结构、组织等因素在实践中发挥作用的方式；技术则是指实践状态中那些行动者在行动中所使用的技术和策略；逻辑是实践社会学研究实践状态的社会现象时所要寻找的目标。②

"过程—事件分析"研究策略的提出，被认为对中国社会学发展有重要的意义。这个策略强调不是研究社会的某个片面的一方，而是它们之间的复杂互动关系。在中国的社会科学研究中，国家中心论一直起着主导的作用。这种模式表现为：强调党和国家机器的压倒一切的作用，强调正式体制对于社会生活的控制。认为不存在独立的社会力量和大众文化，民众是被动的，民众的反抗如果不是没有的话也是微不足道的。社会生活是整齐划一的，变革的动力来自党和国家机器的推动。③ 过程—事件分析策略特别强调去发现民众的行动，将民众的活动作为重要的社会因素。在此基础上，一些社会学者通过对中国

---

① 孙立平：《迈向实践的社会学》，《江海学刊》2002 年第 3 期。
② 任晓春：《政府运作分析：实践社会学视角的研究及借鉴》，《广东社会科学》2015 年第 6 期。
③ 谢立中：《结构—制度分析，还是过程—事件分析？——从多元话语分析的视角看》，《中国农业大学学报》（社会科学版）2007 年第 4 期。

农村的调查，运用中国实践社会学倡导的"过程—事件分析"研究策略，提出了一套接触现实、接近社会的方法，开辟一种个案研究路径，也取得了一些有影响的成果。

三 运用"过程—事件分析"策略对中国农村问题的研究

孙立平不仅提出了"过程—事件分析"策略，还带动了应用该策略对中国问题的研究。"国家—农民关系的实践形态"被认为是最早运用"过程—事件分析"策略进行研究的议题。以下两个研究具有代表意义。

一是孙立平和郭于华撰写的《软硬兼施：正式权力非正式运作的过程分析——华北B镇收粮的个案研究》一文，以华北地区一个镇定购粮的征收为例，分析了在正式行政权力运作的过程中，权力的行使者如何以及为何将诸如人情、面子、常理等日常生活原则和民间观念引入正式行政权力行使的过程之中的。这一正式权力非正式运作的权力实践表现了国家权力技术的特点和复杂过程，也展示了国家与乡村社会边界的模糊性与相互交织，从而提供了认识国家与社会关系复杂性的动态视角。① 农村中国家与农民的关系，既可以看作一种静态的结构，由此来研究两者力量的强弱、支配关系等问题，也可以将其看作是一种实践着的动态过程，更准确地说是一种"行动中的国家—农民关系"。在中国实践社会学看来，实践也就是结构的运作状态。比如，在收定购粮的案例中所涉及的征收者—被征收者的地位、双方的权力关系、制度的背景等，都是在实践中呈现出来的结构性要素，同

---

① 孙立平、郭于华：《"软硬兼施"：正式权力非正式运作的过程分析——华北B镇收粮的个案研究》《清华社会学评论》，2001年特辑；孙立平：《现代化与社会转型》，北京大学出版社2005年版。

时也是实践社会学关注的焦点。① 另外还有类似选题的一些文献，研究将乡镇政权作为社会行动者，把其放在社会实践过程中去加以考察和分析，观察农村社会自下而上的行动者对乡镇政权权力运作过程的构建和影响，总结乡镇政权在具体的社会情境中的角色和行为，提供了国家和社会关系的动态视角。②

二是吴清军发表于 2002 年的《乡村中的权力利益与秩序》③ 一文，描述了东北地区一个村庄从平静—冲突—恢复平静的动态过程。在整个过程中，乡村社区的社会结构、人际互动关系以及村民的生活方式、思维方式都发生了转变。围绕这一动态过程，展示了村干部利用各方面资源分化、瓦解对手的实践过程，讨论了村委会角色地位的模糊性怎样影响其权力在实际运作过程中的操作技巧。将研究视角放在村委会一级，这一级被认为是中国农村中国家和社会之间的"模糊地带"，能够更清晰地反映国家和社会的动态关系。

到 2010 年以后，在中国社会学研究中，明确说明使用"过程—事件分析"策略或中国实践社会学的文献很少见到。所谓中国特色实践社会学在短时间成为热点但很快消失的原因可以归纳为，第一，中国学者并未对布迪厄的实践理论进行深入的剖析，学者们似乎更希望发展中国社会学，仅是借用了批评布迪厄的实践社会学之名。孙立平教授对布迪厄的批评，所依据的仅是一本英译布迪厄授课记录，而对于布迪厄大量的其他著述，却始终未置一辞。④ 第二，缺乏方法论上的系统内容和技术保障，导致研究者过于重视描述事件的故事性，而忽略了其背后的社会结构分析。无视"过程—事件分析"与"实践社会学"之间的脉络关系。这一倾向的明显特征就是将处于实践状态的社会现象静态化，将"事件"看作从"过程"中截取出来的片断，看不

---

① 孙立平：《迈向实践的社会学》，《江海学刊》2002 年第 3 期。
② 饶静、叶敬忠：《我国乡镇政权角色和行为的社会学研究综述》，《社会》2007 年第 3 期。
③ 吴清军：《乡村中的权力利益与秩序》，《战略与管理》2002 年第 1 期。
④ 谢立中：《结构—制度分析，还是过程—事件分析？——从多元话语分析的视角看》，《中国农业大学学报》（社会科学版）2007 年第 4 期。

到流动中的"事件"的意义。①

四 中国环境社会学研究对实用主义社会学的运用

如同德维诺的文章指出，环境问题是实用主义社会学的主要发展领域。在中国，另一个非常关注行动者的分支领域是环境社会学。在关于环境保护与治理的研究中，国家、市场与社会这一分析框架几乎成了该研究的主流范式。在这个框架中，社会经常处于缺席状态。现实中无论是"依法抗争"还是"暴力反抗"，其结果多不乐观。②尽管如此，很多社会学者依然从社会行动者的角度出发，试图发现环境事件背后的行动者。在进行经验研究时，自觉或不自觉地运用了实用社会学的基本范式。其中，苟丽丽和包智明③的研究很有代表性，其研究以生态为目标的政策事件及其过程的社会学分析。关注"生态移民"这一事件过程中所包含的各类社会行动者（social agent）的行动策略和互动关系以及对社会行动构成约束性框架的制度结构。研究了从中央政策到地方应对，涉及市场和家户的多种关系。另外，黄家亮的《通过集团诉讼的环境维权：多重困境与行动逻辑》④，以叙事的方式描述了中国基层社会这一特定"场域"中，通过集团诉讼这种方式进行环境维权所面临的多重困境和农民的行动逻辑。

环境社会学研究在中国起步较晚，对社会行动者的关怀还不突出。对于面对自然灾害和防止自然风险的社会学研究，中国更是刚刚起步。

---

① 淡卫军：《"过程—事件分析"之缘起、现状以及前景》，《社会科学论坛》2008年第6期。

② 包智明、陈占江：《2007，中国经验的环境之维：向度及其限度——对中国环境社会学研究的回顾与反思》，《社会学研究》2011年第6期。

③ 苟丽丽、包智明：《政府动员型环境政策及其地方实践》，《中国社会科学》2007年第5期。

④ 黄家亮：《通过集团诉讼的环境维权：多重困境与行动逻辑》，黄宗智主编：《中国乡村研究》2009年总第6辑。

从防灾或受灾民众行为角度的社会学研究还不多见。

五 借鉴实用主义社会学进行中国问题研究的可能性

从对德维诺与傅蘭思教授"应对环境风险的过渡"的文章介绍，到后面对中国特色实践社会学发展的梳理，发现了一个有趣的现象。尽管德维诺提出的实用主义社会学并未在中国得到完整的引入，但基本在同一个时期，以社会学家孙立平为代表提出的"过程—事件"研究策略以及在实证研究中的运用，其基本出发点与德维诺一样，都是从布迪厄的理论出发，批评布迪厄理论中对社会结构的过分强调，关注"过渡"和"过程"，强调动态地研究社会、探究人的行动能力。

具体来看，中法两种研究方式还是存在区别的。"过程—事件分析"策略强调过程—事件分析策略特别强调去发现民众的行动，将民众的活动作为重要的社会因素。其前提是反对社会学研究中的国家中心化。把国家与社会关系看作一种过程，即通过对具体的事件过程的分析，来揭示乡镇、村庄、农民三者之间复杂而微妙的关系。在德维诺的研究中强调对多元行动者的关注：行动者在不同情境下的介入方式不同；强调行动者的道德能力；强调研究的目的是阐述行动者在不同时空环境下的多元文法原则。其出发点是，在法国实行的民主制度中，居民参与公共事务是理所当然的，但公共行政部门对居民参与的重视与考量，才是该文希望加以审视和批评的重点。

通过上面对德维诺和傅蘭思教授文章的分析以及对中国已经有的类似的研究的介绍，我们发现，德维诺教授提出的实用主义社会学在中国的运用，有着十分积极的意义。

首先，德维诺的文章反映出的一系列理论概念，如过渡、介入等既继承了传统社会学理论的基本议题，又反映当代社会学理论的最新热点。对这些理论概念的探究，有助于中国社会学者对西方社会学理论有一种历史的、宏观的、动态的了解。中国社会学者通常也是从西方经典理论中寻找解释工具，但往往忽视其动态的发展。德维诺提出的实用主义社会学的概念来自法国社会学深厚的理论传统，在此基础上的创新，有着持续的可能，而非在几年内时髦的解释工具。

其次是过渡而非变化的观点。德维诺和傅蘭思教授提供的章节中的一个核心概念就是过渡。过渡的概念，包括了时间上的渐变和或长或短的过渡与空间上的渐变。自然灾害（包括气候和海岸线等）的不确定性，挑战了基于以往经验的管理方式，于是导致了行动者参与行为的复杂性。文章非常详细了描述了转变的过程：从起点的不平衡、计划的转变、对存在风险回应的转变、官方的态度以及当地居民的参与。过渡的概念，有着更强有力的理论基础。因此，有很好的解释性。

德维诺提出的介入的概念，有着非常广泛的适应性。他提出研究的目的是阐明行动者与周围的人和物共同生活时所需遵循的多元文法原则。在德维诺较早的文章中，介入成为实用主义社会学的一个重要命题。秉承了法国社会学对行动研究的传统，德维诺区分了三种参与体制：公众利益的辩护参与；个人计划的参与和熟悉参与，参与方式是多元的和相互交错的[①]。每一种涉入方式都基于特定的道德要求，环境中的人与物都受到这个道德要求的检视。三种道德要求依序为：个人的、特殊的便利；成功的常规行动；正当的共同福祉[②]。作者强调在不同的时空环境下，介入的不同作用和类属。介入的概念扩展了实用主义社会学，有助于解释行动者的多样性介入行为。

特别值得一提的是，实用社会学的研究，将微观研究和社会政策联系在一起，这是中国社会学正在发展的方向。在这方面，德维诺实用社会学中有关政府对民众态度、管理与地方性知识等方面的研究，非常值得借鉴。

对于实用主义社会学如何在中国得以更好引入和吸收，试着提出

---

① Paul Blokker and Andrea Brighenti, 2011, "An interview with Laurent Thévenot: On engagement, critique, commonality, and power", *European Journal of Social Theory* 14 (3) 383 – 400.

② 卢崴诩:《劳伦·泰弗诺的涉入理论———一种探讨人类行动能力的新社会学》,《学术论坛》2013 年第 3 期。

以下三点。

一是介入体制理论是否能涵盖并解释所有的因素。介入理论的核心是从多元情境视角研究行动者与周围其他人或不同情境中进行协作时所遵循的文法原则。关于圣米歇尔湾的研究很好地解释了多方情境。但是是否能作为一般理解用于解释其他情境，可以进一步讨论。

二是关于方法论问题，在农村或环境等"过程性"议题上，研究者一般倾向于进入田野，以参与观察和深度访谈等方法收集资料。但被观察者基本是行动者本身，这对资料的信度是否会产生影响？

三是如何运用实用主义社会学的分析框架解释中国现实？在德维诺和傅蘭思教授的文章，很好地运用了实用主义社会学的框架研究了在自然界灾害背景下，政府、地方官员、技术官员和民众之间复杂的关系。这个框架在分析不同类型的争议、社会政策变迁、移民等问题上非常适用。而这些问题，都是中国正在经历的。

三

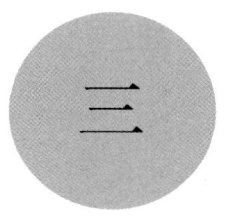

中法教育中被规训的孩子及其道德能动性
——实用主义社会学视角的若干思考

罗知北（Romuald Normand）

涂尔干（Emile Durkheim）、布迪厄（Pierre Bourdieu）这些伟大社会学家初期都是以教育为主题进行研究的。他们之后，法国的教育社会学主要研究方向就是精英的选择和再生产机制，或是学生社会化过程中的重要问题。除极少人，大都数社会学家对教育和教师在课堂中的作用失去了兴趣。学生的能动性常常被视作对社会角色的功能理解，以功能主义视角去思考，即教育制度对儿童提出哪样的期待；或是随后结构主义视角用社会阶层属性去解释幼儿时期形成的一些习惯禀赋（Darmon，2013；Dubet，Martucelli，2014）。这种社会学通常扎根于共和式的世界观，而后者本身就是启蒙思想传统的继承者。对这一传统而言，儿童的教育就等同于精英知识的传承和对社会不公的削减——这是全国公民的共同理想。

然而，在人与教育、人与学习的关系建构中，人的能动性起到什么作用这个问题，实用主义社会学的概念却能带来新的解释（Barthe & al.，2013；Thévenot，2005）。它们能把教育者及其背后的教育制度在教育孩子、赋予其公民素质过程中所面临的检验加以精准地定性（Lemieux，2011）。它们能够凸显在约束儿童、建构班级秩序过程中多种行动协调方式和介入制度的多元性（Thévenot，2006）。

在法国，纪律常常被理解为规则和惩戒制度，涂尔干在他那个时代就是这样想的（Filloux，2018）。或者像福柯（Foucault，1975）理论那样从对身体的监控机制的角度去看待它。在传统上，控制身体的惩戒意义几乎接近于驯服动物，当然不会借助于皮鞭或是大棒——这些都已经从教育实践中消失——而是通过锻炼身体和道德训练，贯彻"坐稳站直"的中心词（Vigarello，2018）。任何对规范的偏离都会被视作行为不当，或是对命令的抵抗，或对服从的拒绝。

纪律在中国有一层极为普遍的含义，即对身体的控制，这一点从老年人练习的太极拳中可见一斑。纪律反映的正是身体与精神之间的平衡或和谐，也反映精神和家庭量值范畴所重视的对传统的继承和重复（量值范畴学说见 Boltanski & Thévenot，1991）。中国文化中的纪律有时近似于围棋。黑棋通过战略进攻控制对方的位置，同时将空间为己所用，由此来约束白棋。这个秩序让人联想起推崇"不战而胜"的孙子兵法及其制敌的三十六计（Tzu，1972）。纪律，好比一种战术或一种战略，其部署要点就在于预见并引导对手的行为，由此来约束对方。

这些有关纪律的著述固然值得一读，但它们很少关注儿童、关注他们在适应环境的同时探索世界的能力。它们对填满儿童社会生活的事物相对无视。在对行为的规律性的解释中，它们往往高估遵守规则所起到的作用，而其实行为的规范可以是重复和习惯的结果，即下功夫让身体有习惯性的行为，像孩童游戏那样，而不是内化为约束或支配（Piaget，1969）。同样，如维特根斯坦（Wittgenstein）展示的那样，规则只是一种表述，其阐释可以因语境不同而千变万化。如果语境不确定，谁也不知道某个人是不是会遵循一条规则（Descombes，2012）。要从实用主义社会学的观点去详述什么是纪律，就要研究人的能动性与环境之间的牵系和依赖关系，与多元介入方式的关系，多元介入方式既表达行为的规律性，同时也令人们介入亲近性（Thévenot，1994）。

要关注孩子的能动性形塑以及孩子对身边环境的影响，就需要考量纪律在道德和政治层面的内涵（Thévenot，2002）。因为，教育是帮助孩子做好准备以便进入群体共同生活的一种方式，而集体的归属感在不同类型的教育中又有着不同的释义。但教育学家们屡屡要迎接的挑战依然是同一个：如何带领孩子融入一个群体，为其进入社会做好准备。根据不同的共同福祉会有不同的群体空间得到重视，共同生活中包含公民性质的要求就成为融入群体空间的标准（Thévenot，2015）。同时，教育者有可能激活种种机制，引导儿童习得符合共同福祉的道德和政治能力。

本文接下来尝试整理的就是在环境中与孩子的不同活动有关联的部分共同福祉。我们会用实用主义社会学的视角，对中国和法国各自教育文化中的纪律加以比较。我们会厘清中国教育中纪律的多层含义，并指出与法国的差异。随后，通过分析卢梭（Jean-Jacques Rousseau）的教育理论，我们会展示将天性纳入考量能够大大丰富社会学对纪律及其对道德能动性形塑的思考。接下来我们还会梳理杜威（John Dewey）和涂尔干（Durkheim）之间的分歧，阐明他们在能动性问题上的理论分歧的后果，以及他们各自的理论在教育中对孩子进行规训提供的可能性。最后，我们将讨论孔子、涂尔干和杜威的共通之处，提出一些思考的方向，以求更深入地探讨中国教育中道德能动性模式的多元化、理解其在帮助孩子获得公民素质和公民道德文法原理上的潜力。

一 实用主义社会学视角下中国教育中的纪律

乍一看去，法国教育中，家庭量值十分强调教师的道德权威以及对教师必须有的尊重，此外，它也重视涂尔干笔下的"集体意识"，即以公民正义原则为名义的集体或社会归属感。在中国，在对谦虚、谦卑、服从权威和长者这些品质的态度上，儒家思想始终左右着孩子和成人的关系。学生家长和地方社区也对"老师"非常尊重和承认。在法国，对学生的纪律约束、尊重以及公民意识和公民身份的重要性早已在教育学中被确立，教师普遍重视对规则的遵守。尽管社会风气的变化使得教师在法国社会中的合法性逐渐消失,但在很长一段时间内,"学校老师"就是道德权威的化身。

不过,只需比较两国学校的运行机制,就能看到两国孩子的学习状况的巨大差异。中国①更重视肢体表达和手工教育。教室里不守纪律的现象较少,学生行使更多的社会责任(Gu Mingyuan et al.,2017)。按照行为和成绩排名也更多。应试压力所反映的属于产业量值范畴,这一范畴遇上学校竞争和家长消费主义的商业量值范畴,就形成一种折中。但灵性量值范畴与公民和家庭量值范畴的结合同样使得教学活动受到重视,正如扇子舞等活动所显现的那样。

在法国,相比学校空间内的集体生活,学习更多还是与个体喜好有关,或者说是转交给家庭的一个任务。公民价值方面,教师的任务是传授学术知识,在公民和家庭的折中量值范畴中极为重视共和国价值(自由、平等、博爱),在这一折中里,产业量值范畴的地位就相对较弱。地方群体的归属感和对效率成绩的追求比中国要少许多。教室内的教学不同于教育,后者更多属于私事和个人自主的范畴。与家长的联系不是十分紧密,很多人认为学校应该是面对各种私利保持中立的场所。共和主义已经让自由主义文法原理远离学校空间。

即便学习在两个国家同样受重视,在教师培训和新版教学大纲中引入了认知心理学知识之后尤其如此,但对纪律和教学的理解依然反差巨大。在中国,家庭量值范畴与传统结合更多,"公民"培养更多参照于群体对社会互动的理解,而在法国则直接服从于单向无回报的国家权威。灵性量值范畴在中国会进入各种实践被激活的空间,而在法国这一量值范畴仅限于教学活动的外围。

这些差异也会蔓延到学生的道德能动性形塑和公民素质中。通常,中国教育中的"纪律"指的是个体的某种平衡或"和谐",让个体通

---

① 很难对中国教育一概而论,因为内部差异巨大,尤其中国东西部、省与省、区与区都有差异。本文讨论的主要是大城市的教育。

过肢体或声音与他人互动时的自我表达获得和谐。不是有句话叫"智者不语"吗？各种礼仪和学校仪式传承着中国的古老传统，让这一纪律观得以表达。同样，作为"有知识的人"，老师得到文人学者的承认与尊重，由此获得他在孩子面前的权威。在此，道德能动性形塑就是在传统和等级观念相结合的家庭量值范畴中来进行。

当然，教室里除了人际互动之外，中国的学生还受到物质环境的塑造，后者一方面为他创造静心听讲的条件，另一方面又有像书包水杯等他熟悉的事物。学生使用的设备也包括桌椅，根据计划形式，能让他专注于学习，并按照教师的备课设想与教师形成互动（Thévenot，2007）。不过纪律并不总是意味着教室中整齐划一的、面向黑板的一排排桌椅，有时教学活动会更加分散，学生会以小组为单位讨论学习，也有可能自学，比如使用平板电脑的时候。在此，行动与认知的关系有所改变，它更有利于合作能力或独立探索能力的培养。这些做法会在社会团结的公民量值范畴中或激发创造力的灵性量值范畴中出现。

由此可见，教室环境可以通过多种教具变得更加丰富，而不同的教学安排能够使孩子们拓展其介入制度。比如更多使用探索式或惯常式介入制度、更多引入团队概念，让孩子们学习如何从无到有建构团队。深刻影响中国教育的杜威就十分重视这一点。作为新教育的先锋，他希望重新组织教室的座位形式——超越计划形式，关注孩子的情感和基本动作、他的求知欲和探索力，帮助他让身边环境为其服务，达到学习的目标。

在西方，这些教育方法不仅仅是介入方式多元化的体现，它们也是共同福祉的取向，反映的是在不同语境中久经检验的政治道德哲学。它们让所谓"现代"伟大教育家各自强调了自己眼中的共同福祉。它们的灵感往往来自卢梭的前卫思想，后者认为学习环境要能够影响孩子的道德能动性（Rousseau，2010）。

二 天性的地位：让－雅克·卢梭和"不作为"理论

卢梭认为单纯依赖成人道德教育的学习丝毫没有成功的可能。他主张依靠天性、通过一系列让孩子面对天然环境所经受的检验去引导孩子的禀赋。对他来说，规律性要求将孩子维持在其与身边事物的依赖关系中，这样他才能变得更加自立。这位哲学家并不否认教育者应该在场，但他希望教育者尽可能长时间地处在"不作为状态"。教育者不应该试图约束孩子、让孩子服从自己或施展权威。他在场本身就构成了天然的不平等，孩子会将这一点纳入他的体验之中，这和他遇上的抵抗他的环境是同一个道理。对卢梭来说，社会中使人性变恶的激情出现的根本就在于习俗协约，老师只不过就是恶习和偏见的载体。将孩子置于对事物的依赖中应该能够帮他避免受污染道德的约束。他区分两种依赖：第一种是对事物或自然的依赖，没有道德没有恶习；第二种，对人的依赖，这就是社会问题的源头。教育者的角色是带着孩子以他的自爱为出发点，也就是说一种天然的情感，会带着他与自己最近的环境产生牵系，然后再逐渐将这种依赖延伸到成人世界中，受到想象的启发，将激情转化为人性，并将其与同类维系到一起。

这与中国思想有什么共同点呢？正如于连（François Jullien，2016）所说，在中国对"作为"的理解中，智者，无论他是建筑师还是教授，总是能够利用环境的潜力达到效率。他引用孟子讲述的拔苗助长的故事。过度迫切（锄草、浇灌）反而会导致幼苗枯萎，而什么都不做却能陪伴它成长。不作为，顺其自然任其成长，这才是有效率的作为。中国思想十分重视自然成长过程及其间无声无息的变化。它也强调要为引导行为而做事先准备，正如于连阅读孙子兵法后在书中写得那样。相反，西方思想的一部分源自古希腊，喜欢做模型并从一开始就设定目标。行动有计划，即一连串要执行的任务，其效率取决于手段与目标的匹配程度。回到西方思想中，卢梭就对"不作为"和教育机制的准备做了理论提升。但他的理论最终并未对法国的教育产生很大影响，后者更关心的是高效的、直接作用于孩子身上的作为。

杜威在对老子的无为学说的评述中，注意到中国的生活与自然的亲近，但也同样注意到，在天性可以起到作用的时间内，中国思想对道德规则、积极耐心、忍耐、毅力的重视，而不鼓励激发人的骚动和兴奋，以及人为的复杂化（Dewey，1977）。"顺其自然"（原文中是法文 laissez-faire）的态度，背后是支持、宽容、平和、幽默、温和，在他看来是中国人生活习惯的特点。他认为那诚然是保守主义和宿命论的一种表现，但如果人可以干体力活耕地、等待过程走到终点，那这也是对自然的尊重。杜威还认为优点与缺点、卓越与微弱之间都有平衡存在，与愚蠢地执着于习惯恰恰相反，这种平衡强调并体现生命哲学中人的文化。这位美国哲学家接着还为"风水"正名，他认为虽然风水有神秘主义的嫌疑，虽然它阻碍中国人接受铁路或煤矿，但风水还是有存在的重要道理，因为中国人依赖土地和土地的能量，后者是人与人之间的联结，是代与代之间的传承。对他来说，这是对自然的某种虔诚，尝试通过对未来的共同化在保守主义和谨慎态度之间达到平衡。让我们更详细地看一下他对教育中道德能动性的看法。

三　儿童在其周围环境中的道德能动性形塑：杜威的教育学

杜威认为纪律是事物的使用许可的管控（Dewey，2018）。环境引导儿童的本性，通过协调儿童连续的行为来约束或引导其活动。教师必须考虑到这些自发的禀赋，在易受使用环境之影响的经验中，通过与各种物体的接触来检验它们。通过安排情景提供的资源，控制意向性行动，而非借助于规则的建立。重视儿童经验的教育其发展应包括三个阶段。

首先，儿童在做中学，在特定的情境中力争聪明地调整自己的行为。知识首先是一种行为的能力，包括对身体的使用和对材料的操纵。因此，知识最早的组成部分是在熟悉中产生的。第二阶段，教育者鼓励儿童与他人接触，特别是通过相互交流对经验的描述，发展意向性的行动模式。教育应该利用增进信息和沟通的机制，但这种社会知识资本也必须配合儿童在熟悉过程中获得的知识。第三个阶段是学生成为专家，能够用科学的方法检验知识内容，从而合理地、合乎逻辑地使用他所掌握的材料。

按照杜威的设想，教育者的一切工作，都是将儿童的判断力从因为依赖身边环境而对行动环境做出妥协，拓展为一种指向某种公共福祉、有普遍性的评判方式。儿童因熟悉而产生的对环境的依赖阻碍了这种拓展，因为他天生就倾向于将周围的物品据为己有。但是，儿童在与事物的接触中会表现出情感，对周围的人和事物有一种天然的好感。这种教育学特有的纪律，旨在通过优先考虑对事物的具体运用，利用这种好感，以消除儿童自发的不确定因素。这样，儿童的自然禀赋就会因对环境的依赖而得到引导，让他的天性向着有利于与他人互动的方向发展，从而纠正他的天性。儿童在行动过程中，在周边关系中，学会在对课堂的利用中逐步结合他人的行动。

道德义务源于将自发的天性纠正为尊重他人和相互理解的禀赋。由于儿童长期待在同一场所，集体活动要求通过在他们之间建立沟通以协调儿童的一致行为。对共同福祉的寻找和界定，最初仅仅是为了保证几个人以互助或合作的形式进行的行动成功，然后再扩大到更广泛的参与群体，比如一个项目或集体成就，像杜威想建立的实验学校。然而，从邻近制度过渡到集体行动所引发的紧张状态，需要孩子们在教育者的帮助下，明确能够维持课堂和睦和持久和平的原则和规则。为此，杜威的教育学也力图把儿童带入一个正义的领域，引导他向善。在这一点上，它与对法国教育有重大影响的涂尔干的观念有很大不同。

四　服从规则与权威的道德能动性：涂尔干的教育学

让人服从政治权威，让他遵守道德纪律以服务社会：这就是涂尔干认为的教育的使命（Filloux，2018）。为此，教师的作用至关重要，涂尔干将教师的行动放在了教育系统的中心。但是，他也重视幼儿对规则的学习。这位社会学家试图把握道德的理性表现，认为道德是按照预先设定的规则存在于行动中的（Durkheim，1925）。涂尔干同时意识到，行动是特定情境的一部分，情况不同规则就不同。事实上，如果行为的本质是由一个标准决定，那么后者就不能细致入微地对行为做出规定。在涂尔干看来，规则说的是如何服从，但它并不能保证服从。一个决定行为的规则与要求规则多样化的各种特殊情况这一矛盾如何解决？

为了避免这一悖论，涂尔干提出了一个关于人的行为的重要假设：对他来说，道德行为假设的是人倾向于规律性。它是道德行为人因为能够在相同情况下重复相同行为而内化的一种能力。但在这里，单个主体的目的具有变化性，会导致他不去执行规则。那么，如何使这种内在的禀赋与遵守规则共存呢？为了使规则和禀赋共存，涂尔干不得不提出另一个概念：权威的概念。对他来说，我们之所以顺从权威，是因为我们受制于一种令我们的意志屈服的强制性力量。但涂尔干并没有给出为什么道德由"自愿服从"组成的理由。他只是写道，"这是不言而喻的"：规则是道德权威，它仅凭要求服从这件事就能命令。这位社会学家似乎否认人类在道德领域有任何反思能力。规则的应用似乎去掉了任何判断力，因为涂尔干写道，我们遵从规则只是因为我们必须遵从它。对他来说，纪律的精神来自规律性和权威性：纪律的目的是规范行为，但它是有权威的：它是规律性的权威。现在让我们来看看涂尔干是如何将这一概念移植到教育学中的。

如果说道德秩序是以规律性为前提的，那么当不规律是儿童活动的重要成分时，又如何将道德原则灌输进孩子的意识呢？这是作为教育家的涂尔干在试图确定学校纪律的实施手段时必须解决的矛盾。他认为，纪律依赖的是他声称在儿童天性中发现的两个基本禀赋。首先，儿童的行为有常规性，当他多次重复同一行为时，他觉得有必要再次重复。同样，儿童在环境中或者与他最亲近的人养成的习惯是很难打破的。这种常规性高于不稳定，习惯成为儿童行为的重点。教育者的行动正是在这一点上发挥了作用：通过养成规律的习惯，使孩子管理好自己的不稳定，并开始进入道德生活。儿童的第二种禀赋在于他对暗示的接受能力：它使教师不用强制的方式强加就能够行使道德权威。

在涂尔干看来，只有学校才能通过学校纪律来利用儿童的这两种禀赋。事实上，在学校里，有一整套的规则体系预先确定孩子的行为，并要求孩子实现规律性。但是，纪律也是班级的道德，规定了组成班级的个人有相互的义务，在这里，教师是强加于群体的道德规则的客观性的保证人。然而，在对学校纪律的分析中，涂尔干似乎对儿童的常规性不感兴趣，而这本可以成为思考如何引导儿童活动的起点。事实上，这位社会学家打算通过教师传达的道德理想和集体感情的培养来治理班级。因此，比起孩子的规律性倾向，他更注意的是在违反规则、违背集体意识时的制裁。

五 涂尔干与杜威：儿童在追求共同福祉中的道德能动性形塑

涂尔干和杜威在教育学和纪律方面的不同立场必须结合他们在教育和道德中定义的共同福祉概念考虑。

杜威在其政治哲学和道德哲学的建构中明确指出，脱离了自然环境以及服从国家支持的集体利益的模式的个人，是具有一种依赖性的。他还批评了学校行政管理和中央集权国家发展有关系的产业—公民折中，这种折中试图将其合法性建立在纪律机制上。在杜威的观念中，人的牵系植根于一个延伸到父母和其他社会机构的共同体的中心：教会、青年运动、建筑师、心理学家。学校应该以社会的模式来建设，确保所有成员之间的有效合作，为民主服务。所以，如果学校的任务是促进儿童的社会精神和民主情感，那么学校就必须把自己组织成一个合作共同体，也就是一个工作和思想的单位。

涂尔干意识到了儿童对其环境的牵系，并由此设想了道德行动的可能性。他甚至承认，事物的作用，不需要人为干预，就可以自发地、自动地进行意志和智慧的教育，这是每一个教育系统必须努力的方向。但他关心的是如何证明教师在制定规则时的权威性和合法性，他强烈批评任何试图使儿童对环境保持依赖性的纪律形式，跟卢梭及其之后的杜威所主张的相反。涂尔干也意识到，尊重规则不足以建立社会联系，还需要一种更具联合性的因素将儿童与群体联系在一起。因此，他认为，教育者可以依靠儿童对熟悉环境的牵系，形成一种利他的情感，使融入群体成为可能。然而，与杜威不同的是，涂尔干的教育学结论并非全部来自他对儿童对熟悉对象的牵系的观察。在他看来，教育者要对抗儿童意识的这种"弱点"，要让儿童脱离家庭生活，要让集体观念逐渐渗透儿童的心灵深处。

虽然杜威和涂尔干谴责因个人主义和个人利益的利己主义兴起而变质的自由主义哲学，但他们都同意由民主原则所滋养的公民文法原理。但杜威希望教育帮助重新缔结地方共同体内部的纽带，而涂尔干则希望教育促进一个公民国家内的团结和集体意识。涂尔干通过参考让-雅克·卢梭的政治哲学和某种可以被描述为"共和式"（公民的国家共同体）利益概念来构建他的文法原理（Derathe，1970）。杜威追随另一个卢梭的脚步，承认儿童要成长为公民，经验和对环境的适应是首要的，而涂尔干则将"世俗祭神父"的形象奉为圭臬，在从神圣到世俗的转换中，在家庭的模式和公民模式之间进行折中。

如何解释涂尔干的立场和他对实用主义例如杜威教育学的拒绝？人文和社会科学研究者对他的立场做出了不同解释（Gross，1997）。

第一个解释是，涂尔干对实用主义的攻击本质上是认识论的，因为他认为实用主义威胁到他所依赖的受新康德主义启发的理性主义，今天的法国教育主要基于这种理性主义。涂尔干的批评和当时的法国哲学家们一样，转向了实用主义的真理观，理由是观念和经验是分离的，真理只能是客观的、人性之外的。另一种解释是，因为涂尔干与社会主义改革派关系密切，认为有必要限制个人的选择自由，以便按照公民和团结的文法原理来稳定社会凝聚力，所以他拒绝自由主义文法原理。这种批评在中国思想家中也能找到，尤其是马克思主义者，他们在20世纪20年代初就以杜威的思想带有潜在的自由主义意识形态为由，拒绝接受杜威的思想（Wang，2012）。但涂尔干也瞄准了亨利·柏格森（Henri Bergson）的哲学，柏格森的生机论适于在灵性创造量值范畴中凸显大自然的价值，却不符合他声称用于研究社会的科学精神（公民/产业的折中）。同样地，他不接受社会哲学转向经验而非抽象的理性概念。

最后，涂尔干批评了实用主义与宗教思想之间的联系，这也为他对柏格森的批评提供了依据。这些对一种灵性创造量值范畴的批评必须放在当时的背景下，因为涂尔干强烈反对受柏格森思想和天主教现代复兴启发的宗教和唯灵论思想潮流。因此，他的实用主义思想也可以看作一种批判性的话语，为提倡教育的世俗国家反对传统宗教支持者的立场辩护。

六 孔子、杜威和涂尔干：哪些共同的道德观和教育观？

现在让我们把涂尔干和杜威的观念与受孔子影响的中国教育传统进行对照，这不是要为五四运动以来一直饱受诟病的封建遗产平反。我们也不应该低估儒家、法家、道家及其他各种哲学思潮的多元性，正如上文中提到的，它们塑造了中国的道德观念和教育观念。这里的目的只是把涂尔干和杜威对道德能动性的观点与孔子作品中可能存在的相关观点放在其各自的背景中来研究（Tan，2004；Tan，2016）。在不打算展开阐释的前提下，考虑到在中国教育中杜威的理论重新得到重视（Su，1995），能否从实用主义社会学的角度，在孔子和杜威之间找到相似之处，而不把他们的思想简化为传统与现代教育的坚定对立？孔子的教育思想与涂尔干的有无对应关系？是否可以从孔子的教育学中列举一些体现了道德能动性形塑和对周围环境做出妥协的介入制度？

在孔子看来，"礼"指的是一个集体和各种规律，它们能够产生适当的道德态度。仪式是一个互动的过程，目的是共同福祉和崇高，同时保证地方共同体的平衡与和谐：

> 1.12 有子曰：礼之用，和贵。先王之道，斯为美；小大由之。（引自 Tan，2014）

因此，儒家道德既崇尚自我成长、对群体的牵系，又崇尚规律性或某种纪律精神。在这里，我们看到了与涂尔干道德观的相似之处，这或许可以解释中国人为什么这样理解涂尔干。以守礼为特征的人性品质，在中文中表达为"仁"的概念。"仁"是"人"和"二"的意思，表达的是一种共同的人性：守礼就是在自己的思想、情感和行动中拥有和表现这种人性。而这也是教育的意义所在，因为教育就是按照礼来引导人的思想、情感和行为。

然而，这种教育并不仅仅是为了执行和遵守规则，加入共同的人性，它还意在使人获得多样化的经验。这种道德观念与认为必须通过外部的纪律来引导儿童意志的涂尔干完全不同。此外，正如我们所看到的那样，涂尔干对受卢梭理论启发的新教育学进行了批判，这些新教育学意图通过儿童在环境中多样化的介入来塑造他的自我。但杜威不是这样认为的。他以地图为例来说明学习者探索世界的可能性，地图既是他人探索所产生的过去经验的总结，也是指导未来经验的不可缺少的手段（Tan，2016）。地图提供了方向，它指明了前进的方向。

类似的还有，孔子认为，人只要发扬传统，就能拓宽道路（道）。在孔子看来，学习者必须体验和解释自己亲近的环境才能认识世界。道不仅指过去和传统，也是变革和进步的载体。同样，孔子主张君子（受过良好教育的高贵之人）必须具备礼仪的美德或"适应的性格"（义）：

> 4.10 子曰："君子之于天下也，无适也，无莫也，义之与比。"（引自 Tan，2016）

"适应的性格"（义）指的是，在行使"适应"某个特定情况的判断力时，让人有辨别力和判断力做出最正义的事的思想、情感和行动。与杜威的思想有共同之处，即教育者必须为学习准备好环境，让孩子在探索性的追求中适应不同的情境，既考虑到变化和周围环境，又能够为儿童的判断指引方向并指导他向善。

因此，在中国传统道德中，在它与教育的关系中，存在涂尔干式的元素，规律性、纪律精神、对群体的牵系，但在强调经验、对环境和情境的适应、探索等方面也有与杜威思想共同的元素。有必要对这些著作进行进一步的探讨，对中国课堂上不同学习环境下学生的介入方式进行更细致的分析，与法国对比，以更好地把握儿童道德能动性形塑在教育学中的特点。然而在传统与现代之间，两国似乎因为对共同福祉的不同定义，在承认并强调亲近性制度方面走上了不同的道路。

结　语

正如我们看到的那样，教育中的纪律重构了儿童和教育者的物质及精神的能动性，借助的是正义原则的延伸。在不同群体内的生存方式可以以正义为原则，无须局限在效率和标准维度上。从这一角度来看，中国和法国即便政治传统有别，依然有着道德文法原理建构上的相同之处，两国选择的都是传统和公民精神之间的折中。

这些纪律展现学习的不同介入方式，无论是探索周围环境还是对人造或自然环境的熟悉学习，抑或者是在特意为其准备的、以效率为终极目标的标准设备中指引孩子的计划形式。教育方法其实是设立共同坐标、教会共同生活的政治，对多种牵系和依赖加以明确描述的过程，目的是让孩子成为拥有道德和公民能力的人，为他进入更宽阔的、以共同福祉为目标的群体做好准备。

我们展示了将中法社会加以比较时，教育中这些共同文化坐标和价值引导会有所不同，正如对奠基政治文化原理的共同生活的理解也不同。从实用主义的角度来看，中国教育尽管有部分传统的做法——以尊重和教师的权威为基础，但其实在时空管理中往往会出现一些超出预想的空间，面对这些意外它更加容易变通，更善于抓住机遇。在这一点上，它更接近我们所说明的杜威学说和让－雅克·卢梭思想派系中的介入方式和道德文法原理。也许这就解释了为什么杜威的思想在中国能更好地被接受。而法国的教育则更符合目的观策略观指导下对手段服务于目标的界定，更强调刻意干预以及个人自主，而不鼓励更多关注环境的分布以及儿童对环境的牵系方式，幼儿园那几年的时间除外。这就解释了为什么实用主义哲学难以进入法国教育。

中法共同化过程中最根本的区别源自"关系"在社会生活和中国人教育中的重要性。"关系"表达的是个人关系中一种对他者的关注和热情、相互依赖和对等。它包括很强的道德层面，包括对礼仪的重视，让意图、战术、战略尽情展现，同时又向实时环境和机遇保持开放。这个有关为何情感交流的文法原理十分复杂，毫无疑问从孩子进入群体生活伊始就影响着他的道德能动性。关系与人情、给"面子"、感情和义气都有关系。这个概念影响下，人和环境之间会缔结不同的关系，仅这个概念就值得我们在对纪律和教育的实用主义研究中，一如在中国社会中其他世界里，去探索关系实现的条件。

参考文献

Barthe, Y., de Blic, D., Heurtin, J., Lagneau, É., Lemieux, C., Linhardt, D, & Trom, D. (2013). *Sociologie pragmatique:mode d'emploi. Politix*, 103 (3), 175 – 204.

Boltanski, L. Théveno, t L. (1991) *De la justification. Les économies de la grandeur*, Paris, Gallimard.

Darmon, M. (2013). *Classes préparatoires:la fabrique d'une jeunesse dominante*. Paris, La Découverte.

Derathé, R., (1970). *Jean-Jacques Rousseau et la science politique de son temps*. Paris, Vrin.

Descombes, V. (2012). Suivre les règles établies. *Les Sciences de l'éducation-Pour l'Ère nouvelle*, Vol. 45 (1), 67 – 74.

Dewey J., (1977). "As the Chinese think" in *Middle Works of John Dewey* 1899 – 2014. Carbondale, Southern Illinois University Press, 12 – 49.

Dewey, J. (2018). *Démocratie et éducation:suivi de Expérience et Éducation*. Paris, Armand Colin.

Dubet, F., & Martuccelli, D. (2014). *À l'école. Sociologie de l'expérience scolaire*. Paris, Le Seuil.

Durkheim, E. (1925), *L'éducation morale*, Paris Alcan, Paris; réimpr. Paris, Presses universitaires de France, 1992

Filloux, J. C. (2018). *Durkheim et l'éducation*. Paris, Presses universitaires de France.

Gross, N. (1997). "Durkheim's Pragmatism Lectures:A Contextual Interpretation", *Sociological Theory*, 15 (2), 126 – 149.

Gu, M., Ma, J., Teng, J. (2017). *Portraits of Chinese Schools*. Singapore, Springer.

Jullien, F. (2016). *La propension des choses. Pour une histoire de l'efficacité en Chine*. Paris, Le Seuil.

Michel, F. (1975). *Surveiller et punir. Naissance de la prison*. Paris, Gallimard.

Lemieux, (2011). "Jugements en action, actions en jugement. Ce que la sociologie des épreuves peut apporter à l'étude de la cognition", *in* Clément (F.), Kaufmann (L.), dir., *La sociologie cognitive*, Paris, Éditions de la MSH, 249 – 274.

Piaget, J. (1969). *Le jugement moral chez l'enfant*. Paris, Presses universitaires de France.

Rousseau, J. J. (2010). *Emile ou de l'éducation*. Paris, Flammarion.

Ruan, J. (2016). *Guanxi, Social Capital and School Choice in China: The Rise of Ritual Capital*. Singapore, Springer.

Su, Z. (1995). "A Critical Evaluation of John Dewey's Influence on Chinese Education", *American Journal of Education*, 103 (3), 302 – 325.

Tan, C. (2016). "Beyond 'either-or' Thinking: John Dewey and Confucius on Subject Matter and the Learner", *Pedagogy, Culture & Society*, 24 (1), 55 – 74.

Tan, S. H. (2004). "China's Pragmatist Experiment in Democracy: Hu Shih's Pragmatism and Dewey's Influence in China", *Metaphilosophy*, 35 (1 – 2), 44 – 64.

Thévenot, L. (1994). Le régime de familiarité. Des choses en personne, *Genèses*, n° 17, pp. 72 – 101.

Thévenot, L. (2002). "Which Poad to Follow? The Moral Complexity of an Equiped Humanity", Law John, Mol Annemarie (eds.), 2002, *Complexities: Social Studies of Knowledge Practices*, Durham and London, Duke University Press, pp. 53 – 87.

Thévenot L. (2005), "Pragmatic Regimes Governing the Engagement with the World", in Schatzki T. R., Knorr Cetina K., von Savigny E.,

The Practice Turn in Contemporary Theory, London, Routledge, pp. 64 – 82.

Thévenot, L. (2006). *L'action au pluriel: sociologie des régimes d'engagement*. Paris, La Découverte.

Thévenot, L. (2007). "The Plurality of Cognitive Formats and Engagements: Moving between the Familiar and the Public", *European Journal of social theory*, 10 (3), 409 – 423.

Thévenot, L., (2015), "Making Commonality in the Plural, on the Basis of Binding Engagements", in Dumouchel Paul and Gotoh Reiko (eds.), *Social Bonds as Freedom: Revising the Dichotomy of the Universal and the Particular*, New York, Berghahn, pp. 82 – 108.

Vigarello G. (2018). *Le Corps redressé. Histoire d'un pouvoir pédagogique*. Paris, Editions du Félin, coll. "Histoire et sociétés".

Tzu, S. (1972). *L'art de la guerre*, trad. F. Wang, Paris, Flammarion.

Wang, J. C. S. (2012). *John Dewey in China: To Teach and to Learn*. Albany Ny, Suny press.

世俗化教育的神圣性基础在哪里？

渠敬东

罗知北（Romuald Normand）教授的《中法教育中被规训的孩子及其道德能动性：实用主义社会学视角的若干思考》一文，虽然是从卢梭、涂尔干、福柯和布迪厄等人的理论出发，来讨论法国教育中的纪律亦或称之为"规训"的义理问题，却不免让我想起了特吕弗（François Truffaut）在《四百击》（Les Quatre Cents Coups）中的经典画面：在少年管教所里，孩子们在，突然间，安托万从踢足球的孩子们中冲了出来，钻过篱笆，逃走了。这时候，警笛响个不停，看守追了出来。安托万不停地奔跑，他跑过农舍，穿过田野，经过灌木丛边的房子。安托万还在跑，从一个山坡滑了下来，前面就是大海，他正要跨进大海，忽然回过头来，凝视着观众，画面中的形象逐渐放大，一片模糊……

导演特吕弗要说的话很清楚：青春期孩子的"叛逆"，映射出的是一种社会的冰冷的面向，到处是警觉而又漠然的眼神，到处是人与人相互隔绝的怀疑，孩子心中的那种迷茫，告诉人们：教育已然被那个看不见的社会，而时刻又充满着窥探的社会所消解，只剩下孤独的人的灵魂。

其实，相似的主题和关照，早就反映在卢梭等人的理论叙事之中。尽管罗知北教授用一种"不作为"理论（或可称为"消极"）的角度来概括卢梭的教育思想的出发点，但如果从相反的面向，也就是激发卢梭这一思考的社会情境来看，在他的时代里，孩子们的心灵也早已被社会的成见所包围了。卢梭一生著述中最早的文献,即法兰西学院的征文《科学和艺术的复兴究竟会敦风化俗,还是会伤风败俗?》① 便是一篇尝试对文艺复兴时期的教育观念进行总清算的文章。在这篇文章中,卢梭断言,文艺复兴的思想家们希望将古典文化直接植入现代人心灵的做法,不但没有使人们从现代人的奴役状况中解放出来,反而添加了一种特别的奴役:这种人文主义与中产阶级的趣味(gout)巧妙结合,反倒是形成了中产阶级的专制(despotisme),并通过这种方式成为构成社会风尚的支配性逻辑。卢梭用几近反讽的笔调写道:"自从学者在我们中间开始出现后,好人就不见了。"(Rousseau,1993:18)

在《爱弥儿》中,卢梭之所以选择这个孤儿来做教育的实验,实则出于一种事实上的隐喻,因为在所有的中产阶级家庭中,母子关系和父子关系中的自然权利已经瓦解掉了,母亲把自己哺育的自然权利让渡给保姆,把亲生孩子与自己的关系转化成一种礼貌性的社会关系,用保姆与孩子之间职责性的社会关系替代了母子间原初的自然纽带。这样的结果,"可以说孩子的心在他还没出生前就死了"(Rousseau,1979:47)。同样,那个作为中产阶级代表的父亲,总是在为他的世俗业务的经营而忙碌,而把他的家庭教育义务撇除在一切社会事务之外,他更愿意把教育孩子的事情看作一种可以买来的生意,花钱请个家庭教师来,让这个雇来的奴仆"把自己的孩子培养成第二个奴仆"。

由此之故,卢梭认为我们必须为现代人建立一种能够祛除这种社会性败坏的教育结构,教育的根本则是"趁早给你的孩子的灵魂周围筑起一道围墙",以免被那些违反自然的社会习惯所侵害。就自然教育来说,卢梭将其看作一种"消极教育"(negative education)。自然教育之所以不能由人为控制,是因为人的自然构造和发育完全是由神意来控制的,不能通过任何人为的方式来僭越。

---

① 原文为"Le rétablissement des sciences et des arts a-t-il contribué à épurer ou à corrompre les moeurs?"(中译本参照卢梭,1997;英译本参照 *Rousseau*, 1993)。

人从感觉到知觉、从知性到理性的发育，必须通过外在的中介来实现。这即为"物"的教育的实质含义。换言之，人的扩展和成长，决不能以社会连带或抽象知识的方式来实行，不能将社会关系作为中介，而必须以具体实在的"物"为中介，人与物的关系并不直接具有善与恶的道德意涵，也不具有社会意义上的等级和奴役关系。因此，"物"的教育的实质，在于通过使用（use）和劳动（work）实现自身的"有"（being），通过运用"物"和改变"物"来扩展自身的知觉范围、知性范围，使与我的自然发生关系的具体的"物"，成为我的实在内容。同样，受之于人的教育，则开启于孩子的青春期，也同样是自然发育的结果。当孩子进入与人相关联的世界里，就会产生一种自恋（amour propre）的心理，因此，在与人相关联的教育中，仍要时刻服从自然的原理，把孩子拉回到自然所限定的范围里，从而形成恰当的情感和理性。

或者说，如果教育之中有纪律的存在，最终则必然要以自然为依据。但这里的微妙之处在于，如何依照自然的法则来制定教育的策略呢？谁才会领悟自然法则的秘密呢？那么，又靠谁来负责实施教育呢？

因此，《爱弥尔》虽看似完全以自然教育为其核心的主题，但这种自然教育一开始便在让－雅克这个作为自然人的 Governor 的控制之下。他是上帝派来的自然的使徒，担负着教育的神圣使命（"noble calling"）；换言之，这种教育的控制，既可理解为自然本身之法则的控制，亦可理解为依凭自然法则的人所实施的控制。前者可归于自然教育本身，而后者却有着卢梭对于政治的独特见解。在这个意义上，卢梭本身就是孩子的父亲，甚至在自然的意义上比孩子的父亲更具有自然的正当性，因为他是自然神的福音；是自然神意，使得他与爱弥尔建立了自然状态下的同伴关系（"pupil's companion"）。而在政治上，他与爱弥尔之间则表现为支配与被支配的关系，但这种关系并不等同于传统的父权制或其他形式的支配关系，而是一种权利的让渡，是他与爱弥尔之间所签订的基于平等的社会契约。因为只有在造物主的手里，人才自然是好的，人才具有他的普遍意志的可能，因而爱弥尔对于让-雅克的权利让渡，完全是他在普遍意志上的更高实现。① 就此而言，让-雅克似乎成为柏拉图意义上的新的哲学王，但其哲学基础已经发生了极大的变化。

在这一点上，后来的康德看得是很清楚的，康德在《论教育》中曾经说过这样两句话："人只有通过教育才能成为人"；"人只有通过人，通过同样是受过教育的人，才能被教育。"（Kant，1971）"能够对人提出的最大、最难的问题就是教育。"（康德，2005：7）教育最难的地方，是要把合适的种子种在合适的土壤里，还要知晓各种气候条件，掌握精湛的园艺手法。而其中教育者与被教育者之间的关系，也不是那么容易合宜地确定下来。他们或者是一种预先存在的家庭关系，要么是被全体人民规定好了的政治关系，要么是多少带有实在特性的社会关系。因此，教育的核心问题，就变成教育者和被教育者及其之间的关系，都需要依照人性（human nature）的秩序来确认，教育才得以合理实践。因此，教育中两者之间的关系，不应是一种本质上的权力关系，不应是一种基于权力关系之基础的再生产关系。基于这个理由，布迪厄有关的判断，只在社会状况的判断上是有效的，即社会对于教育的侵蚀和俘获，使得教育臣服于社会而成为再生产的工具，相反，如果说教育有其自成一体的基础，而不能单纯成为一种社会性复制的话，那么，布迪厄的理论就站不住脚了。或者说，倘若世俗性的阶级社会对于所有一切生活都产生了弥漫或决定性的影响，那么教育就是不可能的了。

这就使得我们需要重新回到涂尔干的教育理论上来。这里需要说明的是，涂尔干的教育思想，绝不是一种一般人所说的那种强制性纪律的结果。这种看法，需要从两个方面考察，一个是涂尔干教育史的研究，一个就是有关道德教育的重要论述。

《教育思想的演进》本是涂尔干于1904—1905年在巴黎大学开设

---

① 只有在这个意义上，《爱弥尔》和《社会契约论》才能实现统一，即教育与政治的统一不是在历史目的中，而是在人的非历史的起源中（参见 Rousseau，1997：50-51）。

的课程，题目叫作"法国中等教育史"。为何选取这样的一个切面来勾勒现代教育的轨迹呢？涂尔干做了明确的说明："在我们历史上的大部分时间里，中等教育都是我们学术的核心。"历史上，高等教育孕育出了中等教育之后就销声匿迹了，直到普法战争后才重获新生，而初等教育则是晚近出现的事情，甚至到了法国大革命之后，才逐渐形成了较为完整的体系。在法国历史中，"整个教育舞台都是中等教育在唱主角"，因而中等教育史便相当于一部法国教育的通史（涂尔干，2003a：21）。同样，对于法国自大革命以后深处的变革时代来说，半个多世纪以来的教育危机，在中等教育上表现得也最为严重[1]，这更是整个法国社会陷入道德失范状态的一种明显的征象：抽象个人主义盛行，极端民族主义蔓延，经济竞争早已显现出赤裸的战争状态（渠敬东，1999）。在这个社会急剧变迁的时代里，涂尔干写道：

> 所谓古典传统具有永恒价值的古老信念，现在已经确确实实动摇了。甚至连那些发乎性情地以最自然的态度看待过去的人，也强烈地感受到有什么东西已经发生的变化……尽管如此，面对这种状况，还没有出现任何新的信念可以取代正在逝去的信念。而教育理论的任务，就是要推动这种新信念以及由此而来的一种新生活的滋长，因为一种教育的信念，正相当于使从事教学的身体充满活力的那个灵魂（涂尔干，2003a：10）。

这里面，渗透着涂尔干对于大革命以来现代教育的一个基本判断，即一种基于自然的人文教育的基础丧失了，同时社会控制的力度越来越大，使得道德失范越来越严重。这虽然一方面契合了布迪厄后来的一些判断，但另一方面，则需要在卢梭的基础上，进一步追查那个神圣的自然究竟是什么？如何加以呈现？

---

[1] "在我们的中学里，才会有这么多的老师在这样的处境下工作：他们耗尽了自己的精力，却发现自己已经被彼此的隔绝弄得死气沉沉。他们把自己关在各自的专业里，在阐发各自选择的科目时，就好像它孤零零地存在着。"（涂尔干，2003a：8）

涂尔干的人性二重性理论（dualism of human nature），正是解决现代思想史中笛卡尔心物二元之两难处境的尝试。人性二重性理论的大意，是说人是两种存在：一是感性存在，一是理性存在，既有非道德的倾向，也能够从事心智和道德意义上的活动，按照涂尔干的说法，这是一种两极的二律背反，是人性的冲突和灵肉的纷争。人性二重性理论实际上与涂尔干的圣俗之分观念一脉相乘：很显然，这里具有理性和道德意涵之灵魂的本质是集体的，而感觉和感官欲求则是私属于个体的；相对于个人的感性，集体的观念和德性就是理性，而且是具有权威和主导优势的理性。这样做的根本出发点，实际上就是在能够反映出"实然"的情况下，解决社会何以统合的"应然"问题，就此而言，涂尔干并不向克拉克（Clarke）所说的那样，误解和误用了康德哲学，而恰恰是为这一难题提供了"集体"的解决方案。

也就是说，涂尔干通过人性的分析，想要把社会存在的神圣性那部分重新带入教育之中，请注意，这里说的社会存在的神圣性，恰恰不是指世俗生活中的社会性的权力关系，相反，个体的感性存在及其演化的过程，才是非道德化的一种指征。换句话说，涂尔干绝不会同意布迪厄将社会全部理解为现实的、世俗化的再生产和控制体系，相反，现代性的核心问题，恰恰在于社会的构造仅仅成为个体欲望的复杂交织的结果。因此，教育必须要拯救社会存在的神圣性基础，将其置于个体化的感觉和欲望之中，并对其进行节制。现代教育的最大困难，在于纯粹的凡俗化！这种情形，使得个体没有敬畏，没有归宿，没有连接，反而使所谓的社会成为欲望和支配的庞大体系。

所以说，涂尔干所说道德教育中的纪律，不是一种世俗化的秩序的强制，而是神圣存在的制约，这里说的纪律，类似于中世纪自由教育（Liberal Arts）中的三科四艺中的文法教育，语言的内在神圣秩序，是使得人们获得内在心灵秩序的基础，语言就是神圣社会，文法就是纪律本身，同样，辩证法教育中的逻辑训练，也是同样的纪律精神所在。

《教育思想的演进》一书，即对于法国中等教育史的研究中，他曾对中世纪大学做过分析：

> 我们应当注意，不要认为这样一种惟书至上的教育本身就很让人恼火，只把它解释成某种偏差。恰恰相反，恰恰是这种教育概念，从起初组织一种教育体系开始，就显得对人的思维来说最自然不过。这是因为，所谓教育，就是在一个特定的文明里，有那么一整套知识与信念，当时被视为那个文明的基本内容，在代与代之间薪火相传。否则教育又是什么呢？而正是在书本里，维存着、浓缩着不同民族的思想文明。因此，书本被视为最重要的教育媒介，也就是相当自然的事情了。（2003a：213-214）

事实上，涂尔干清楚地看到了现代教育中的一个突出难题，即彻底的世俗化过程，带来了人的无限病。人性缺少神圣存在的限制，加深了整体社会的失范状态。在这个意义上，教育中的知识传递，如果仅在人性的凡俗构造中推进欲望的发展，以及自我主义的膨胀，或一种抽象空洞的绝对观念的发展（见《自杀论》），那么这样的教育只能推进社会的危机，以及左派知识分子所批评的那种利益和权力社会的区隔（distinction）。相反，现代教育必须重塑社会中所内在的神圣性，重新通过语言、历史、自然等教育，来构建自成一类的那种本体论意义上的"社会存在"。

在这种追寻中，涂尔干认为，还必须遵循社会科学的原则来发现。也就是说，这种神圣性的追寻，已经不再是原初的神学和形而上学的那种先天规定，在这一点上，他完全同意圣西门（Saint-Simon）和孔德（August Comte）的判断。因此，教育中实证的（即社会事实的）探寻是必由之路。因此，涂尔干的这一主张与美国实用主义是有一定的亲和性的。这也是罗知北教授特别关注的一点。

罗知北教授指出："杜威认为纪律是事物的使用许可的管控（Dewey, 2018）。环境引导儿童的本性，通过协调儿童连续的行为来约束或引导其活动。教师必须考虑到这些自发的禀赋，在易受对这种环境的使用影响的经验中,通过与各种物体的接触来检验它们。通过安排情景提供的资源,控制意向性行动,而非借助于规则的建立。"仅就此而言,涂尔干与杜威并无太多差别,因为涂尔干所理解的教育,并非仅是规范的设定,而必须连接到孩子的感觉基础,及其经验化的认知过程。涂尔干所强调的规范(norm),并非是脱离于感觉经验的,只是更偏重于强调非个体的神圣社会存在,对于人的形成的极其重要的意义。同样,杜威强调"儿童在做中学,在特定的情境中力争聪明地调整自己的行为",但仍然要通过教育"将儿童的判断力从因为依赖身边环境而对行动环境做出妥协,拓展为一种指向某种公共利福祉、有普遍性的评判方式"。

不过,杜威的这种情境教育论所带有的实用主义倾向,是根基于美国文明的传统的。像米德(G. H. Mead)所指出的那样,美国人,是作为现在的时间性的个体而形成的一种思维模式。[①] 用杜威在《我们怎样思维》中的说法来讲,就是在美国所谓的民主政治和自由个体里面,人的生存一开始便是以个体的形式直接面对整个世界,以及由此建立的一种获得和发现知识的途径。杜威说,我们每个人在面对世界时所产生的疑惑、迷乱和怀疑,才是一个科学思维的始发动力。[②] 这种科学是以个体构建世界观,直接面对普遍原则作为他的出发点的。这种反思性的思维,基于个体与世界(公民与国家)的直接关联为基础,从而使得每个人的每个推论都成为他作为个体必须面对世界所解决的疑惑,如果要得到确定的路径,这样的全称性的推论就必须得到普遍经验的检验。在这个意义上,所谓情境中自我行为的调整,也是在这个大原则下成立的,这是非常切合美国人的人性结构的。对绝大多数的美国人来说,周边的人群并不构成有效的理性判断的基础,他们基本上从所谓中层的视域里来看待自己的生活。所以说,美国的实用主义传统以及清教的传统,都告诉我们这种思维,或行为科学或变

---

① [美] 乔治·赫伯特·米德:《现在的哲学》,李猛译,上海人民出版社2003年版。
② [美] 杜威:《我们怎样思维·经验与教育》,姜文闵译,人民教育出版社2005年版,第21页。

量思维的模式，就像社会学家帕森斯指出的那样，是他们所能理解的社会行动构成的逻辑，是以个人主义作为底色，同样在政治形态上也有相应的安排。

我们可以从新教的创始人诺克斯（John Knox）的说法来进一步理解，他说，"人人皆祭司，人人有召唤"，每个人与上帝之间的关联，是通过人的现实性和可操作化这样的一个实用主义原则来实现的。这就是我们常说的"业化"。在这个意义上，诺克斯说根本就没有绝对意义上的完全精神性的清教徒，而必须要"把所有原则应用起来"，这才是美国教育最根本的底色。从个体原则出发，一方面这是个体性的人格结构造成的；另一方面则是把社会想象为一种公民联合体，就像美国今天的大选一样，作为个体与个体相集合的一种统计学表达，选票就是这样的逻辑。

现在，我们来讨论一下中国的教育。中国的教育问题是相当复杂的，杂糅着古今中西的问题，而非只是一种传统的理念和模式便可讨论的。首先，中国现代语言已经经过了大规模的完整改造，自《马氏文通》和白话文运动以来，我们的日常语言和思想语言结构已经借由西方而全面确立了语法规范，语音方面也借助拼音体系加以规定。由此，中国文明中的文言基础已经被全面消解了。这就意味着，如果依照涂尔干的说法，传统语言中的神圣性基础被大大减弱了。作为特有的文化载体，中国文字与语言的特点，与西方语音为基础的语言不同，而是将意义、意象、书写、图画、音律、典范甚至是礼仪等最重要的文明系统结合起来，并像社会学家费孝通所说的那样，为"文字阶级"，即士大夫（literati）所掌控。不过，自现代性在中国被迫发生和发展以来，中国语言的表意方式被语音化了，语法化了，经历了西化的过程，这使得文化中最具神圣性的部分被严重肢解了，而最终反映在教育的知识传递和文化应用之中。

同样重要的是，一百多年前中国科举制度的废除，以及用七科之学取代四部之学的过程中，传统中相配套的知识体系也同样西方化了，再后经苏联教育理念的改造以及改革开放以来美国化的学术体系的构建，使得现有教育中的学科体制与知识配置，都以全新的形态呈现出来，缺少了传统伦理和礼制的文言与学知载体。更有甚者，中国现代教育的激进发展，比西方的脚步还要快得多。时至今日，这种情形愈演愈烈。

因此，从既有教育中的学科（纪律）和知识系统出发，从学校教育中的正规知识出发，来探讨中国教育所独有的特色，是不恰当的。虽然在某些科目中，传统文化仍然是学生必须掌握的基础知识的一部分，但从语言、学科、建制等根本的教育体制出发，中国的教育已经少有传统文化的核心精神了。

不过，若从具体的社会经验之构造来说，中国几千年传统社会的特质，并未随着现代进程而消失，相反，总以新的形态参与社会构建的各种机制之中。在教育实践中，学生与老师的诸种连带和关联，家庭关系中子女与父母的纽带，以及渗透在社会诸层面以人伦关系为核心的人际系统，表面上似乎不像个体本位的社会那样具有更平等、更民主的效应，却强化了教育中人与人之间多层面、多维度的亲密关系，以及费孝通所说的差序格局中的复杂的义务体系。这种超越于单纯知识上的情感和伦理教育，依然存在于社会各领域之中，而非那种由一神论传统而来的强制作用。如罗知北教授所言："'仁'是'人'和'二'的意思，表达的是一种共同的人性：守礼就是在自己的思想、情感和行动中拥有和表现这种人性。而这也是教育的意义所在，因为教育就是按照礼来引导人的思想、情感和行为。"

事实上，表现为差序格局的伦理社会，其教育效果与基于西化的知识体系所产生的教育效果，具有同等的地位，甚至其潜移默化的影响，会在很多方面超出课堂教育的范围。这种情形，构成了类似于杜威所说的那种情境，但由于中国社会的构建机制与美国不同，这里的情境自然与美国人所认识和反思的情境亦有本质差别。但是，教育中的情境化，也许在中国是最强的，它不仅提供了每个人不可以超越的那种人伦内在的神圣维度，同时也将教育环境复杂化了，人们的生活并非诉诸于纯粹普遍的假设，以及验证假设获得的知识，相反，对社会生活以及人际关系的复杂情境的把握，成为了存在的首要技艺。

罗知北教授说："'关系'表达的是个人关系中一种对他者的关注和热情、相互依赖和对等。它包括很强的道德层面，包括对礼仪的重视，让意图、战术、战略尽情展现，同时又向实时环境和机遇保持开放。这个有关为何情感交流的文法原理十分复杂，毫无疑问从孩子进入群体生活伊始就影响着他的道德能动性。"不过，中国人的这种关系，虽然被人们常概括为"人情""面子"一类的概念，但这些概念不过也是一种表象而已。内在于中国人生活中的那种"克己复礼""推己及人"的文化基因，背后深藏着近千年孕育的义理和实践，如何理解这一庞大的文明系统，以及在今天的存续和转化，才是解题的关键。

参考文献

费孝通：《乡土中国》，上海人民出版社 2006 年版。

[美] 杜威：《我们怎样思维·经验与教育》，姜文闵译，人民教育出版社 2005 年版。

[美] 米德：《现在的哲学》，李猛译，上海人民出版社 2003 年版。

[法] 涂尔干：《教育与社会学》，《涂尔干文集》第三卷，陈光金等译，上海人民出版社 2001 年版。

[法] 涂尔干：《职业伦理与公民道德》，《涂尔干文集》第二卷，渠东等译，上海人民出版社 2001 年版。

[法] 涂尔干：《道德教育》，《涂尔干文集》第三卷，陈光金等译，上海人民出版社 2001 年版。

[法] 涂尔干：《教育思想的演进》，《涂尔干文集》第四卷，李康译，上海人民出版社 2003 年版。

[法] 涂尔干：《人性的二重性及其社会条件》，《涂尔干文集》第六卷，渠东译，上海人民出版社 2003 年版。

渠敬东:《缺席与断裂:有关失范的社会学研究》,上海人民出版社1999年版。

Durkheim, Emile, 1938, *L'Evolution pédagogique en France*, 2vols, ed. M. Halbwachs, Paris: Alcan.

Kant, I. 1904, 1971. *The Educational Theory of Immanuel Kant.* trans. and intro. by Edward Franklin Buchner, Philadelphia: J. B. Lippincott Company.

Rousseau, 1979, *Emile or On Education*, Trans and Intro. by Allan Bloom, New York: Basic Books.

Rousseau, J.-J., 1993, *Collected Writings of Rousseau Vol. 2: Discourse on the Sciences and Arts and Polemics*, eds. by Masters, Roger & Christopher Kelly, Hanover: Dartmouth College.

四

观察上海郊区游戏厅
——借助实用主义社会学，重新思考童年社会学

贾清源（Camille Salgues）

如果说性别问题或种族问题引发的大讨论深刻触及整个社会学领域的话，儿童问题却尚未引起本学科应有的讨论。这种学科的失语同样也存在于英语世界。然而，随着1980—1990年之交"新童年社会学"（New Sociology of Childhood）的出现，也仅在那一阶段，才发生了一些重要的事情。新出现学科不仅成为关于儿童的科学研究——今天的"儿童研究"（Childhood Studies）的模板，[①] 而且鉴于英语世界在国际学术发表中的巨大分量，故而深远地影响了许多其他国家的、为数不多的、对儿童问题感兴趣的学者的研究（Bühler-Niederberger，2010）。因此，关于儿童的科学讨论始终在两个方面展开：普通社会学研究普遍忽视儿童，在其学刊上很少能为儿童研究留出一席之地；至于英语世界的儿童研究，它提供了一个特定的范畴，用于整合与思考童年问题，但其说服力无法超越自身边界。

莉娜·阿拉恁（Leena Alanen）是新童年社会学（New Sociology of Childhood）领域的主要理论家。她在最近一篇回顾学科发展历程的文章（Alanen，2020）中说到，这个学科名下实际上汇聚了两个起源不同的研究流派：结构主义流派和建构主义流派。前一个流派主要是由北欧社会学家发展起来的，主张的方法是针对儿童群体的变化（社会、人口、经济）开展研究。这个流派的开创者是詹恩斯·库沃特普

[①] 原文为matrice，有子宫、模具、模板、矩阵的意思，这里引申意思为，从"新童年社会学"中，诞生出了"童年研究"，并划定了其研究范畴。——译者注

（Jens Qvortrup，1993）。他认为，社会科学工作者必须从宏观角度去思考儿童问题，因为儿童是社会的一个完整组成部分，这是无可辩驳的事实。但是，这个流派非常小众，似乎这样的理由还不足以令人信服。后一个流派主张研究儿童的日常生活，特别是通过质化方法。这一流派主要接受了英国学者的理论，其奠基性著作着重强调了儿童概念的社会建构问题（James & Prout，1990）。但这一流派最引人注目的地方，是非常重视儿童的"能动性"（agency）概念。该学派主张应当把儿童纳入社会科学研究的范畴，其理由是儿童的行动具有重要性：他们拥有"能动性"，所以他们可以对周围社会世界采取行动，社会就会相应地改变。这个研究主题在儿童研究领域内很受关注，但在此领域之外，则较少有人问津，"主流"社会学界并没有接受这个观点。

作为一名在中国从事研究工作的法国学者，我对现有的研究持矛盾的态度。一方面，在中国的社会科学领域，很少有关于童年的研究（不含儿童教育或社会化研究），这不禁让我感到很遗憾。在法国，情况大致相同：尽管在20世纪初的10年间，这个领域的作品发表经历了短暂的萌发期（Saadi Mokrane，2000；Sirota，2006），但如今儿童研究却因其研究项目本身而受到学界的批评（Court，2017）。我们必须捍卫童年社会学的研究项目。另一方面，由于我自己在科学领域的成长经历，我既不认同英语学术世界的知识论，也不认同其前提假设，因为这个世界基于一种非常特定的语言、一种特殊的政治文化和一种特别的科学辩论方式。这种科学研究方式的优点在于其表明了儿童研究提出来的问题，这是其他社会学领域无法回答的，但研究这些问题的方式使我深感不能满意。然而，在今天的学科辩论中，这种不满很难被广泛接受。特别是，我们应该能够讨论这种英语世界的社会学，这个学界的学者们通常最简单地将其视为社会学本身。为了展开充分讨论，一方面需要适当的概念工具来支撑跨文化的学科对话；另一方面，需要讨论空间，特别是出版空间，来呈现这些分歧的不同模式，而在以单一语言进行的科学讨论中，仍很难听到这些分歧。就第一点来说，即使我本人不是一个"实用主义学派"的社会学者，我也在这一思潮中找到了重要的支持，特别受益于跨文化学科对话项目，那是由德维诺（Laurent Thévenot）和其他学者通过比较调研开展的项目。就第二点而言，中法中心在北京组织的辩论周，继而是本书的出版，对我而言恰恰代表了一个讨论空间，在这里可以进行相对自由的跨文化学科对话。我感谢中法中心的组织者给了我参与的机会。

本章旨在打开几条讨论的思路，而我后续的研究都围绕这个讨论展开。在对实用主义社会学进行理论分析之后，本章主要介绍了一份经验研究材料，这份材料来自对上海流动人口儿童（农民工子弟）进行的民族志调查。这个人群以及这些孩子的生存状况和就学困难等问题（Ling，2019）已经为人熟知。我的调研则集中在这些孩子的公共生活（Bréviglieri，2014）以及他们丰富的城市经验上。这是通过在他们生活的正在拆迁的地区（城乡接合部）进行民族志研究所获得的。我喜欢去的观察地点包括学校、家庭、街道、社区附近的公园或最近的购物中心等。另一个有趣的观察地点，是附近的游戏厅，那里有电子游戏和投币游戏机。它刚好位于民工居住区的边界外，在这些儿童可能的休闲场所中占据了突出的位置。与公园或购物中心相比，那里的空间更拥挤、更狭窄，相遇的机会（竞争、会面、分享等）也成倍增加。因此，作为童年社会学者和地理学者，我觉得游戏厅似乎是与其他人群进行互动的最佳空间。这里还是一个开放的空间，为民族志学者进入田野提供了便利。但是，对于儿童来说，在这里却受到双重约束：原则上，无人陪伴的未成年人禁止玩游戏，而且玩游戏取决于个人的财力，这对农民工子弟来说，是难上加难。游戏厅是希望之地、便利之地，也是问题之地，看上去是我们展开讨论的有趣起点。①

---

① 该调研历时三个学期（分别于2006年春季，2007年和2008年春季）。我最初是一所农民工小学（在这里是"欢乐园"小学，用HLY来表示）的英语老师，我也住在小学里。最后一个学期，小学被拆除了，我在几个家庭中担任志愿教师。但是，调研并未将重点放在这些儿童的教育上，农民工子弟教育是许多现有研究的关注点（Wang，2008）。我作为老师的角色，使我有理由出现在这里，尤其是像我这样的外国人没有其他合适理由的情况下。调查使用了观察法（记录在我的田野日志中）以及非正式讨论的方法。

实用主义社会学的教益：政治架构和行动社会学

我不属于这一流派，因此应谨慎对待我在这里介绍的内容。对我来说，与实用主义社会学相遇的那一刻，就是从皮埃尔·布迪厄（Pierre Bourdieu）的社会学中解放出来的那一刻。我受过的社会学训练，大部分是布迪厄社会学的，而且它至今仍是我的社会学思考范式。与实用主义社会学的相遇拓宽了我对田野调研的阐释空间，让我摒弃了对社会世界单向度的诠释，以往的诠释方法将个体所做的一切，都归结为象征性的斗争和内化的禀赋（惯习，habitus）。这并非巧合：在20世纪八九十年代的法国社会学中，"实用主义姿态"（geste pragmatique）（Bréviglieri & Stavo-Debauge，1999）构成了一个开放的时期，学科内崭露头角的新思想蓬勃发展。在《论理据：量值范畴的经济学》① 一书发表的余波里，这一流派发展至今。然而，今天的问题有所不同。我在其他文章（Salgues，2017）中曾经指出，在法语世界，继承布迪厄思想的社会学如何对儿童研究构成了障碍，在国际层面，重要的是要找到一种方法，与英语世界的儿童社会学范畴保持距离。我要强调以下两点：实用主义社会学采取了一种强调政治多元主义（pluralisme politique）的方法，这种方法打破了儿童研究中的自由主义前提假设；实用主义社会学发展了行动社会学，使我们不仅仅依赖于单一维度——计划制度（régime du plan），也有可能应用其他的行动制度（régimes d'action）来考察儿童的能动性。

第一点是关于这一流派独有的、对社会世界多元政治架构的反思。本流派的开山之作展现出存在"理据类型"的多元性，例如，在各理据类型之间的争执中，行动者必须身属其一，才能获得理据的"积累"（Boltanski & Thévenot，1991）。然而，"理据类型"的确切含义，正是一些政治架构，这意味着社会学家需要绕道隔壁——政治哲学。

---

① 吕克·博尔坦斯基和德维诺：《论理据：量值范畴的经济学》，巴黎，伽利玛出版社。Boltanski, Luc, et Laurent Thévenot. 1991. De la justification: les économies de la grandeur. Paris: Gallimard. ——译者注

然而时至今日，让社会学家迈出这一步仍然不是一件易事。因此，实用主义社会学以其自己的方式（但不能被简化为只有这种方式）成为法国结构主义传统思想的继承者，即便它也批评另一种结构主义——布迪厄的"遗传结构主义"（structuralisme génétique）。由于我自己置身于（法语、中文和英语）三个学科空间，因此我对后期的、比较性的著作更感兴趣，而这几重空间又为这个"政治结构主义"增添了一个地理维度。这些著作区分了共同世界（monde commun）的不同"文法原理"（grammaire）①，其中包括在当代世界占主导地位的"自由主义文法原理"（grammaire libérale）。"文法原理"这个说法既是指政治架构的概念（共同生活的结构化维度），也是指政治哲学概念——这里具体是指欧洲18世纪或稍早前诞生的自由主义传统。不久之后，这种自由主义传统转向美国发展。如今，在不同国家空间中，这种自由主义文法原理的重要性也各异：它在美国和北欧占主导地位（但不具有排他性）。然而，比较研究项目表明，在其他政治传统中，共同生活的他种"文法原理"占据的地位更高：不仅在法国（Lamont & Thévenot，2000），而且在俄罗斯（Thévenot，2017）或巴西（Bréviglieri、Diaz & Nardacchione，2017）——还有中国，即使仍需进行比较研究（参见 Thireau & Hua，2005）。这里的重点是，这些研究作品使人们有可能谈论"自由主义文法原理"，这不仅可以使人们更好地理解许多英语世界研究的理论思想体系，而且可以将它们置于多元思想的大框架之中。

从本文开始我们就探讨了童年社会学中"结构—能动性"这组对立概念的重要性，而这本身就是自由主义文法原理之中的特殊概念体系。"结构"被认为是置于个体之上的东西，决定了个体的选择，从而压制了个体（James & James，2008，pp.138-139）——"能动性"恰恰是个体采取行动，反作用于/作用于这些结构的能力——一种反向

---

① "文法原则"指的是由哲学—政治理论、行动者话语和非话语行动三部分组成的理论建构，因此，在这里"文法原则"也可以被理解为构建共同观念世界内部结构的工具。——译者注

能力（la capacité inverse）。这些概念不是普遍的：在法国，结构主义研究并不从这种意义上来理解"结构"。结构不是被置于个体之上的（尽管20世纪70年代的研究有不同看法，助长了对此概念的批判）。法国结构主义认为结构是结构化的产物（Descombes，1996）。这些学者没有提到"能动性"（agency这个词在法语中不存在），在这种对社会世界组织方式的提问中，这个概念是不恰当的。实际上，"结构—能动性"概念组是与能动性这个概念同时发明出来的，并且是在一个对社会问题的特定概念结构中才具有意义。在这个概念结构中，与个体相对立的，在其他人（如涂尔干或埃利亚斯）那里，恰恰是构成个体、支持个体身份，使个体能够行动的东西。对能动性的强调，与对介入计划的个体（l'individu engagé dans le plan）的强调相辅相成，计划个体所参与的是德维诺所称的计划制度［即行动者在可选的计划之间，进行独立选择的能动性（Thévenot，2014）］。一旦我们理解了，在北欧和英语世界圈子里，"自由主义文法原理"的确立，恰好与儿童研究（Childhood Studies）遥相呼应，在这个流派中发现这种概念架构，我们就不会感到惊讶。这个架构允许提出的问题显然不是没有意义的，但是没有理由认为，它们在任何地方和任何时代都是有效的。

　　实用主义社会学另一个突出的方面，是发展出了行动的独特方法（une approche originale de l'action）。在法国出现了一系列的"行动社会学"（Ogien & Quéré，2005），而不是"行动者社会学"，以及某些更早出现的、有别于布迪厄社会学的流派（Touraine，1984），对于这些，实用主义社会学都起了至关重要的作用。替代流派强调个体的价值，正如能动性理论也是如此。对行动的反思，旨在强调行动的、认知的、物质的等基础，以及行动开展的逻辑，这其中许多因素都不取决于行动者。不同的行动制度就这样被理论化（Thévenot，2006）：公共制度（理据类型）和计划制度（由行动者来决定他的选择和行动的进程），人们今天已经很好地理解了这些制度的社会目的。除此之外，对于社会学而言，其他行动制度似乎更成为问题。如果社会学希望能够将其他行动制度考虑在内，则需要重新思考自身的框架结构。"熟悉制度"（régime du familier）就是这种情况，马佩力（Marc Bréviglieri）就指出熟悉制度在儿童充分发展的重要意义（Bréviglieri，2007）。"探索制度"（régime exploratoire）也是如此（Auray，2011）。这两个制度构成了一种先在的基础，可能会让孩子能够更有意识、更沉稳、更理性地介入计划制度当中去。"探索制度"的想法本身就默认社会学家会关注那些行动，这些行动，如果是探索性的，就必须能够在责任层级链条之外中止，即责任层级链条让个体行动参与计划制度当中。然而，我们社会组织童年方式的特点之一，恰恰是努力将儿童的有关事实和行为置于不负责任的范围内，从而为探索留出了广阔天地。实用主义社会学希望在不排除其他解释可能性的情况下，在整个维度上考察行动的意愿。因此这个学派的特征在于对行动者所建立的联盟或联系给予极大的关注。正是在行动的过程中，行动者能够构造出社会学新的研究对象。布鲁诺·拉图尔（Bruno Latour）与实用主义社会学过从甚密，在他的启示下，实用主义社会学邀请我们重新思考创造出共同关系、社会关系的手段，尽管有些手段是临时的和短暂的，这也是我将在本章余下部分讨论的场景中的关键问题。

场景1：街机和社会偏差

我要评论的第一段是一个独立的观察，它发生在我不认识的人（儿童和成年人）之间：

> 【田野日志，2007年2月2日，星期五】上午8:30电子游戏室几乎空无一人，但即便是这么早，我还是看到两个孩子在角落里玩游戏。
>
> 因为没什么事，我就准备走了，刚要走就在楼下碰见了HLY的两个孩子。他们不是我的学生，但认出我来。他们刚看到我时显得很惊讶，然后露出灿烂的笑容。我提议稍微陪他们一会儿。
>
> 他们中的一个去柜台买游戏币，然后递给我一个——我含糊其辞地推辞，说不好意思拿他们的游戏币，我不好意思玩游戏，

但是他坚持说"没事，没事"。我就接受了。他们站在另外两个孩子玩的那台游戏机后面看了一会儿，显然想让他们走，最后我们还是找了一个多人格斗的游戏机。他们玩，我看他们玩，最后，我把那个游戏币还给了他们。

（因为什么也没发生，我出去逛街。）

当我回来时，刚开始在那里的两个孩子没有动地方，但是两个 HLY 的学生换了另一个地方——在投币游戏机附近。他们的位置似乎不是很固定。看到我返回，他们也无动于衷。

最后，他们围着一个 40 多岁的女玩家看。她稳坐在一台投币游戏机前，好像在那台机器里投入了大量的币，数量大到孩子们无法与之相比。有一次，她要其中一个孩子去柜台帮她换 20 元的游戏币（相当多的数量）。那个孩子去跑了这趟腿儿，回来以后获得了几个游戏币作为奖赏。另一个孩子侥幸在某一台无人玩的游戏机中发现了一些游戏币，他急忙拿了出来。然后，这两个孩子就仔细地把所有游戏机底下都搜寻了一遍，碰碰运气（但我不知道他们是否又找到了游戏币）。最终，那个女人中奖了，游戏币不停地掉出来，两个孩子急忙跑去给她拿小塑料筐来装游戏币，后来也帮助她装，显然是希望能再获得几个游戏币。

当我离开时，他们刚被从那个女人身边轰走。刚开始，话里话外撵他们走的是个男人，他是来找那位同龄女玩家的。然后，游戏厅里看店的年轻人，直接把他们轰了出去。我看到年轻人板着脸，和他们说了几句，然后他们就走开了。我走过去告诉他们我要走了，但他们无所谓的样子。另外那两个孩子一直没动过地方，最后稍早一点离开了游戏厅。

如果我要写一篇颂扬儿童能动性的童年社会学文章，这个场景似乎完全不适合。在这个场景中，我观察到的两个孩子的尝试都失败了：与我见面的快乐被我不和他们一起玩游戏打消，很快便对我失去了兴趣。他们没有与其他儿童互动，也无法使他们离开那台游戏机，玩投币游戏机也没有明显的乐趣。对这两个男孩来说，唯一真正发生了些事情的时刻，完全是他律（hétéronomie）的时刻，即那个年长的女人垄断了所有人注意力的时刻，中奖使众人围着她转。在任何形式上，儿童都不是正在发生的事情的发起者，他们的参与方式也没能使他们成为模范的社会行动者。他们在偶然得到几个游戏币之后，最终被驱逐，首先是当那个女人的朋友到达时被赶开，随后是从游戏厅里被请了出去。

从社会学的角度，我在田野日志中添加了一条关于游戏厅中个体多样性的点评：

> 需要注意的是，在游戏厅中盘桓的是不同年龄段和不同阶层的人：在柜台后面卖游戏币的男青年，还有打扫卫生的年长些的妇女（40多岁或50多岁），在那个女人周围雀跃的孩子们，那个悠闲地抽着烟的女人，往游戏机里投了很多钱（她头发剪得很短，总体来说明显是"不正经"的类型），两个青少年（15岁？）刚刚在跳舞机上跳了一会儿，穿着看起来很像青少年，不与其他人混在一起。

场景中心的女人在这个地方显得非常个别。确实，这个地方构成了一个非常强烈的性别维度：我特别想到了几类人，我记录下的经营这个游戏厅的年轻人，他们外表是特别典型的，还有打扫卫生的年长妇女，她在每个人都忙着玩耍的时候打扫卫生，而且没有引起任何注意，这两者形成了鲜明的对比。另外，游戏厅很大程度上是一种男性化的社交活动。即便是在男孩儿、女孩儿都常玩的跳舞机这种游戏位上，在这个场景下，也是一组两名男孩在玩。在这种环境下，一个成年女人要在投币游戏机前度过一个星期五的早晨，这看起来更像是一个反常的人物。这种社会反常行为，与她的作派一起，构成了一种她所发散出来的"庸俗"气。在这个城市，中产阶级被阶层区隔的执念所萦绕。但是，正是女人与孩子们的联结——如果没有这次联结，我会认为她是局外人——证明了记录她出场的必要性，并且构成了这个奇异的组合，而最终这种关联被证明是行不通的。

这个女人星期五早上在游戏机上打发时光，有点不寻常，后来来找她的男人，也属于传统城市平民阶层。随着经济的发展，这个阶层也在日渐没落。相反，农民工代表了平民阶层中的一个新分支，脆弱但正在上升阶段。这两个人群在城市空间中形成了竞争关系。如果我们不理解社会空间中行动者之间的客观矛盾，我们就无法把握这种奇怪的近邻关系，无法把握那个女人与孩子之间充满暴力和蔑视的关系。通过我们观察到正在起作用的这种不同年龄间的社会关系，体现出更为弥散而宽泛的社会暴力，这是皮埃尔·布迪厄（Pierre Bourdieu）意义上的符号暴力。

但是，我在田野日志中添加了最后一组评论：

> 在这一刻中，孩子们表现出兴趣点的变化让我感到震惊：刚开始时，当他们在楼下看到我从有游戏厅的那栋楼走出来，眼中放出光来。他们想到我也玩游戏，觉得这件事太刺激了吗？还是说我可能会给他们提供游戏的费用？无论哪种情况，我们都知道他们之后很快就不感兴趣了。后来，无论是格斗游戏还是投币游戏机，他们在游戏中表现出的无趣都让我感到震惊。在格斗游戏中，他们在拳斗中有点专注，但对输赢好像无所谓，而是看向别处，两回合之间互相交谈，这时候游戏机则在分配角色，宣布比赛开始。与在场的其他两个孩子相比，他们的"变幻无常"、在各处徘徊又表明了他们对游戏不是很着迷。另外两个孩子从未离开他们的游戏机，这个游戏需要两个人同时玩。另一方面，当HLY的两个孩子围着那个女人转时，或者在他们寻找散落的游戏币时，又表现出明显的兴趣。去年，我已经观察到过这种行为，兴奋的重点是游戏币、有游戏币的地方——也许可能白白得到游戏币的地方——而不是用游戏币可以玩什么。

这段日志强调的是手段（游戏币可以玩游戏，所以孩子们不得不围着那个投币游戏机前的女人转）如何最终成为目的（玩游戏本身，这是游戏币存在的理由，最终变得并不是很重要）。因此，欲望和张力的移位，在心理分析意义上，似乎是一种变态（perversion）——只是在这里，这是严格意义上的社会（关系）变态。我们也许可以在这里使用"偏差"（déviance）这个术语，它曾经在法国的社会学领域涂尔干（Durkheim）一支非常流行，但是今天这个概念已经有些过时了。

但是，最有趣的是段落开头的简短记录，即随着机会的出现和消失，孩子们"眼中的光"发生变化，这是我最感兴趣的。在社会学中，这种注解难觅自己的地位。这个注解，以及后续的段落，所表示的是制度的变化，或者简言之是强度的变化：对于两者而言，皆是如此。对于儿童来说（有趣的、新的、值得参与的事情正在发生）；对于民族志学家而言（一种新的、有趣的、值得记录的事情已经发生）。我曾经说过，贯穿这一场景的强度整体是社会性的——在那里，欲望的基础更多是属于社会学而非心理分析范畴。然而，在这里创造这些强度的不仅是各社会阶级所处的位置，这尤其与儿童的地位本身有关，儿童的地位与禁忌相联系，造成障碍，强加距离，同时，在整个段落中，违规的事情、令人惊讶的组合、遥不可及的行动者个人和社会空间被侵蚀的时刻，也激起他们的兴奋。最后一点，这个场景不会出现在偏差社会学的研究范围内——尤其是因为孩子们还处于探索的过程中，没有明天，也没有处于贝克（Becker, 1985）研究意义上的"偏离职业"中，在贝克那里，习惯得到巩固，可持续方式得以建立。这种场景应该出现在儿童或未成年人社会学中，也就是说，是从未成年人的立场出发呈现出来的社会世界的社会学，我认为这种社会学尚待有人去编写。

场景2：电子游戏和探索性社交活动

与以前的场景不同，下面摘录的田野日志是围绕着我认识的一些孩子进行的观察，有我个人的直接参与，且是日积月累逐步完成的。

当我在 2007 年冬天回到我的研究田野时,我重新找到了一群当时上七年级的男孩(但是我并不教他们)——事实上,HLY 小学还教授七年级课程,相当于初中一年级的内容。这虽然并不完全合法,但周围的情况是,没有农民工子弟初中。前一年,我通过打乒乓球(学校里有一张球台)和这些男孩建立了友谊。更确切地说,有些孩子已经搬走了(这些孩子的父母经常在工地上打工,不稳定性和流动性对这些农民工来说是家常便饭),但有两个孩子没有走:范世凯和陈晓春。2006 年时,他俩都对乒乓球充满热情,并且告诉我,他们长大了想当体育老师。但是,在 2007 年春,事情已经发生了变化。范世凯 13 岁,陈晓春 14 岁。

【田野日志,2007 年 4 月 5 日,星期四】午后,我去游戏厅所在的那幢楼,刚好碰到了陈晓春。是他先看到我并喊我的。我们聊了几句:我问他为什么没有上学,但没有用责备的语气。他告诉我他不上学了。的确,1 月份我们与范世凯三个人还一起打乒乓球,但从那以后,就再也没有见过他。

【跟我以往的调查方式不同,我邀请他去了咖啡馆,我们在那里很随意地聊天。那时候研究仍处于试验方法论的阶段】最后我们分开的时候,他答应第二天来与我们约好的人打乒乓球,其中有范世凯,他不停地跟我说起范世凯,还有其他人。

【田野日志,2007 年 4 月 6 日,星期五】陈晓春如约而至,来到乒乓球台,但他没有和我们一起玩。他坐在台阶的高处,俯瞰着我们打球的地方,他对我叫他下来打球的声声召唤充耳不闻。他含糊地推说,因为昨天夜里很冷,自己感冒了。他与同学们聊天,我听到他告诉他们昨天和我一起去咖啡厅喝了奶茶,然后他早早就离开了。我问如何找到他,是在游戏厅,还是通过范世凯?后来,我在游戏厅的楼下又遇到了他。他和一群同龄的朋友在一起,我从未见过这些人。(我当时有事不得不离开了。)

然后，我在田野日志中自问，这个男孩辍学了，我该怎么办，他的状况令我担忧，尤其是他告诉过我，他与父亲生活，且家境非常困难。同时，我没有进行干预的资格。我们在咖啡馆里聊过他的情况，但他坚持说自己能够搞定，还说不上学他也不觉得难受。我则听任事情自然发展。

从陈晓春玩游戏和活动的角度来看，这一段日志已经初现出一对潜在的竞争关系，即在和老朋友及我本人打乒乓球，与跟新朋友一起打电子游戏之间，存在着潜在的竞争关系。陈晓春对几个月前让我们着迷的乒乓球比赛表现出不感兴趣，以至于一次都没有下场玩（我们玩三分球的比赛，轮换时间很短，这使得每个人都可以经常参与，并同时引入竞争）。他表现出渴望与其他人保持距离，坐在高处，脱颖而出（他不参加比赛，但他给这些孩子讲述了前一天在咖啡厅的经历，咖啡厅对儿童来说是一个特殊的地方）并提早离开。的确，我们象征着他已经离开的学校世界：这些人正是他以前的同学，以前的老师，乒乓球台也在学校里。但是，我觉得可以感觉到他心理非常犹豫，他既坚持与我聊范世凯，又对碰见我表现出明显的兴趣。范世凯对这件事也表现出相同兴趣，而他越来越被游戏厅所吸引，正如我的田野日志几天后记录的那样：

【田野日志，2007年4月8日，星期日】今天早上，我在等公交车，那地方就在游戏厅附近。我听见有人喊我，边喊边跑过来，我一看是范世凯，他要去游戏厅找陈晓春。那时候大约是上午8点。我跟着他去了游戏厅，但是那里没有人，我们就出来，到外面去转了一大圈。（我们聊了游戏和其他的事情）。他告诉我，他每次去游戏厅大概花10块钱。上次我们聊天时，他说他很少去玩。现在他仍然说他很少去，但他还是去游戏厅找陈晓春了。他和我好几次说起了因特网，他上星期五在打乒乓的时候就说过，问我有没有QQ号。他不够年龄，去不了网吧上网，但他去了他家附近一间很小的黑网吧。他还在做什么？与陈晓春和其他朋友一起玩。在哪里玩？主要是在游戏厅和网吧。他的朋友是哪里的？当我问他时，他说，哪里人都有，其中也有上海人。不出来玩的时候，他就在家看电视。

对于这些没有多少家庭作业的农民工子弟来说（绝大多数人如此，当然也有例外），最大的问题就是如何打发时间，特别是在周末和假期。他们没有课外活动，父母也很少能监督。因此，他们会进行一系列的探索性实践（un ensemble de pratiques exploratoires），而探索的兴趣点游移不定。第二年，当我回来时，范世凯不再看电视，却继续对网吧感兴趣。在这个段落中，我们特别看到了当时电子游戏的兴起，以及随之而来的社交活动的兴起。因此，对我来说，游戏厅逐渐成为一个参照物，我知道在那里我有机会找到调研对象，而游戏厅本身就成为民族志的研究对象：

【田野日志，2007年5月2日】今天早上，我终于决定去更具体地观察游戏厅中发生的事情，还有谁在玩这些游戏。我碰到范世凯，当我问他时，他说他每天都来，从早上8点到10点，从下午1点到5点。他成了这里的熟面孔。（在范世凯的指点下，我试着打了几局，并和他玩了双人游戏，但我打得不好，所以又退到了局外。）我问他哪些是他的朋友，他告诉我说有很多朋友，但是当天只有一个人，一个比他年纪小的孩子，但是打《拳皇》游戏没人能赢得了他。范世凯打游戏也很厉害。后来，一个年纪更大的男孩走过来，友好地拍了拍他打招呼。这个亚洲风格的男孩留着染了色的长发，正是人们想象中在游戏厅里会遇到的那种年轻人。范世凯很高兴，立刻介绍说，这就是他跟我说的那些朋友之一。他今年28岁，是理发师，来自安徽。

又来了一伙四个年轻人，他们在餐厅厨房工作（来游戏厅时，他们还穿着围裙）。他们看上去很年轻，比范世凯大不了多少。我正在和其中一个玩《拳皇》游戏。他们好像不认识范世凯，但无论如何，我们可以看到，与 HLY 学校的操场或乒乓球赛相比，范世凯现在的社交更偏重于青年人，更接近就业群体。一群年龄稍小的孩子也从这里经过，玩了半个小时，从一个游戏换到另一个游戏。

从社会化的角度来看，我们在这里可以观察到游戏厅所提供的丰富性：从性别的角度来看，社交活动几乎只有男性，很少混杂；然而，对于其他方面，游戏往往会通过自身的对抗性和技能属性来组织自己的世界（谁是强者，比如这里最小的那个孩子，谁是弱者，就像我这样迅速靠边），这种游戏自身的属性，让其他地方按照社会结构原则分布的逻辑，变得模糊或受到挑战——例如，儿童与成人之间的界限，或者学生与就业人群（可能有一定的经济独立性）之间的分野。在这里，年龄最小的孩子最强大，能力的秩序扰乱了按照年龄排序的秩序。地缘性也大打折扣（在农民工的社会交往中，来自哪个省，哪个村，地缘关系非常重要；范世凯来自四川）。对于范世凯来说，他的新朋友们有工作，这也增强了他对他们的兴趣。在这个年轻人社会化的场景中，充斥着大量的外在社会标识。对范世凯这样的青少年来说，这种社会化是探索性的：厨师的围裙、复杂的发型，这些因素都与孩子们日常穿的校服（甚至在周末）形成鲜明对比（校服还能帮我确定这些孩子是不是我们学校的学生）。这段关于电子游戏和两个男孩的民族志在中断一段时间后，在我的田野日志中又恢复了：

【田野日志，2007 年 7 月 9 日】我在游戏厅中闲逛。现在大约是下午 3 点。范世凯来了，依然很高兴见到我。我换了游戏币，我们心不在焉地玩赛车游戏，但他和我都不太想玩。和往常一样，我问他是否有陈晓春的消息，就像每次一样，他说不知道。又过了一会儿，陈晓春来了。他的手臂上吊了绷带（我以前也见过他胳膊骨折）。范世凯给我指了指，示意他来了。但两人似乎不再是很熟悉的了。后来，他们却一起打起了《拳皇》。那是陈晓春提出来的，但范世凯拒绝了，后来还是我投币鼓励他玩（似乎范世凯并没有太多钱）。之后，他们一起玩了很久。比如，有一阵子，陈晓春每局都赢，在机器上玩了很久，范世凯输了，陈晓春就把自己的位子让给他。后来又出现了同样的情况，这次范世凯用力将陈晓春推离游戏机。游戏厅里还有一个陈晓春的朋友。开始的时候，陈晓春是跟他玩，而不是跟范世凯玩。他是（附近一所公立中学）的初中生……

当我问他在做什么时，陈晓春告诉我他在工作，但是他摔断了手臂，不得不停工。他在街上卖羊肉串。……别的事情他都闪烁其词。

他们的外貌，陈晓春不修边幅，范世凯"很酷"。范世凯的头发剪得很讲究，头发像麦芒一样挺直，T恤也很漂亮。陈晓春不再留平头，头发长，没打理过。他穿着一件不应季的卫衣，袖子卷到肩膀上，卫衣很脏。

他们俩打游戏都很厉害，但不如他们的新朋友强。

在游戏厅里，我几次见到了 HLY 的其他孩子。整体感觉是几个年龄段的混合群体，由年龄大的带青少年进来玩游戏。

人群在整个游戏厅的空间分布上，一部分是由游戏机决定的（"人以游戏聚"），游戏有多种的共享性。一些游戏是基于团队的（在虚幻世界中完成任务的冒险游戏），两个玩家在一台有多个操纵杆的游戏机上，或者是在连接的两台计算机上一起玩。许多其他游戏是对抗性的，形式是双人对决（格斗游戏）或多人比赛（赛车游戏）。对抗当然也是一个见面和社交的机会，虽然通常是非常男性化的。最后，正如我们在范世凯与陈晓春之间的交流中所看到的那样，即使是一场单人游戏，也可以成为多重谈判的基础，如果需要，游戏操纵杆可以转给另一个人玩（例如，通过一个自己不会的难关的时候），或者在挑战赛中，一方"霸机"太久，等等。换句话说，尽管游戏机程序很大程度上主导了娱乐活动的内容，但在它周围留下了很大的自由外部空间，在这里人们可以移动、碰面、聊天、挑战，总之，可以在外部增殖对于游戏自身的乐趣和兴趣。

然而，在这些围绕着电子游戏的青少年行为进行的民族志素描的背后，陈晓春（和范世凯）的故事正在这些场景中展开。陈晓春远离了学校和家庭，已经朝着（街头）社会的方向迈出了一步，有几方面的表现：他的境况的恶化，外貌上的不在意，对衣服几乎不在乎，甚至手臂受伤。因此，陈晓春已经离开了家庭的保护。通过与村民的团结互助，农民工家庭试图扩大其确保个体可以享受的各种保护的范围。家庭当然不再是强制性的制度，HLY 的老师们当着我的面慨叹学生家庭中的离婚案件"数量众多"，一个班就有几个案例（70 人的班级）。但是，像陈晓春这样的情况是很个别的，他母亲和父亲离婚了，父亲还酗酒，在上海没有其他亲戚。但是，对农民工而言，如果家庭支持不足，制度支持方面则是真空状态——现有的公共服务大多与户口有关，农民工的户口都在自己的村庄。因此，陈晓春的个案非常特别，又非常有代表性，体现了农民工脆弱的生存状况。

14 岁的陈晓春正在摆脱与他的年龄应有的身份状态（孩子、未成年人）相关的社会框架。他在各种边缘上徘徊：他与酗酒的父亲的纽带几乎已经断裂；甚至在开始辍学之前，他在学校就处于尴尬的境地，因为还是小学开设的七年级，他就读课程处于合法性的边缘；甚至与他的老同学，在乒乓球台上，关系也疏远了，其中包括与范世凯之间的联系。范世凯在经历了一段因离开小学而犹豫不决的微妙经历之后，刚刚得知他将去更远的郊区的一所初中读书，他们的联系正在逐渐消失，这些变化从不同的段落中都可以看出来。然而在咖啡馆，陈晓春仍然和我聊起他的家人。他仍然处在多个世界之间，就像不同国家所描述的"处于街头环境中"的孩子们，他们在街头与家人之间来回奔波（Lucchini，2001）。与他作为未成年人身份有关的逻辑指向了家庭和学校的支持，除此之外，还有哪些可能性？与青年人的社会交往似乎是唯一可能的逃避途径。青年人的社会交往围绕着共同的文化标志（头发、衣服、休闲品位）构成，这些标志既不代表童年也不代表成年。为了模糊与传统社会关系的分离，年轻人的社会交往提供其他交往模式、其他亲近关系、其他亲密联系，甚至有可能是其他形式的支持（例如，在咖啡馆里他和我谈到他朋友的帮助）。考虑到街区青少年和青年文化产品的稀缺性，这种社会交往活动在游戏厅里得到了集中体现。但是最终，这种社交关系并不是真的那么"奏效"——实际上，已经工作的人与像范世凯这样的学生之间有一条深深的鸿沟，将两种情况分隔开来，实际上限制了这个"年轻人"的"群体"内部可能的团结。另一种选择，是一步跨入成年人的世界，开始工作，陈晓春也在努力这样做。这里很难衡量与法律框架有关的困难：原则上在中国，14岁不能够工作，但是农民工处于灰色地带。显然，无论如何，该解决方案也不太"奏效"。因此，陈晓春"浪荡街头"的情况在几个整合逻辑之间飘忽不定，难以定义。结果一年后，陈晓春作为未成年人被重新照顾，重新接纳，在老家远亲家里，重新上学，远离上海城市环境，远离破败的Y社区，远离他松散的社会关系网。

结　语

显然，在这两个场景中，结构性的社会逻辑在起作用：如果说游戏厅是探索性和多元性的社会化场所，那么，从社会阶层、地理来源（因为他被带回原籍）以及年龄阶层方面，陈晓春最终被带回到他的社会状况中。至于投币游戏机周围的社会秩序，以这个女人和这些孩子之间的接触为标志，在阶级因素并未缺席的奇异性和不稳定性中，这个关系以孩子们被撵走、重归社会秩序而结束。从形式上讲，这是受布迪厄灵感启发的经典社会学分析，但仍不可或缺，因为没有任何东西可以使我们认为它在昨天比今天更有效，或者在中国比在法国更正确。同时，从根本上说，这个分析与儿童问题相关，因为主流社会学不曾问津，也有其独创性：从一个场景到另一个场景，每个场景都以未成年人的地位收尾，这个秩序的社会和规则边界已经——部分地——重新谈判或受到干扰。这使我们回到了当前儿童研究中所捍卫的结构社会学（Structural Sociology）的中心思想，尤以莉娜·阿拉恁和詹恩斯·库沃特普为代表：儿童的社会经验不仅应当在结构层面上加以思考，还应取决于他们的性别或阶级，同时取决于他们相对于成年人而言的儿童身份（Alanen，2009）。如果说，有必要还公道于这些学者——这些直觉的力量尚未抵达社会学的作者们——的观点，他们仍然用"代"（génération）的概念，来指代社会世界的这一方面［指在前社会学视角中，以年龄来定义孩子的观念（Alanen，2001，p.129）］。然而，我们可以在这些场景中清楚地看到，应该谈论的不是代的概念，而是年龄。但是，几乎所有的儿童研究都从未使用过这个词：在儿童研究的主要期刊（《儿童与儿童地理》）中，自创建以来，这个词作为关键字出现频率不到5次。在自由主义政治传统中，年龄只是被认为是歧视的根源，因此，这些作者很难以这个词来定义童年——这是"自由文法原理"中需要发展的另一个问题，而这些作品经由这个"文法原理"被解读。

但是，本文主要针对"能动性"的讨论（更确切地说，是通过"能动性"来讨论结构的恰当性）立下几个里程碑。我们不能仅仅停留在结构层面，否则会失去大部分儿童民族志学家在田野日志中留下的财富——在现实情况下，还会在结构社会世界的巨大维度上，压制儿童所做的事情。另一类型的讨论是必要的，但不必然强调一个能够在结构层面起作用，并能对其进行改造的个体的能动性。确实，以不同的方式，这两个场景都记录了儿童所做的事情的各种失败，而不是他们对环境采取重要行动的能力。但是，在成人世界的标准中褒奖贬毁，借助不同的、比他们世界大得多的尺度进行评量，判断他们是否拥有改变事物方向的能力，这些都不能还公道于儿童的经历，以及他们的探索过程。如果我们亦步亦趋地跟随这些场景，它们向我们展示的更多是联合的不同形式，在某个时刻，则是呈现给这些孩子的、可能性的领域及社会世界的样貌。在最初的场景中，联合有些冒险，但并不缺乏强度；在第二组日志当中，是一系列的共同化（mises en commun）、组对（在年龄、地理空间以及社会空间中，这些年轻的工人和这些农民工子弟学生之间的）邻近关系，是多重密切关系的复杂机制。对于陈晓春来说，与这些邻近人群的联合，代表了当时他所能做的事情的边界，是他唯一的去处和唯一可能的替代选项，让他能从已经与之决裂的家庭和学校世界中逃脱出去。对于范世凯而言，情况几乎是一样的：在他人生不确定的时刻，在小升初的过程中，他与学校世界格格不入。这些短暂的与外部的密切接触也使他从熟悉的宇宙中有限地逃逸，一步步勾勒出他可以探索的世界的边界。这些未成年人的经验，与当时展现在他们面前的社会世界的经验——那不是成年人所拥有的经验——可以共同扩展，共同衡量。社会学对这种社会世界的未成年人经验（expérience mineure）几乎完全没有进行过探索。今天似乎唯一关注这一研究的学者——儿童研究的作者们——迅速完成步骤，得出适合他们的结论：孩子拥有能动性。孩子们做的事情很重要，因为他们可以对社会结构采取行动与反动；就这个问题，我们需要另一种社会学研究，一种开放的和不确定世界类型的社会学研究（une autre sociologie, ouverte, indéterminée quant au type de monde que la recherche va faire émerger），对我来说，这就是实用主义社会学的真正教益。

参考文献

Alanen, Leena. 2001. "Explorations in Generational Analysis", In *Conceptualizing Child-Adult Relations*, édité par Leena Alanen et Berry Mayall, 11 22. London; New York: Routledge/Falmer.

——. 2009. "Generational Order". In *The Palgrave Handbook of Childhood Studies*, édité par Jens Qvortrup, William A. Corsaro, et Michael-Sebastian Honig, 159 74. Basingstoke: Palgrave Macmillan.

——. 2020. "Generational Order: Troubles with a 'Travelling Concept'", *Children's Geographies* 18 (2): 141-143.

Auray, Nicolas. 2011. "Les technologies de l'information et le régime exploratoire". In *La sérendipité: le hasard heureux*, édité par Danièle Bourcier et Pek van Andel, 329 43. Paris: Hermann.

Becker, Howard Saul. 1985. Outsiders: études de sociologie de la déviance. Paris: Métailié.

Boltanski, Luc, et Laurent Thévenot. 1991. De la justification: les économies de la grandeur. Paris: Gallimard.

Bréviglieri, Marc. 2007. "L'arc expérientiel de l'adolescence: esquive, combine, embrouille, carapace et étincelle…". *Education et sociétés* 19 (1): 99–113.

——. 2014. "La vie publique de l'enfant". *Participations* 9 (2): 97.

Bréviglieri, Marc, et Joan stavo-Debauge. 1999. "Le geste pragmatique de la sociologie française. Autour des travaux de Luc Boltanski et Laurent Thévenot". *Antropolitica*, No 7: 7–22.

Bréviglieri, Marc, Paola Diaz, et Gabriel Nardacchione. 2017. "L'expérience latino-américaine de la sociologie pragmatique francophone. Élargissement d'un horizon d'analyse?" *SociologieS*. https://journals.openedition.org/sociologies/6174.

Bühler-Niederberger, Doris. 2010. "Childhood Sociology in Ten Countries: Current Outcomes and Future Directions". *Current Sociology* 58 (2): 369 84.

Court, Martine. 2017. *Sociologie des enfants*. Paris: la Découverte.

Descombes, Vincent. 1996. *Les institutions du sens*. Paris: les Ed. de Minuit.

James, Allison, et Adrian L. James. 2008. "Key Concepts in Childhood Studies", *Sage Key Concepts*. Los Angeles: Sage.

James, Allison, et Alan Prout, éd. 1990. *Constructing and Reconstructing Childhood: Contemporary Issues in the Sociological Study of Childhood*. London Washington: Falmer Press.

Lamont, Michèle, et Laurent Thévenot, éd. 2000. *Rethinking Comparative Cultural Sociology*: *Repertoires of Evaluation in France and the United States*. Cambridge (U. K.): Cambridge University Press.

Ling, Minhua. 2019. The Inconvenient Generation: Migrant Youth Coming of Age on Shanghai's Edge.

Lucchini, R. 2001. "Carrière, identité et sortie de la rue: le cas de l'enfant de la rue". *Déviance et Société* Vol. 25 (1): 75 97.

Ogien, Albert, et Louis Quéré. 2005. *Le vocabulaire de la sociologie de l'action*. Paris: Ellipses.

Qvortrup, Jens. 1993. "Societal Position of Childhood: The International Project Childhood as a Social Phenomenon". *Childhood* 1 (2): 119 24.

Saadi-Mokrane, Djamila, éd. 2000. Sociétés et cultures enfantines: actes du colloque, 6 – 7 – 8 novembre 1997, Université Charles-de-Gaulle, Lille 3. Villeneuve-d'Ascq: Université Charles-de-Gaulle, Lille 3.

Salgues, Camille. 2017. "Bourdieu without Childhood: Methods and Theoretical Postulates of a Study on French Working-Class Children". *Childhood*, septembre, 109 – 122.

Sirota, Régine, éd. 2006. *Éléments pour une sociologie de l'enfance*. Le sens social. Rennes: Presses universitaires de Rennes.

Thévenot, Laurent. 2006. *L'action au pluriel*: *sociologie des régimes d'engagement*. Paris: la Découverte.

——. 2014. "Voicing Concern and Difference: From Public Spaces to Common-Places". *European Journal of Cultural and Political Sociology* 1 (1): 7 – 34.

——. 2017. "Des Liens du Proche aux Lieux du Public". *Retour sur un Programme Franco-Russe Pionnier. Revue d'études comparatives Est-Ouest* 3 4 (48): 7 – 43.

Thireau, Isabelle, et Linshan Hua. 2005. "Jugements de légitimité et d'illégitimité: la vie normative dans les nouveaux lieux de travail en

Chine". *Revue française de sociologie* Vol. 46 (3): 529 –558.
Touraine, Alain. 1984. *Le retour de l'acteur: essai de sociologie*. Paris: Fayard.
Wang, Lu. 2008. "The Marginality of Migrant Children in the Urban Chinese Educational System", *British Journal of Sociology of Education* 29 (6): 691 –703.

迈向非教育视角下的流动儿童童年研究
——对贾清源文章的回应

韩嘉玲　余家庆

本文的题目借用了贾清源（Camille Salgues）2018 年发表在《开放时代》的论文（洪涛翻译）的绪言标题。① 这也是对他"观察上海郊区游戏厅：借助实用主义社会学，重新思考童年社会学"观点的一个总结与反思。我将简述中国儿童研究的基本路径，随后介绍了我的研究经历与基本观点，并结合贾清源的文章，进行一个简短的评述回应。

一　当我们谈及儿童的时候，我们究竟在谈论什么？

21 世纪以来的 20 年间，围绕儿童为主题的社会学研究并不缺乏，尤其是针对农民工子女的研究。从流动至城市的流动儿童研究（韩嘉玲，2001；邬志辉和李静美，2016），到留守在农村的留守儿童研究（叶敬忠，吴惠，2004；周宗奎等，2005；谭深，2011；段成荣等，2013；韩嘉玲等，2014），以及近年来，随父母入城的农民工子女，因为超大城市人口管理政策而不得不选择回流老家上学，或再次流动至大城市附近城市就读的回流/再迁儿童研究（李巧和梁在，2019；黎煦等，2019；韩嘉玲与余家庆，2020）。由于留守—流动儿童群体

---

① 原绪言标题为"从非教育视角出发探讨儿童的生活"。

是中国因城乡二元体制分割所形成独特的社会现象，他们也被统称为"农民工子女"。研究这一儿童群体的落脚点，目的在于讨论社会主义市场化转型阶段所出现的各种现象或问题。

在诸多针对农民工子女的研究中，大多数的研究主题围绕中国社会的快速转型变迁如何影响了当代儿童发展展开论述，尤其是关于农民工子女在城市的教育权利，此外，还包括儿童健康、社会化、社会福利等内容。简单而言，学者更关注的是当代农民工子女在城乡之间所面临的困境与出路。从类型学的角度看，以上属于"结构"取向的儿童社会学研究。① 从政策取向而言，这种从社会"居高临下"审视与关注儿童的视角是必要的。二十年来，大量学者及社会组织对农民工子女的学术研究与社会呼吁提高了社会各界对农民工子女的关注，也直接或间接推动了国家及地方政策有关农民工子女城市公共服务、社会福利、保护制度的政策出台。

二　教育作为主线：我的农民工子女研究经历

作为一名关注儿童教育的研究者，我从1991年开始关注农村女童教育，随着农民大量进城，我的关注点也从农村的女童问题（韩嘉玲，1999），转到农民工子女的教育问题上。1999年开始，我和我的研究团队在北京的城乡接合部的流动人口社区——也就是农民工聚集的生活区域进行调查（韩嘉玲，2001）。在调研的过程中，我们发现大量的农民工子女面临无（公立）学校可上的难题，因此被父母留在家乡成为与父母分离的留守儿童；此外，跟随父母在城市中生活的流动儿童其家长需要花费缴纳比城市儿童更多的费用，但却接受质量参差不齐的教育。针对他们所面临的教育困境，我们从多种渠道向政府

---

① 按照 Alanen（2020）的分类，这一研究可以归入结构主义的流派中，即主张针对儿童群体的变化（社会、人口、经济）开展研究。

有关部门呼吁让更多的流动儿童可以在流入地城市进入公立学校就读。① 同时也动员我任教的中央民族大学的学生到调研的打工子弟学校当志愿者老师，倡导公益组织与基金会对打工子弟学校的办学条件加大资助，希望可以提高"农民工子弟学校"的办学条件与教学质量；针对农民工子女课后无人看管的问题，我们于1999年开始调查时也探索在社区层次针对流动儿童的社区服务模式。成立社区学习中心，提供放学看管、作业辅导及课外活动等服务，这也成为今天中国社会组织介入流动儿童校外活动的主要模式。

在针对农村留守儿童教育研究中，我们留意到2001年开始的"撤点并校"趋势②，以及农村人口持续流出所导致的生源严重下降，对中国农村教育的格局与现状造成的重大影响。我国农村的教育格局也从70年代的"学校办到家门口""村村有小学"的格局发展到当前"城挤、乡宿、村弱"的现状，换言之就是县城里面的大班额学校、乡镇寄宿制学校及村里的小规模学校（包括村小及教学点）的并存。这些目前仍然留在小规模村校就读的学生，多半是走不了、无法走或出去后被淘汰回来的来自贫困家庭的儿童。这促使我们反思中国的农村教育将何去何从，农村现存的教育资源如何为这些留守乡村的儿童

---

① 我们当时的报告（韩嘉玲，2001）被北京新华社的记者所采用，通过新华社的内参渠道，获得当时分管教育的副总理李岚清的批示。其后，我更进一步参与相关政策的调研，对促进制定关注流动儿童入学的相关政策起到了一定倡导的作用。这是作为一个研究者最为欣慰的结果。

② 2001年正式开始的"撤点并校"运动是针对20世纪90年代乡村学校数量多且布点分散、教育财政投入负担重的现实状况，为整合农村教育资源所推行的一次重大举措。政府在撤点并校过程中，也出现了办学理念和投入方式的重要转变：一方面地方政府过于关注资源利用效率，无差别地减少乡村学校，将教育资源集中到县域及乡镇区域；另一方面过于关注校园基础建设，学校校园呈大型化、标准化和城市化趋势。政府的这些举措在普遍层面起到了改善乡村教育水平的作用，同时也带来了一些负面结果，主要体现在乡村数量急剧减少，生活和交通等基本要求得不到配套满足，农村学生上学的便利性、可及性受到影响，增加了家庭在教育方面的经济负担，带来了学生身心健康和安全方面的问题，甚至导致学生辍学。中央政府意识到存在的问题后，开始调整撤点并校政策，2012年出台文件，暂停了这场大规模的运动。尽管设置了撤并的条件和程序，有部分乡村学校和教学点得以恢复办学，但地方政府针对乡村教育的理念和行为方式已经形成，趋势很难遏制，这样的学校撤并现在依然还在持续。

提供具有特色、保证质量的童年教育？在调研过程中，我们也发现了当前中国各地乡村学校独自探索的农村教育，这些散布在村落的村小或教学点的小规模学校由于学生少、资源少，又地处边缘，因为没有人关注，对成绩追求的压力小，反而给了一些有心办学的农村教师新的探索空间。同时农村小规模学校坐落在远离城市的农村，与大自然有着天然连接，因为地处偏乡而保留着各具特色的地方乡土文化与知识。这使得学校可以将村庄中触手可得源源不绝的资源转化成教育资源，提供发展学生智慧的火花，形成了一种"小而美"的乡村小规模教育模式（韩嘉玲，2019）。

近年来，我们留意到城市人口政策变化所带来农民工子女返乡再迁现象（韩嘉玲与余家庆，2020；韩嘉玲等，2020）。2014年，中国政府的户籍制度改革开始在全国层面推行"差别化落户政策"。在这一政策指导下，北京、上海等超大城市相继出台人口、产业、教育等方面的疏解政策。其中，教育疏解给流动儿童及其家庭带来巨大影响：上海市收紧了对随迁子女学校的支持政策，北京市提高了非京籍学生义务教育入学的门槛。面对超大城市的入学政策和教育资源双双收紧，部分难以符合入学资格的农民工家庭，面临子女教育"何去何从"的抉择问题。这一背景下，我们发现了新型城镇化的中小城市落户政策放开，以及面向农民工子女的教育市场化产业，为农民工子女教育提供了新的流动方向，部分家庭选择了让子女"离城不回乡"，流动至北京、上海附近的城市继续念书，或是"回流不返乡"，送回农村老家附近的城市地区念书。这是在新型城镇化下儿童流动的新动向。

三　把"童年"带回农民工子女研究

无论是留守儿童、流动儿童还是近年出现的再迁、回流儿童，都是农民工子女多种群像之一，这也是我近二十年来农民工子女研究主线。问题在于，当我们谈及留守—流动儿童的时候，我们究竟在谈论什么？现在看来，教育视角依然是中国研究流动儿童的主要范式，我们过去的研究总是从"大人"的角度，去思考农民工子女他们所面临的教育问题和就读困境，以及他们应该拥有怎么样的发展未来。不过，我们以儿童为中心的行动实践并不缺乏。特别是随着中国于1991年签署联合国儿童权利公约，各种有关儿童权利的培训活动在2000年前后如雨后春笋出现，其中儿童参与是非常重要的内容。国内各类社会组织也积极探索开展以儿童为中心的社会服务活动。例如，在位于海淀区半壁店社区城乡接合处的田村流动儿童社区中心，自创办以来，一直主张由流动儿童参与社区中心的管理。但这些社会服务实践并没有转化成为儿童视角的学术研究。总体而言，中国的研究者对于童年生活内容，关注的程度非常不足。而童年社会学①，正是以"教育视角不应该是社会科学研究儿童的唯一范式"为基本研究立场，主张从儿童的角度出发研究儿童②，即儿童是主动建构和决定其社会生活以及与他人生活的方式的行动者，而不是社会结构和生命历程的被动主题（James 和 Prout，1997）。把"童年"带回儿童研究中去，我想这也是贾清源研究的一个基本立场③（见贾清源，2018：168）。

除了强调一种儿童视角出发的儿童研究出发历程外，新童年社会学给予我们的另一个启发，儿童如何度过他们的童年？当我们提出这一问题的时候，才会惊觉中国学者有关儿童生活的研究竟然少之又少［相关作品主要聚焦儿童的文化研究，例如李淼（Li et al.，2019）对

---

① 对于这一"建构"取向的儿童研究进路，近年来也得到了不少国内学者的引荐介绍（胡全柱和葛蓓蓓，2011；林兰和边霞，2018；肖莉娜和袁园，2019；王友缘等，2020），但以此作为方法论的经验研究尚为欠缺。

② 这让我想起了2004年在北京石景山区的公办学校对教师的行动研究培训中，学校的北京老师向我抱怨这些农民工子女不讲卫生，学生的手总是普遍脏兮兮，课本与作业也总是油乎乎的。培训活动中，我们与教师一起走进城乡接合处的学生居住区，老师们总算认识到学生的小手总是脏兮兮，是他们所居住的社区家中并没有自来水，很多户人家共用一个水龙头。此外，流动儿童并没有自己的书桌，只能在家里唯一的桌子既是饭桌也是父母工作桌的一角写作业，难怪作业本总是油乎乎的。在这一个例子中，老师就是从大人的视角及城市人的视角去看待流动儿童的行为，因此才会导致对流动儿童偏差的看法。

③ 本篇文章中，贾（2020）提出："从未成年人的立场出发呈现出来的社会世界的社会学，我认为这种社会学尚待有人去编写。"

农村青少年的"社会人"快手直播文化的讨论，李涛对乡间孩子反学校文化的解读（2015），对农村儿童与网络游戏流行的解读（2020），周潇（2011）对农民工子女日常反学校文化的解读］。就好像研究工人的学术作品，不仅讨论他们在工厂的劳动过程（labor process），也讨论工厂以外的社区生活与社交活动。但国内有关儿童的研究，在关注学校、课堂以外的研究却非常之少。尤其是儿童如何建立他们的社交圈、如何度过课余生活，这种关于"童年"的研究，正是中国儿童研究作品所欠缺的。

贾清源的研究恰好为我们认识农民工子女的童年生活提供了丰富的洞见。他强调了他的民族志调查区别于既往关注农民工子女的生存状况和就学困难的研究，集中于调查这些孩子的公共生活和日常生活经验，后者恰恰是构成儿童童年生活的重要主题。与我们集中在学校研究儿童不同，他的田野调查地点更多选取在学校、家庭、社区附近的公园、购物中心以及游戏厅。以上城市空间的独特性在于，空间边界的维持并没有与特定的社会秩序所重合，而是那些身处其中的行动者所自发建构。在贾清源的田野材料中，我们也看到了这种行动者的能动性：游戏厅中的对抗性与技术属性重组了既有关于儿童年龄高低、乡缘亲近等社会结构原则的规范性。年龄最小的孩子游戏能力最强，这种能力的秩序扰乱了按照年龄排序的秩序，游戏的社交属性也使基于地缘性聚集的儿童社会网络重新组合。对于农民工子女而言，游戏厅、网吧、公园、运动场所、卖场、城乡接合部等这些地方是属于他们在城市的"公共空间"。

当我阅读完陈晓春和范世凯的故事后，两个进退不得，彷徨于城市的农民工小孩跃然纸上。也让我回忆起20年前当我在北京海淀半壁店社区里与王小平的初遇。小平就读于桃园学校四年级，出生于河南的他在5岁时和父母来到北京，是一个独自居住的流动儿童。我认识他的时候，他的父母随包工队去了天津的建筑工地工作，只留下他在北京的租房中一个人生活。为了实地了解他的生活状况，放学后我跟随他一起回到住处。他不会用煤气做饭，因此就在学校吃完饭才回家，父母怕他乱花钱，把钱藏在房间的不同角落，需要用钱时打电话给父母才会告诉藏钱的位置。因为和我回家而没有留在学校吃晚饭，我请他到饭馆，他很开心可以大快朵颐一顿，我们成为要好的朋友。从此每次我去他就读的桃园学校调研及开展活动时，他总是特别开心地向同学介绍我。因为他，我也答应校长给他们班级上一堂英语课。但是当我依约走进教室时，却怅然发现课堂上没有那个总带着慧洁而淘气眼神的小平。课后校长告诉我，昨天晚上，小平的母亲从天津过来北京把他带走了。从此我再也没有见到小平，我很高兴他能与父母团圆，但我却无从知道，他是否还会再面临一个人生活的孤独，他是否能适应新的环境。他是否还留在大城市，还是又随着打工的父母去到其他的城市继续着漂泊的生活。如果再相遇小平应该已经30岁了，我们或许在这个大城市擦肩而过。他的故事让我们看到多数的农民工子女在城市处于一种近似失范、关系碎片化的城市生活。

虽然贾清源的田野材料来自13年前的上海城郊接合部，在他细腻的田野记录中，我们同样从中看到农民工子女群体在城市所面临的不稳定性（precarity）。不稳定性这一概念可以追溯到布迪厄（Bourdieu，1963）早期的著作，在他（Bourdieu，1998）看来，不稳定是21世纪社会问题的元问题（root of problematic social issues）。布迪厄把不稳定性与城市工人的讨论结合。当城市大量产业后备军聚集，让工人们意识到他们的可替代性时，"不稳定性"就会表现出来。今天，农民工群体正是当前聚集于中国绝大多数城市的产业后备军，在劳工研究领域，人数接近3亿的农民工群体被解释为未完成的无产阶级/半无产阶级，虽然他们生产活动集中于城市空间，但他们涉及养老、养育的再生产活动依然与农村的社会结构与关系紧密关联，农民工子女的留守与随迁正是这种拆分型劳动力模式的产物。陈晓光们与王小平们也是产业后备军的成员之一，如果不出意外，10年后的今天，陈晓春和范世凯们可能早已参加工作，在上海，他们像自己的父辈一样成为"新一代的农民工"，从事非正规的（informal）、不稳定的（precarious）工作。

这种带着父辈烙印的，从童年迈向成年的人生轨迹，很难不让我们联想到阶级的再生产理论。无论农民工子女如何探索、创造自己的童年，他们探索的"可能世界"很难突破既有社会结构的束缚。这也是马克思的重要观点——人们自己创造自己的历史，但是他们并不是随心所欲地创造，并不是在他们自己选定的条件下创造，而是在直接碰到的、既定的、从过去承继下来的条件下创造。这让我进一步联想起了威利斯（Willis，1977）的著作《学做工——工人阶级的孩子如何得到工人阶级的工作》。威利斯提出了"反学校文化"（counter-school culture）的概念，揭示了"小子"的抵制行为与阶级再生产之间的悖论。反学校文化包括了挑战校园社会规范、挑战大人的权力/权威、形成青少年群体内部的亚文化，包括粗言俗语、破坏公物、藐视法律、偷窃、打架等。威利斯解释，"小子"的反学校文化意味他们部分地洞察和批判了占据主导地位的个人主义意识形态和固化的阶级不平等的现实。但这种文化形式却在洞穿文化霸权和支配性统治秩序的同时，强化了脑力劳动和体力劳动的分化，从而构成了对他们自身的反叛，使他们最终成为不平等的经济结构所需要的工人。儿童主观能动性的视角是否能摆脱结构性的宰制呢？

对于这一问题，贾清源强调了"年龄"在社会结构化（如阶级、种族、社会性别）中的意义。固然农民工子女的生活及命运不可避免地受到他们所身处的阶级所影响——但是，某些童年的经历同样会对成年生活产生影响（贾清源，2018）。我们不禁试想，如果陈晓春和范世凯（贾清源，2020），毛峰、王家姐妹（贾清源，2018），以及王小平，他们可以在流入地城市稳定地居住，并享有受保障的就读机会，以及在城市得到更多的社会支持与包容。这种童年的经历或许是提高他们在中国当前的社会阶层流动的机遇。

结　语

最后，我们希望重新强调这样一种研究反思或研究立场。在关注农民工子女城市教育的基础上，我们还需要更多非教育视角下的流动儿童童年研究。在近30年来的社会学著述中，强调把某些范畴"带回分析的中心"（bringing... back in）似乎已经成为一种颇为时髦的书写样式。对此，把"童年"带回农民工子女研究可能是一种适宜的提法。

中国在经历快速的城市化与社会转型，童年的空间场所也在快速重构。随着中国城市化进程的加快，城市的空间更新与隔离、人口的驱逐（evicted）与选择性纳入成为中国近十年来社会经济转型的一个写照，城乡接合部在城市中心扩张的过程中不断被蚕食，属于农民工子女"公共空间"的游戏厅与作为"庇护所"的农民工子弟学校不断消失于大城市。当"游戏厅"此类的场所在儿童的日常生活中消失的时候，针对儿童童年研究的田野点会落在何方？我们想指出信息与通信技术（information and communications technology）给中国社会带来的巨大变化。移动技术（尤其是手机）已经深深渗透儿童的日常生活中（李涛，2020）。有研究（Li et al., 2018）开始关注农村留守儿童在快手直播平台"社会人"文化。我们的真正困惑是，2020年后的农民工子女的童年生活，与10年前相比有何不同？抑或是境况依旧？带着这样的期待，希望可以在不久后，看到更多从童年社会学视角研究农民工子女童年生活的作品出现。

参考文献

Alan Prout & Allison James, *Constructing and Reconstructing Childhood: Contemporary Issues in the Sociological Study of Childhood*, Ondon: Falmer Press, 1997: 8.

Alanen L, "Generational Order: Troubles with a 'Travelling Concept'", *Children's Geographies*, 2020, 18 (2): 141-143.

Bourdieu, Pierre, *Travail et Travailleurs en Algérie* (Paris: Mouton, 1963).

——, "La précarité est aujourd'huipartout", 1998, pp. 95 – 101. in Contre-feux. Paris, France: Liber-Raison d'agir.

Li M, Tan C K K, Yang Y, "Shehui Ren: Cultural Production and Rural Youths' Use of the Kuaishou Video-sharing App in Eastern China, Information", *Communication & Society*, 2020, 23 (10): 1499 – 1514.

Prout A, James A., "A New Paradigm for the Sociology of Childhood? Provenance, Promise", *Constructing and Reconstructing Childhood: Contemporary Issues in the Sociological Study of Childhood*, 1997: 7.

Willis P E, *Learning to labor: How Working Class Kids Get Working Class Jobs*, Columbia University Press, 1981.

段成荣、吕利丹、郭静、王宗萍：《我国农村留守儿童生存和发展基本状况——基于第六次人口普查数据的分析》，《人口学刊》2013年第35期。

韩嘉玲：《中国贫困地区的女童教育研究——贵州省雷山县案例调查》，《民族教育研究》1999年第5期。

韩嘉玲、刘月、杨佳星：《回流儿童如何克服"水土不服"？——超大城市人口疏解政策下的案例研究》，载韩嘉玲《中国流动儿童教育发展报告（2018）》，社会科学文献出版社2020年版。

韩嘉玲、王婷婷：《行走在困境中：我国流动留守儿童的生存和发展》，《中国民政》2015年第19期。

韩嘉玲、余家庆：《离城不回乡与回流不返乡——新型城镇化背景下新生代农民工家庭的子女教育抉择》，《北京社会科学》2020年第6期。

韩嘉玲：《小而美：农村小规模学校的变革故事》，教育科学出版社2019年版。

韩嘉玲：《北京市流动儿童义务教育状况调查报告》，《青年研究》2001年第8期。

胡全柱、葛蓓蓓：《儿童社会学研究范式——兼论中国经验与反思》，《甘肃社会科学》2011年第3期。

贾清源、洪涛:《通过整体论社会学来思考农民工子女就学现象的民族志研究》,《开放时代》2018年第1期。

黎煦、朱志胜、陶政宇、左红:《回流对贫困地区农村儿童认知能力的影响——基于137所农村寄宿制小学的实证研究》,《中国农村经济》2019年第9期。

李巧、梁在:《二代流动儿童回流状况及其影响因素》,《人口研究》2019年第3期。

李涛:《混乱的课堂:乡间底层孩子的"反学校"文化》,澎湃新闻,2015,https://m.thepaper.cn/newsDetail_forward_1365085? bdchannel =。

李涛:《网络游戏为何流行于乡童世界——中国西部底层乡校再生产的日常研究》,《探索与争鸣》2020年第2期。

林兰、边霞:《从书斋到田野:儿童文化研究路径的转变及意义探寻》,《教育发展研究》2018年经Z2期。

谭深:《中国农村留守儿童研究述评》,《中国社会科学》2011年第1期。

王友缘、魏聪、林兰、陈小蓓:《全球视野下新童年社会学研究的当代进展》,《教育发展研究》2020年第8期。

邬志辉、李静美:《农民工随迁子女在城市接受义务教育的现实困境与政策选择》,《教育研究》2016年第9期。

吴霓:《农村留守儿童问题调研报告》,《教育研究》2004年第10期。

肖莉娜、袁园:《儿童的能动性:一个整合的解释框架》,《学海》2019年第2期。

张增修、卢凤、曾凡林:《让儿童成为儿童问题的研究者——促进儿童参与研究的策略》,《基础教育》2017年第5期。

周潇:《反学校文化与阶级再生产:"小子"与"子弟"之比较》,《社会》2011年第31期。

周宗奎、孙晓军、刘亚、周东明:《农村留守儿童心理发展与教育问题》,《北京师范大学学报》(社会科学版)2005年第1期。

五

权威和"依标准治理"的转变
——"关于量值范畴、协约和介入的实用主义社会学"的贡献

德维诺（Laurent Thévenot）

引　言

"赤身裸体的国王"是一个常用短语，人们用它来表现一个被赋予权威的人实际上并不拥有自己所声称拥有的权力。维基解密披露的美国外交电报显示，时任法国总统的尼古拉·萨科齐在这些电报中既被称为"专制者"，也被称为"赤身裸体的国王"。因此，该短语对权威及其权力这两个社会政治科学的核心概念提出了质疑。这两个主题正是我们所论述的社会学的核心，这个故事将成为一个指导线索，方便我们呈现这一涉及关于量值范畴、协约和介入的实用主义社会，并借其来阐明权威在现代的转变。文章的第一部分将专门讨论针对被赋予的权威令人不安的怀疑，这种怀疑正是这个故事所要灌输的内容。文章第二部分将探讨权威声音的多元化，这既是该故事所暗示的，也是一种民主取向所要求的。采用比较的方法，我们可以确定旨在整合这种多元化的几种"多元共同性的文法原理"，并平息同中有异所引发的内部张力。在文章的第三部分，我们将扩大分析的框架，借此我们将能够通过标准和认证对治理进行定性。对标准和认证的论证需要掌握广泛的个人介入情况，而治理却在不

断减少个人介入。

欧洲中世纪的神学家和法学家界定了国王的双重权威,国王以具有所有肉体特性的自然之躯行使神权,这带来恩斯特·坎托罗维奇〔Ernst Kantorowicz,1997（1957）〕"国王的两个身体"的著名表述。从国王去世到继任者加冕,确保君主制延续的惯例就证明这一观点:"国王死了。国王万岁!"除了对权威的质疑之外,这种两重性造成的紧张局势也有助于揭露"赤身裸体的国王"。"赤身裸体的国王"取自丹麦作家汉斯·克里斯蒂安·安徒生〔1876（1837）〕的故事《皇帝的新衣》。故事向我们讲述了两个织布工建议皇帝花费巨额金钱制作一件衣服,衣服所用布料的神奇之处在于只有才能与其职位相匹配之人才能看见它。皇帝对此很感兴趣,希望用这种神奇的布料来检测自己的臣民和官员,他接受了织布工的建议。官员们,以及最后皇帝本人,当他们被问到这件衣服怎么样时,他们都不敢公开承认他们什么也看不见。于是,皇帝穿着这身新衣服在臣民面前游行。在一个孩子喊出"皇帝没有穿衣服!"之后,臣民们也发出了同样的喊声。

这个寓言可以简单地解释为对人类虚荣心的讽喻。皇帝对自己和自己的外在如此自满以至于他被两个假纺织工蒙骗。这个故事的教育意义在于教导孩子们批判性思维,并开发他们在这方面的能力。正如一句法语谚语所说的,"真相出自孩子们之口",这个故事就展现了这样一个孩子,他没有听从大人们的话,第一个站出来公开揭露国王是赤身裸体的。

但故事远不止于此。故事针对批评本身。从西格蒙德·弗洛伊德（1999）到雅克·德里达（1975）再到雅克·拉康（1956）,许多著名批评家专注于公开这一行为。这个故事涉及真相的公开,而这正是批评的原则,尤其是社会科学批评的原则。事实上,批评通过证明协约、舆论和意识形态仅仅是衍生统治权力的一些"社会建构",对协约、舆论和意识形态进行了"解构"。我们的社会学的演变也着眼于批评,研究批评在每个人日常生活中的地位,并避免批评成为社会学家的专有权，由此形成了一种"批判社会学"①。我们的社会学通过最基本的实用做法来阐明政治界，这些实用做法在批评中构建并解构共同性。

该故事讨论的是政治界的源起：权威及对其的认可和批评。故事并非简单地揭露权力下赤裸的身体，而是开启了一种反思，对被构建的权威和被赋予权威的个人之间所存在的结构张力进行反思。正如格奥尔格·齐美尔所写，"超级个人权力"来自国家、教会、家庭或军事组织，"它赋予个人声誉、尊严和最终决策权"，但这种"超级个人权力"从来不会源于某个人的个性（Simmel, 1950, Part III: Superordination and subordination, sec. 3, 183）。

一 共同权威的造就与消解：政治与社会科学的对象

我们所发展起来的政治社会学和批判社会学的不同之处在于，它注重共同结构中各种共同形式的构建、这些形式所需要的投入，以及它们所带来的协调经济。我们的社会学将各种共同形式的构建和对它们的质疑视为一种基本的人类学张力，而不是只关注对这些主导形式的批评。

寓言故事里的小皇帝？

听到这个故事，小孩子们会很高兴在故事中看到一个小皇帝被加冕，这个小皇帝反抗所有的成年人，让他们威严扫地。故事承载了支持自由教育的解放性言语，它告诉我们孩子的个人之见与"大人物"的意见同样重要，况且在法语中，对成年人的定义是以孩子

---

① 请参看布鲁诺·弗雷尔（Bruno Frère）主编的一部合著 *Le tournant de la théorie critique* (2015) 中的章节，Luc Boltanski (2015)，Laurent Thévenot (2015a)。

为基础的。① 孩子的叫喊将君主拉下了神坛,但这个故事难道不是将孩子推到了神坛上吗?

事实表明,这个故事比这种粗浅的阅读要复杂得多,它需要全面的关于权威的视野,而这正是我们的社会学所孜孜以求的。事实上,当安徒生将手稿拿给出版商时,故事里孩子的揭示并不存在。没有孩子说国王是裸体的,公众们也没有怀疑服装的质量或国王和大臣们的品质。在故事的第一个版本中,叙事所暗示的怀疑只存在于人物或读者的内心。权威始终存在。

这个故事超越了以孩子揭露事实为核心的这种阐释,告诉我们光身子国王穿着的神奇面料被一分为二:它既为大众所见,又被大众在内心中质疑。权威所具有的权能产生于共同的认可,被构建的权威所特有的保护层,正是无知稚童所看不见的皇帝的新衣,孩子并不知道这是为了享有权威而必要的成形。这些形式确保了公共事务的权威,并令其为大家所接受,故事的叙事让人们看到了这些形式所蕴含的内部张力。故事告诉我们,被赋予权威之人与你我并无不同,他赤裸的身体亦证明了这一点。但故事也说明了,被赋予的权威源自一种必要的人为形式,因此这种权威并非天赋,而是一种人为制造。该故事揭示了人类共同体、权力和一系列共同化形式的产生,并指出这些都是人类所特有的事物。

用常见的权威形式来表达介入的词汇:授予(revêtir),赋予(investir),授职(investiture),投入(investissement)

让我们先谈谈语言问题。我们在切入这一点时十分注意,在使用的词语和表述中寻找实用关系的痕迹,我们的调查正是针对这些关系的。② 起源于拉丁语的语言中呈现出在人穿上衣服的形态(revêtue)

---

① 学生的解放和他的自主权给教育关系带来的张力是罗知北(Romuald Normand)为本书撰写的论文中涉及的核心问题。他强调了让-雅克·卢梭(Jean-Jacques Rousseau)与涂尔干(Emile Durkheim)的不同之处,就在于前者对依赖老师持怀疑态度。

② 这篇文章的中文翻译将会是一个机会,让我们来思考从一门语言到另一门语言的比较。

与赋予一个人（investir）某种东西的丰富关系，而这个故事就是由这些概念组成的。同一个词根将"上衣"（veste/vêtement）或更通常来说"服装"（vêtement）一词与具有权威的机构运作联系在一起，是宗教初修期的法衣，或者是建立政权的授职。在授予新职的仪式结束时，得到职位的人通常穿着特殊的服装。在英语中，投入这个词也指"授职"，而在古语中，据说，身穿特殊服装的权威被说成"to stand invested in the full dress of his rank"。"使脱衣"这个否定意义的动作不仅意味着脱掉衣服露出身体，还意味着剥夺或不给予权力或权利。法语的"投入"（和英语的投入）一词出自中世纪的拉丁语词 investire，"给予着装"的意思，寓意为"紧紧包围起来"。法律用语意为"占有封地或职务"，占有通常以一件衣服来象征。因此，这种词汇表实则触及了政治和建立权力的核心。

在法语和英语中，"服装"这个相同的词根〔英语的"VEST"指的是：（英国）贴身内衣；美国和澳大利亚指背心〕，都意味着动词的"投入"和名词的"投入"。故事里讲述了君主对其帝王服装的高昂投入，织布工人显然对他们的工作很投入，更不用说皇帝由于其自恋欲而对"理想的自我"的投入。投入一词的经济意义，不管是在付出金钱、努力还是精力方面，都是从14世纪意大利语的 investire（投入）一词而转变为英语，然后是法语。请注意西班牙文的情况并非如此，如果说西语的 investire 一词仍然是指授职的行为，那么另一组几乎是同音异义的词语则是从动词 verter（"倒""推翻""翻译"）出发，围绕着投入的意思而单独形成，而且也具有经济意义。①

这种语言的调整对于理解这个故事的意义以及我们的社会学运动非常重要，这一运动始于对共同"在形式投入"这一概念，它在一个共同体中权威的投入和经济的投入之间建立起桥梁。

---

① 拉丁语词 invertere（意思是反转、推翻）是由具有对立意义的前缀 in- 和动词 vertere（转动）组成的，从这个词出发，对于前缀 in- 的新的诠释使得西班牙语产生了 invertir 这个词，意思是投资（通过花钱）（Bénaben 2019，pp. 503 - 504）。关于 investir, investidura, vestido, vestir（se），请参看 Bénaben 2019，pp. 505 - 506。

从"象征形式"(formes symboliques)到协调的"在形式上投入"(investissement de formes)

"象征形式"的概念在批判性社会学中占有重要地位。皮埃尔·布尔迪厄(Pierre Bourdieu)在一次向美国公众发表的演讲中声称,他对象征形式之力量的分析是在此前两篇综述的基础上进行的(Bourdieu,1977)。第一篇将新的康德传统[洪堡-卡西尔(Humboldt-Cassirer)或其美国同仁萨丕尔-沃尔夫(Sapir-Whorf)对于言语的研究]与"象征形式的社会学"联系起来,埃米尔·涂尔干(Émile Durkheim)将这些形式视为社会形式,为这种社会学奠定了基础(Bourdieu,1977)。第二篇综述受益于马克思主义传统,它将象征性生产与统治阶级的利益联系起来,强调象征制度"作为强制或使统治合理化的工具"的政治作用(Bourdieu,1977)。布尔迪厄创立的批判性社会学解释了"象征形式"的统治是通过一种"灌输"机制来实现的。我们离开了将形式与它自动带来的实践联系起来的这一直接机制,目的是开创一种更加现实的社会学,在这种社会学中,协约形式与人类行动的不确定协调联系在一起,行动为协调做出贡献,同时又是疑问和批评的对象。这种观点与布尔迪厄的社会学没有关联,而是源于劳动社会学的调查(Thévenot,1983,2016)和与经济学家弗朗索瓦·埃纳尔-杜弗内(François Eymard-Duvernay)的合作(1986,1994,2006)。由于行动和不确定协调被放在了核心位置,我们的运动被称为"实用主义社会学"。这一主题可能会与美国的约翰·杜威(John Dewey)和威廉·詹姆斯(William James)的实用主义相混淆,而后者不注意协约形式及其投入(Thévenot,2011)。抛弃布尔迪厄提出的简单的强制模式并不意味着从形式的能力角度来看问题。相反,形式和形式所带来的协调方式的差异化拓宽了对压迫源头的分析,而不会局限于个人可能拥有的"资本"的不平等。

在故事中,国王的新衣所表明的协约形式为一切广义权威性、一切被认可的能力和一切议定的身份赋予了一种特性,并通过形式的物质装备表现出来。服装只是装备中的一种，尽管它还被用来隐喻一个存在物是如何成形的。在这种形式中具体化的协约并不能确保协调，而协调始终不确定。这一协约形式为可能发生的差异提供了框架，有助于得到一种经得起事实检验的判断。正如法律所明确规定的那样，情境的事实本身必须具有"资质"才能在判断中被考虑。同样，大型工业企业的劳动组织原则，不管是来自弗雷德里克·温斯洛·泰勒（Frederick Winslow Taylor）、丰田体系还是当代的参与式管理的原则（Charles，2012，2016），都铺展出一种物质环境，其形式与工人专业技术资格一致。相反，在手工业或小规模农业中，人们获得专业技术资格的模式与环境成形的模式具有一致性，这就意味着产生其他类型的传统协约形式。

这种认识使我们能建立成形操作或者说"在形式上投入"的模型，对于协调协约的实施来说这些操作是必须的（Thévenot，1984，1986）。适当形式的环境能支撑一种规范的协调协约，因为它对该协约来说是"具有资质"的。"在形式上投入"的概念拓宽了经济学的投入成本概念，后者意味着必须牺牲流动资金来等待未来利润的回报。广义的投入方式在两者之间建立平衡：一方面是为了建立协约性等价形式所需的成本或牺牲；另一方面是实施这种形式所带来的在预期协调方面的收益或俭省。这一拓宽的概念包括授权，强调被投入的形式只能牺牲其他可潜在的协调，才有可能反过来获得协调的权力。为了区分不同类型的被投入的形式，从而反映其一致性或不一致性，我们在这里采用了三个参数：时间、空间以及它们有效性的不均等延伸，以及它们的物质载体给予的不均等的坚固度。

这种参数选择可以显示同类形式之间的排列一致性，以及不同类型之间的碰撞引起的张力。因此，一项关于根据任职者申报的职位进行模糊辨别的实证研究显示，有三类职位比其他类型的职位更容易识别，因为它们属于三类具有一致性的领域：专家公共职位或公务领域，以广泛的时间和空间有效性以及牢固的技术现实性形式为支撑；手工业领域，以较弱的空间延伸、长时间延伸和不具体化的有形物质性为支撑；艺术领域，在空间和时间延伸通常较弱的形式中沉积，其物质性往往是脆弱的（Thévenot，1983，2016）。相同类型的形式的排列带来了一致性领域的区别化，这使得多元价值提升模式得以出现，这是该社会学流派接下来发展的主题。

二 为共同性制造权威的多元声音

在各种被投入的形式中，有些人向往一个比其他权威更合理的权威来参与共同性和表达自身的利益。社会学的下一步，是系统地研究这些问题，这个阶段是与吕克·博尔坦斯基（Luc Boltanski）合作发展的，主要讨论的是根据"量值范畴的排序"（ordres de grandeur）进行的多元化评价模式，这些量值范畴排序处在一种批评的关系中。[Boltanski et Thévenot，1987，1989，1991（2006）]

安徒生的故事实际上描绘了很多的"量值范畴"，由不同的主角携有而不仅仅是君主的。我们在此又看到了上面提到的那项关于职位识别和价值提升的实证研究中发现的三种投入方式：公共职位中的大臣专家；传统的纺织手工业；以及生产出绝妙衣料的精湛艺术。故事还指出了什么东西可能成为公众舆论。因为丹麦与其他国家一样，在1820年代至1830年代经历了专制主义危机，恰好是在故事写作之前不久。丹麦国家及其代理人——其权威来自这一绝对的皇家权力——正在遭到发展壮大的中产阶级商人的批评，这些人质疑贵族特权，导致了1849年的君主立宪制（Robbins，2003，p.665）设立。霍利斯·罗宾斯（Hollis Robbins）认为该故事包含了当时四个重要的差异问题：民主权力的扩张、公职人员能者居之的制度、劳动价值的提升、艺术评估（Robbins，2003，p.671）。对于共同性及其判断方式来说，四种合理提升价值的不同源头互相形成对照。一个权威的声音是如何形成的：通过君主统治下等级分明的传统权力，还是通过在街上表达意见的一群人民，甚至让儿童有发言权？公共部门及其在职人员必须具备什么专业资质？如何判断已经完成的工作的价值？如果这是艺术，那么这个判断是否与先前的完全不同，而作品的价值提升又将如何？

价值与共同福祉量值范畴的多元化

安徒生故事中的话语不仅在政治权威产生危机的历史性时刻引发了反响。它显示了权威模式和社会评价多样化的严重后果，这种多样化导致了对权威本身的怀疑和质疑。当这些权威模式自称追求的是共同福祉，并且成为一种普通的公正意义的规范性框架来引导公共场合的批评和辩护时，我们用"量值范畴的排序"来指称这些权威模式。在《论理据：量值范畴的经济学》一书中，我们制作了多种量值范畴排序的模型、它们的投入模型和它们各自的现实检验模型，这本书是"关于批评的实用主义社会学"的开山之作（Boltanski et Thévenot, 1987, 1991, 2006）。

尽管"量值范畴"的概念可以追溯到法国旧制度的专制主义时期，但它引起了我们的注意是因为它已经用在先前的一个经典模型构建中，即由于权威来源多元化引起的重大张力。布莱斯·帕斯卡（Blaise Pascal）在《谈论伟大人物的条件三篇》（*Trois discours sur la condition des grands*）（译法参考何北武译《思考录》，商务印书馆2017年版）中，区分了不同的量值范畴，而不是将量值范畴混淆在一种绝对存在中。帕斯卡提出，与那些让人的灵魂、身体、精神、道德、健康和力量受到尊崇的"自然的量值范畴"相对立的，是决定受尊重的状态和头衔的"机构的量值范畴"。帕斯卡认为，"将自然的尊敬与机构的量值范畴联系在一起或者要求机构对自然量值范畴表示尊敬都是不公正的"[Pascal, 1954（1670）]。如果你们在贵族中有着最高的地位，那么你们就不会只是要求地位没那么高的人在你们面前摘下帽子行礼，而且还会要求他们尊敬你们，那么此时就产生了不公正。帕斯卡说："我请你们给我展示一下哪些品质是值得我尊敬的。"[Pascal, 1954（1670）] 在关于量值范畴的经济学中，我们系统地研究了在这个故事里可以辨识出来的一些量值范畴之间互相对抗所造成的紧张关系：**灵性的**，无论是精神上的还是艺术上的量值范畴，例如故事中创造出绝妙布料的神奇艺术；**熟悉的**，也就是说这种量值范畴从传统和师傅身上汲取力量，如纺织工的职业；**舆论中的知名度**，在故事的结尾突然出现；**商业的**，为了抬高价格；**公民的**，为维护公共利益所必须具有，正如故事中的大臣应做的那样；**工业的**，为了让纺织的有效工作获得价值。

马克斯·韦伯（Max Weber）从约翰·斯图尔特·米尔（John Stuart Mill）那里借用了"多神论"的思想，以探讨各种统治合理性的范畴。在这种"价值的多神论"的冲突中，他写道，"一场不可调和的斗争"展开，在此期间，"众多古代神灵以非个人力量的形态从他们的坟墓中出来，因为他们看破一切，他们试图再次让我们的生死落入他们的掌控中，同时继续他们永恒的斗争"［Weber 1959（1919）］。罗杰·弗里德兰德（Roger Friedland，2013）从价值理性的这种宗教起源出发，奠定了他在组织中观察到的价值领域多元化的基础，并称其为"制度逻辑"（Friedland and Alford，1991）。

但是，多神论方法并没有说明为什么某些价值观被认为比其他价值观更合理。这就是我们在《量值范畴的经济学》中试图通过对公正和不公正的一般意义建模来做的。一般意义上，在追求公共合理性的各个量值范畴排序上，必须要有人最根本的平等，更确切地说对"共同的人性"的规范要求。这样的要求被载入各种宗教或道德哲学中。它本身只能导向一个伊甸园，如果我们用"创世纪"的具象来表现的话，这当中的人类就像故事中的国王在那个孩子看来一样赤裸裸，没有差别甚至并不知道自己的差别。从简单的数学意义上来说，这种"通用"的模式是一个无差别的统一共同体，它始终存在于民粹派在援用意义重大的"我们"一词时所追求的政治共同体类型的视野中。人们始终需要一个敌人来使"我们"更紧密，哪怕是一个内部敌人。这样一种模型忽略了对共同人性而言的一个核心问题：如何求同存异？首先就是：那些组织了常见形式的思想，那些不常见形式背后的思想，以及那些使得伟人权威尤其突出的思想，它们之间怎样兼容？如何整合价值多元化带来的差异？

《量值范畴的经济学》的模型并不是对一个公正社会的描绘，而且也不是规范性的，因为它没有介绍一种理想的社会，这与约翰·罗尔斯（John Rawls，1971）的正义论和于尔根·哈贝马斯（Jürgen Habermas）的公共空间社会学［1987（1981）］的做法是不一样的。它建立了公正和不公正的社会意义的基本模型，我们看到这些要求不管是在一般性争论和批评中还是在实用的规范性著作（行动指南）或学术著作（政治和道德哲学经典著作）中都会起作用。第一个要求旨在平息共同人性与不等的量值范畴或权威之间的紧张关系，这意味着尽管量值范畴的排序会带来不平等，但作为共同福祉，却能使所有人受益，而不仅是对最强大的人而言。各种条件之间的相互依赖性当即将某些价值排除在外了。同一个方向上的第二个要求则是要重新启动判断的"现实性检验"，而不接受某些量值范畴始终跟一些人关联在一起，仿佛其与生俱来的素质。量值范畴的判断从"有资质"进行判断的有形证据出发在真实情境下接受检验。因此，一个由有资格实体组成的世界会延伸人们的资质，以支持其权威，而正义理论往往没有考虑到这一点。第三个要求与帕斯卡对不公正的定义相吻合，他在《思想录》中称之为"暴政"，并定义为："希望以一种途径拥有只能通过另一途径而拥有的东西"，出于一种"普遍性的、在其秩序之外的主导欲望"（Pascal，1954，n. 244，1153）。迈克尔·沃尔泽（Michael Walzer）也受到帕斯卡的启发，这是他在其《正义领域》中强调的唯一要求，他在该著作中设想了分配正义领域的多元化（Walzer，1983，p. 18）。在《量值范畴的经济学》中，这个要求针对的是量值范畴的检验：一个量值范畴如果在另一种量值范畴的排序中被认可，从而遭到破坏，就会染上不公正的污点。

多元化共同体的政治与治理：不同声音的整合与突出

对多个量值范畴及其差异进行更高级整合的考虑在量值范畴模型中被刻意排除在外，更不必说赋予其价值。然而对于提倡多元化、共同参与共享福祉的共同体政治和治理来说，这种考虑是非常重要的，这是自由民主理想的核心。对多元化的追求也可能会引导一些组织和企业，尽管它们以作为其存在理由的生产、利润或某个目标为导向，但它们避免不了要在公共场合为自己辩护，因此必须做好准备，接受一些以量值范畴为基本依据的批评。从单一量值范畴支配的世界中的正义到多元化共同体的治理，需要改变角度。许多个量值范畴之间的"妥协"在根据单一量值范畴进行判断检验时被认为是脆弱的，而从规范性多元化的角度来说，它们却具有极为重要的意义。它们是组织和企业的骨架，而后者可以被看作几个量值范畴之间的妥协机制（Thévenot，1989；英译本，2001a）。这种方法对组织和企业的研究产生了影响，这些研究并没有将企业简化为不同于市场的一种单一协调模式，而是理解了协调企业活动和产品定性的量值范畴的多元化（Eymard-Duvernay，1986）。这种导向在农副产品领域尤其富有成效（有关文献的综述，参见 Cheyns & Ponte，2017；英译本，Cheyns & Ponte，2018）。它使人们有可能分析这一领域的变化，主流的工业模式受到质疑，这对传统的熟悉量值范畴（"原产地命名控制"，"受保护的地理标志"）以及团结的公民量值范畴（"企业社会责任"）和绿色环保量值范畴（"有机"产品）都是有好处的。David Stark（2009）还展示了纽约的创新型公司通过某种机制来战略性地管理大量量值范畴的可能性，就像管理各种资本的"投入组合"一样。作为协调的协约，每个量值范畴都导向一种不确定性或"可能的形式"，这些又都由量值范畴自身来指导和定性（Thévenot，2002a）。组织的混合机制支持的量值范畴的范围越开放，就越有利于适应各种不确定性。

一些评论家和批评家都提出要转变一下视角，包括像保罗·利科（Paul Ricœur）一样的大人物在内。他在一切政治共同体的中心都看到量值范畴之间存在妥协（Ricœur，1991，2004）。他指出："在企业生活中，折中正是将不同参照系结合在一起而又不会造成混淆的艺术"，并提到企业是"我们通过不断妥协才能生存的地方"，如在"生产主义策略"和"具有权利的公民之间，又如在建立工会的过程中"（Ricœur，1991）。他通过以下阐释强调了折中与妥协必须区别："'好好干，因为我们是一个大家庭'，一个家长式的老板会对他的员工说。在这里，企业狡猾地抓住了家庭的价值。把孩子交给父亲，这是父权制家庭的特征。这样的老板利用家庭价值，来试图让企业更好的运行。这是一种'妥协'，是计划和参考原则的恶性结合"（Ricœur，1991）。十多年后，在《承认的过程》（Ricœur，2004）一书里，他回到对规模模型和妥协的量值范畴讨论上来。他评论道，正是通过妥协，行动者"才有能力用批评将每个行动者从一个拥有另一世界价值观的世界中唤醒，哪怕是要改变世界"。人的新的维度才得以展示出来，即理解他自己以外的另一个世界的能力，就像学习外语一样，以至于人们会感觉自己的语言是其他语言中的他者。利科认为是"妥协能力为共同体提供了享有共同福祉的优先机会，而不仅是在单一世界中下判断"（Ricœur，2004）。他在结论中提及了《工作中的正确与公正》（Boltanski et Thévenot，1989）和《合适的行动》（Thévenot，1990）这两部著作："没什么能阻止社会行动者具有一些先知的智慧，在所有情况下他们都不会在寻求合适的行动时，将正义与正确分开。"（Ricœur，2004）[①]

求同存异：多元共同性的文法原理（les grammaires du communau pluriel）**和多元量值范畴的文法原理**（la grammaire dus grandeurs plurielles）

尽管共同体之间有差异，这与它们的文化和历史背景有关，但我们的计划是使它们在某种关系下具有可比性（Thévenot，2001b），即：多元共同性的构成。我们开展了一系列旨在探索这些模型的多样性的国际合作项目，促进了各种多元共同性文法原理的概念化和辨识，这些文法原理规范性地框定了共置一处的多元声音，以及它们之间的差异（Thévenot，2014，2015d）[②]。从与米歇尔·拉蒙特（Michèle Lam-

---

[①] 更多关于量值范畴多元性的展开论述，请参看 Thévenot, 2019a。
[②] "共同体"和"社会"这两个词在本文中的使用没有差别，但作者更倾向于使用"共同体"一词，因为它突出了共同化的操作，而这两个词通常的区别在"多元共同性文法原理"这个概念中已经提到并且明确。

ont）共同主持的法美联合比较研究（Lamont &Thévenot, 2000）起，然后在其他一些研究中，探讨社会运动和参与机制中是如何冲突地制造出共同性事物的（Centemeri, 2015; Pattaroni, 2015; Thévenot, 2014）我们的研究项目已拓展到以下政治问题：根据哪种被称为"文法原理"的模型，人们才能发出一种不同但是合理的声音，将个人所牵系的东西共同化（从这种意义上来说也就是沟通），在差异中表达分歧，通过差异而构建，也就是说在构建共同福祉的同时整合差异？

因此，这种多元共同性的建构基于两个主要操作。首先是转变从个体角度局部影响人类的事物，以达到共同化所要求的状态。我们使用共同化的初始含义来称呼第一个操作，即"沟通"。制造多元共同性需要的第二个操作即"合成"，即整合传达者之间的差异。"用……合成"是指由不同的组成部分合成一个整体，但是也指在差异中对立各方之间达成协议。可表达的差异类型被置于共同的框架（即沟通），决定差异整合的方式（即合成），通过辨认此二者的成形，我们得以确认差异。

"多元量值范畴的文法原理"要求为了获得共同性——沟通——必须极力转变个人牵系，从而给予为共同福祉而发声的关切以资质。被认为合理的差异将共同福祉的不同概念——量值范畴的排序——进行对比以至于这些比对引发了激烈的批评。安徒生的故事似乎表明，专制主义的权威被对量值范畴的多元化批评所动摇。故事通过比对"服装"这个对象的几种资质巧妙地说明了这一点。它不仅是触及政治代表制及其资质检验的问题，无论其是来自熟悉量值范畴（传统）、知名度量值范畴（公众舆论）还是公民量值范畴（集体团结）。当检验根据织工的工作时间（很长）或者涉及一件独特艺术品时的灵性量值范畴来判断其产品时，故事还展现了围绕着工业量值范畴的资质所产生的张力。当该物品被认为具有艺术品资质时，从商业量值范畴的竞争检验角度来看，被认为过高的价格不再是过高了，因此，其评估便会属于另一种资质检验。所有这些资质均参照了一些公共福祉的量值范畴。这些量值范畴似乎并不像韦伯所说的价值观多神论那样武断。

作选择的个人其偏好的协商多元性：利益的自由主义文法原理（la grammaire libérale des intéréts）

关于共同福祉的对立观念引起的冲突会引发暴力行为——尤其是当这些观念有宗教倾向时——甚至有可能带来内战而导致共同体分崩离析，这些暴力和内战的历史经验助长了一种长期的执念（Stavo-Debauge，2012），后者有利于制定关于同与异的另一种完全不同的文法原理。此外，这种个人利益的自由主义文法原理也在非法占屋的"另类"共同体中被重新创造出来，马佩力（Marc Bréviglieri）为本书撰写的论文反映了这一长时段的问题。为了免受截然不同的激进信仰造成的内部紧张局势甚至内战，共居者出于自我保护或是为了防止长期在空间上过于接近而令人无法忍受，他们放弃了集体团结而缩进了个人偏好中。我们切入这些共同化和差异化实践的方式不同于只强调个人自由和不信任国家权力的政治自由主义阐述，而是根据"利益的自由文法原理"来突出形成自由公众的务实要求。为了共同展露（沟通）影响个人的纷争，这种转变尽管仍然很重要，而且往往被轻视，但是它没有"量值范畴的文法原理"所要求的转变那么重大。从最个人化的东西向在公共场合可传达的个人利益的转变之所以被轻视，是由于"个人"和"利益"两个术语的移植使用。这两个词暗示了最个人和最私密的关系在公开场合被原封不动地表达出来。事情根本不是这样。作选择的个人是人的一种公共状态，其表达必须采用在可识别的、其他个体也可以捕捉的诸多选项中进行个人自主选择的形式。亲历的信仰、对一个地点的个人牵系（attachement）、对居住或习惯的场所的爱惜使用，这些都不可能在自由的公众中被所有人认可，因为它们证明了个人化的依赖。必须将它们转变为所有个体都有共同认识的选项（Bréviglieri，2013、2018；Centemeri，2015；Cheyns，2014；Silva-Castañeda，2012；Pattaroni，2015；Thévenot，2008）。最为个人化的牵系被饱含的情感表达出来，也许将阻碍另一个有可能失去自主权的人的自由选择。

无法被表达出来的东西除了太过私人的牵系外，还有为了共同福祉的介入，量值范畴的文法原理就为了这些介入而铺路。介入必须具有形式，并且被简化为一个个人的偏好和他"自由并知情的同意"。以明显的利益或利害关系为形式的差异，显然不如涉及量值范畴的差异那样激烈，批评也因此被淡化。根据自由主义文法原理，整合差异不是在维持批评关系的量值范畴之间寻求折中，而是根据"协商"，将个人对选项的偏好（意见或利益）整合在一起。这第三个术语（"协商"）尽管是这种文法原理的特征，但它也像其他两个术语（个人、兴趣）一样被移用，并且尤其是被互动主义社会学预先假定下来。

一种向牵系开放的多元共同性：从个人好恶到共同的多元文化坐标的文法原理（La grammaires des affinités personneles à des lieux-communs pluriels）

第三种文法原理是从个人好恶到共同的多元文化坐标的文法原理（Thévenot，2008，2014），比较项目使我们能将之识别出来，这种文法原理与前两种截然不同之处在于它为了让个人牵系能被考虑在共同性内，要求个人牵系做出的转变极其微小。这种共同性不像某些公共空间，即让私有空间从特有的邻近关联中被完全抽离，前两种文法原理都需要这种公共空间。不过，第三种文法原理也意味着最私密的关切的转变。但由此带来的沟通并不会造成公共空间的断裂，因为沟通是通过个人投入文化坐标来进行的。

这些文化坐标以具体的物质基础作为一般接触的对象，从地点的本意来说这些基础可能是空间的，文化坐标常常带有诗意、文学、歌曲或电影的印迹，因此是被崇拜的。为了服务于这种"沟通"，使用它们时必须针对情况进行调整，并且在在场的人之间引发反响（Brahy，2019），这些人一同在其中投入自己深深的个人牵系。个人牵系的私密与地点的共同性之间距离急剧缩短，从而产生了大量的情感倾泻，而且会因与投入同一文化坐标的他人的亲和产生共鸣而扩大倾泻。然而并没有什么能保证所有的投入都是以同样方式进行，也不能保证地点对所有人都一样。这就是差异的源头，通过这些地点多样的联合展现出来，使差异能表达出来。只有在这种"沟通"失败的情况下，当文化坐标被简化为成见的肤浅时，同一的"一样"才得到保证。

这种文法原理对于研究共同性在不同文化中的构建非常重要，而无须忍受社会和政治科学分析框架的迂回，这些分析框架的特点从一开始就植根于西方和北半球国家。这并不是因为这种文法原理在这些国家是缺席的，远不是这样，而是因为西方现代性——加上其往往意味着对启蒙时代要求的局限性理解——以及从现代性运动中诞生的社会和政治科学都妨碍了该文法原理被考虑在内。①

三 通过认证来治理的权威和它对介入的简化

在最后一部分中，我们将从另一个基于实用主义社会学的国际集体调查中吸取经验，该调查重点介绍了基于标准的新的权力和政府模式（Busch，2011；Ponte Gibbon，2005；Ponte Gibbon Vestergaard，2011；Ponte Cheyns，2013；Thévenot，1997）。为了阐明这些机制，我们首先介绍个人介入如何在适当形式的环境支持下被授权，它是对在共同权威分析框架的补充发展。

剥夺了民族国家并被分派到事物中的权威

依标准治理的新权威不止在一个方面更有独创性。首先，由这种

---

① 历史学家皮埃尔·诺拉（Pierre Nora）从"拓扑"的经典言辞传统出发提出"记忆场所"的概念，其中包括驻留的国家集体记忆（Nora，1984，1986）。而我们在量值范畴排序模型中也参照了"拓扑"。我们的方法与他的方法不同，是务实地转向一种普遍的传达方式，不仅限于值得纪念的过去，还涵盖了最多样的个人牵系。

治理组成的共同体超出了民族国家以及旨在规范民族国家之间关系的国际机构的范围。其次，它依赖于事物，以至于被分配到事物身上，就好像这些经过标准"认证"的事物被赋予了对人类的权威一样，给予装备它们的外衣前所未有的分量。事物的这种权威不仅是商品中人际关系物化的结果，就像卡尔·马克思已经阐明的［Marx, 1965 (1867)］。这种权威要求分析的更新，以设想一种前所未有的政治经济学。它的分解将使我们能够明确一种从自由主义政治传统产生的，将商业协调的协约与其他组成部分相结合的新组合，鉴于"新自由主义的"一词的拓展使用，这种明确非常必要。

从对形式的投入分析出发，我们这种社会学的主要论点之一是：如果没有适当形式的周围世界协助"装备"这种权威，就没有人类的权威（Thévenot, 2002b）。在依标准治理时就像在其他治理中一样，尽管一个认证过的环境中的事物具有重要分量，但人类的权威显然始终存在。它源于由利益的自由主义文法原理所打造的公共个体的权威，即作选择的个体的权威，个体的自由和自主就在于这种选择能力。被驱逐并失去实质的绝对君主被这些个体国王所取代，条件是他们必须选择的选项已经形成。

自由主义文法原理不会与商业量值范畴的排序混为一谈，因为涉及自由主义公众中个体选择的选项并不一定是商业的。然而，正是通过关注商品和商业服务，以认证标准来治理才构成新利润的来源，并为当代资本主义提供了全新的发展方向。这种治理在自由主义政策和商业量值范畴的基础上，结合了自由和自主的个体选择形式，以及对它来说并不熟悉的规范化复杂组织机制，这种机制在许多方面都遭到反对，因为它倾向于通过干扰创新活力发展来固定属性，并通过阻碍个性来实现统一。因此，随后出现的"设置标准的自由主义"（libéralisme standardisateur）（Thévenot, 1997）包含了一些亟待解决的内部张力，与仅瞄准兼容性好处的工业标准不同，决定这种新治理的标准承担了各种类型的共同价值开发（安全、健康、公平、环境保护、可持续性、伦理、宗教等），甚至是一些更个人化、本地化、亲近的东西,这取决于常见商品或服务的使用功能或习惯用途。基于已投放市场或被视为选项的事物的认证属性,这些认证声称保证了人们对其环境的不同介入,以追求不平等地分享利益。

在共同性权威之下:经由一种适当形式环境进行本人授权的介入制度

每种量值范畴的权威都取决于几个人之间的不同协调模式,该模式基于平等形式和对共同福祉的重视,而依标准治理的目标则是完全根据可选项的认证属性来整合多种物品——可能是商品或商业服务——这些选项由利益相关的个体选出。因此,在这种治理中,我们辨认出商业量值范畴的一些元素和利益的自由主义文法原理。为了进一步阐明该治理所产生的物化和简化,我们可以依靠我们这种社会学的另一个延伸,其在共同性权威之下建立了个人授权的介入制度模型。

正如我们所看到的那样,合理权威取决于一种成形,后者赋予了被授权个人由共同体所认可的协调权力。正如该词更古老的用法所证明的那样,一些较小规模的协调权力也被认为是"授权",直到自我协调的权力。因此,蒙田(Michel de Montaigne)谈到"授权我们意志的力量",而高乃依(Pierre Corneille)则说"爱授权于我"。这些用法表明,在协调共同性的协约之下,适于较小规模的人也可以本人"授权"。介入制度的概念具有这种与自身相协调的模式特征,这种模式以恰当成形的环境为依托(Thévenot, 2006)。由于每一种介入方式都可以持有权力或自信心,因此这样一种制度可以由个人来赋予价值。关于共同性和差异的文法原理探讨了如何动态维护多元共同体,而介入制度则说明了人格的维护,人格也是动态的、混杂的。与通常的行动概念不同,介入反映的是从一个时刻到另一个时刻以及从一个地方到另一个地方时与自身的联系。这种联系的错综复杂带来了动态的身份(Luhtakallio & Tavory, 2018)。介入制度是社会性的,个人期待的有益权力是得到共同认可的。因此,除了公开论证之外,在社会工作、教育行业以及涉及"护理"的"亲密政治"(Bréviglieri, Stavo-Debauge & Pattaroni，2003）中，也存在这种最个人化的"熟悉"①。但是，它们并非集体的，因为它们很不均匀地适合于协调一个人与另一个人之间的关系，也很少适合参与式民主（Richard-Ferroudji，2011）。

　　从这些介入制度出发，也能看出外衣和它们授予的权威之间的平行关系。官方礼服确认了君主的权威，与根据量值范畴上的资质来保证介入的可证正当性是一样的。这种致力于公共合法性的介入与按计划介入不同，后者授权个体将自身投射到未来，这依靠一种在功能上已经成型的环境。而上述介入制度适合于与他人进行相对灵活的协调，不提供解决争端时所寻求的协约形式的保证。适合，但不是合法的常规制服，而是适合于个人一般的计划并可以轻松传达给其他人的合适的功能性服装：一件蓝色工装用于干脏活，一件工作服用于绘画，一件围裙用于烹饪。与熟悉的介入权威对应的是更加个性化的服装，该服装确保了出于习惯性而手工创制的环境中获得的惬意舒适感。文学中展示了适合熟悉的介入的这样一件衣服：个人用旧的家居服。人在身体的这一延伸部分里十分自在，但是不能在公共场合毫不在意地穿着家居服。俄罗斯作家伊凡·冈察洛夫（Ivan Gontcharov）创造的奥布洛莫夫（Oblomov）这个角色在俄罗斯已成为一个文化坐标，用来传达熟悉的自在感，这个人物离不开这样一件旧衣服，也不能离开他的"自家"，从字面意义上和比喻意义上来说都是如此。法国哲学家兼百科全书作家狄德罗（Denis Diderot）1768年写的《旧袍叹》中也称赞这种服装非常舒适，与别人送给他的全新的家居服不同，"它是为我定做的；我是为它定做的。它紧紧裹住我身体的所有曲线，却没有带来任何不适……它可以适应各种需求"。他承认自己"非正式"的熟悉意味着极其个人化的用途，例如用来擦书或将墨水蘸到鹅毛笔上［Diderot，1877（1768）］。

---

　　① 在收录本书的论文中，罗知北（Romuald Normand）对比了在中国的教学法及其受到的儒家思想影响中，学生在特定情况下的"熟悉"经验所占据的地位，以及约翰·杜威（John Dewey）对这种经历的关注和卢梭对事物依赖的关注。罗知北还强调了前者与涂尔干教学法的反差，因为涂尔干恰恰相反，他的教学法希望老师能将学生从这些熟悉的牵系中抽离。

通过被认证事物的内在属性来保证不同介入的良好效果

得益于极为个性化的熟悉用途，这个披上外衣且舒适的事物，它的好处不仅局限于衣服的匿名功能。认证如何能声称根据可以从事物的可测属性来保证这样的好处？服装的这些变化不仅提供各种介入的隐喻或说明，扩展了我们最初关于服装和权威投入的主题，还能帮助我们引入"通过认证来治理"的实际困难。这种治理声称要保证共同或更加个人的福祉的多样化，以及个人自信的多样化，个人通常根据不同的介入制度来从这些自信中获益。但是，这种治理声称要保证福祉，却并不经由人对自己周围环境的种种介入。它号称可以通过提供给个体备选的物或服务之可测量、可认证的属性来达到福祉，因此只能尽力简化介入关系的种种模式，从被形塑的环境到人自身，最后到了事物内在的、非关系性的属性。

我们已经在两次国际集体调查中研究了这种治理，两次调查都是关于（广义的）安全认证，而不是"标准"在一般观念中所认为的兼容性和统一性。第一项调查针对儿童的安全，其中实际上包括他们的衣服。我们选择了一个更复杂的对象，即婴儿推车，该对象适用于最多样化和个性化的熟悉用途，从海滩上的沙中和浪花中推车漫步到运送超市购买的重物。就像对睡衣一样，我们设想，并的确能观察到那些必要的大幅度简化，其将熟悉介入的益处转化为事物本身可测量的属性。

第二项调查从目前最广泛意义的"安全"一词出发，研究了另一种安全认证标准。除了对选择物品的个人——在婴儿推车的案例中还有其家人和幼童——提供身体保护外，安全一词还覆盖了生产链中最弱势群体的安全（从殖民甚至往往是奴隶制的制度继承而来的工业化单一种植园中的劳动条件，妇女和儿童的劳动），其范围从人类扩展到非人类生物以及生物多样性的保护，也就是整个地球的生命安全。这类认证在非政府组织的压力下具有广泛的生态理想，现在正在国际范围内传播（Thévenot，2015c），而这些非政府组织也是治理的利益相关者。我们通过考察认证对小农和原著民与周围世界最个人的关系的影响，已经研究了"可持续"棕榈油的认证（Cheyns，2014；Cheyns & Thévenot，2019a；英译本，2019b）。我们还研究了"被保障城市"对居民和用户的影响（Bréviglieri，2013；英译本，2018）。熟悉的介入所维护的邻近福祉与可论证介入针对的共同福祉一样，也被转化为按计划的介入形式，以便在标准及其讨论中被予以考虑，因为该计划本身可以被简化为可量化的目标和指标。此外，为了设置选项，这种计划中的介入是必要的，因为选项其实就是一些计划或规划，可以被归化为客观上可测量的目标。

对保障的疑虑：对于依认证标准治理有何种批评？

因此，除了计划制度的第一次简化，依标准治理还意味着第二次简化，将计划中的介入简化为目标的形式。它适合于测量和量化，在现在为了治理人群而将人量化的很多政策中我们可以看到（Thévenot，2019a）这样的情况。

实际上，每种介入制度的活力中都包含由于投入形式僵化而在人类身上引起的张力。无论哪种介入制度，从作为可论证介入基础的协约形式，到为熟悉的介入提供常规支撑的个人和地方标记物，我们都可以观察到这种僵化。介入的运动，即所涉及的人的冲动会使它对保障的固定一面产生怀疑。怀疑的是坚持固定下来的东西必然带来的牺牲。介入范畴呈现出两个方面的张力：一是对形式停止信任，对剩下的东西"闭上眼睛"；另一面是怀疑，"睁大眼睛"关注这种固定所带来的牺牲。

如果我们承认介入中固有的双面性，而不是优先考虑其中的一面，我们就会发现这个故事有着显著的微妙之处。故事的巧妙在于它并不仅仅展现对任何程式及相关信仰的彻底质疑（通过孩子的喊叫），或者是保守且毫无新意地重申君主权威（君主继续游行，仿佛什么都没发生过），而是捕捉到了介入的张力，并在最后几句话中表达出来。尽管他本人也产生了怀疑（"他明白这是真的"），"然而"皇帝还是再次确认了形式（"我必须坚持到游行结束"）。

在怀疑这一面，依标准治理做了什么？与其他治理模式不同，它提出了预先整合批评的精彩主张。这种治理通过将纳入考虑范围的各类福祉简化为从事物属性出发的可测量目标和指标，利用事物的稽查（Power，1997）、检测和证据设备带来一种现在乃至教育中都格外重视的长处："循证"（"evidence-based"）（Normand，2016）。人们能拒绝这些证据吗？能不能在批评一种卓越的标准同时不被怀疑没有能力保持该标准？这样，标准将建立一种"经批评检验过的"（"critical-proof"）治理。

这里介绍的社会学使批评可以继续下去，超越治理本身制定的停止点。因为对于每一种多元共同性的文法原理来说，这种社会学勾勒出结构上与共同化相关的权力滥用的重点（Thévenot，2015b）。我们没有自我禁锢在每种文法原理顾名思义所包含的规范性类别中，而是发现了伴随量值范畴的文法原理战略性和工具化使用而来的对共同福祉的合理性骗取（Thévenot，2015b）。同样地，我们看到了程序控制是如何运作的，利益的自由主义文法原理曾被假定与所有等级依赖决裂，但参照利益相关者的"水平性"图表不过是一层面纱，透过它我们能看到地位的强烈不对等（Thévenot，2015b）。通过将决策物化到事物及其受保障的属性中，这种自由主义文法原理与标准的新颖结合糟糕地终止了差异和批评。这种无可差异的结局让位于新的获利方式。安徒生的故事还通过纺织工角色让我们看到了对权威的服装材料有利可图的滥用。到目前为止，我们将这两个"自称纺织工的骗子"放在了一边，因为如果从一开始就提到他们，有可能破坏故事的微妙，过早地打碎阅读带来的幻象。但是，一旦展开更复杂和均衡的分析，我们就可以回到这些表现出色的角色上来。① 他们完全了解自己出售的服装的作用。他们从中获利，不是为了批评权威——像那个孩子做的那样，而是为了使这种非凡的材料不连续地带来大量利润。今天，大量这样的"纺织工"从认证的新装中受益，从以下两者的差距中获取巨量利润，这两者的一边是为承诺担保的语词、符号或形式，另一边

---

① 多亏若埃尔·阿菲沙（Joëlle Affichard）将我重新引回他们身上。

是有效但却不安也不确定的运动，它们要求介入，要永远向怀疑敞开，并永远不能被简化为形式。

结　论

　　循着故事中对权威所披的外衣的表述，我们可以概括一下对权威及其变形的研究历程，而且我们已经看到这个故事并不仅仅是一个隐喻。第一个形象是绝对的政治权威，或明或暗的有着宗教起源。故事中皇帝的权威已经非常复杂，被皇帝的服装和他的裸体之间的张力所带来的怀疑劈开。民主打破这第一种权威的形象、其异质性及其所统治的全体性类型。克劳德·莱福特（Claude Lefort）谈到了消失的国王留给民主的权力"空地"，因为"任何个人、任何团体对权力而言都是不可共存的"，而"权力之地却是不可具象的"［Lefort，2001（1981），p. 28］。但是，这种表述并未突出人们为了参与民主制度权力而必须投入的权威形式，它忽视这些可望的形式。因为，在人类共同体中，权威的巩固通过物质上装备好的共同形式的投入来实现，这些共同形式具有协调的权力。民主的目标意味着每个人都可以进入这些共同形式以参与政治权威，并且在协约和制度规范的多元声音之间，争端也被安排到中心的位置（Meilvang，Carlsen & Blok，2018）。

　　安徒生的这个故事发表在推动欧洲多元化要求的历史性时刻。在不同的声音中，它带着当时的痕迹，这些声音传递出可以追求共同福祉合理性的权威形式的多元化。多元共同性的文法原理的概念建立了支配实践的规范框架的模型，这些框架试图缓解由成形和多元化所造成的张力。在多元量值范畴的文法原理中，要让经过授权的声音被听到，就需要转化个人的关切，使之从让这些关切变得可以接受的共同福祉的角度来说具有资质。如果个人关切原封不动，没有通过"提升为普遍性"被转化，那么它们就不合适（Boltanski & Thévenot，1987；1991、2006）。任何共同福祉的在量值范畴上的资质化都被授予非个人的权威，可以保护个人的私密，将个人视为高效的工程师、传统的保护者、著名明星或天才画家等。根据这种文法原理，这些一般和通用实体——不是个人——被当成关键性差异的对象。服装造就了僧侣，而其个人则消失在他授职时穿的衣服之下。① 制服是一件保护服，它正如被赋予权威的量值范畴的有形化，量值范畴穿上护胸甲，就是名副其实的盔甲，可以保护人格私密不受攻击。

在利益的自由主义文法原理中，服装保护了利益（或个人观点或偏好）。它比量值范畴更紧紧裹住身体，而又不会与身体混为一谈。因此，对来自他人的侵犯威胁的保护要更少。这就是为什么这种自由主义文法原理所要求的公共礼仪在遇到旨在消除这种威胁的其他人时，会受到热烈的欢迎。这种显然很热情的接待往往被错误地当成一段正在萌芽的个人友谊，或者在幻灭之后被当成一种虚伪，这两种深刻的误解是由于不同文法原理之间的对抗而产生的（Thévenot & Kareva，2018；Thévenot，2019b）。②

在第三种文法原理中，通过文化坐标的传达，私密的个人表达可以被听到。在个人与文化坐标亲近的文法原理中，对这类地方的投入赋予个人一种共同形式的权威。他们对这种投入所表达的情感给予合法性的承认，这在亲密与共同之间形成了短路。由于这些文化坐标的结构多变，它们维持着规模不一却又互相混杂的共同体。此外，这些文化坐标之间存在不同联系的可能性包容了差异和分歧但并没有为后者提供辩论的空间。

第三种文法原理使我们能深化对威权主义模式的分析，这些模式今天甚至在有民主传统的国家中也再次出现。在某些极端情况让人想到了由强权者代表的最早的权威形象，这些人的被赋予的形式很容易与其躯体具有的生命活力和性活力相混淆，而其躯体又被实质性的突

---

① 与法国的一句谚语"僧侣不是靠衣服成为僧侣的"意思相反。译者补注：类似中国的谚语"人不可貌相，佛不靠金装"。
② 关于以与新来者的关系为基础构建共同性的一种杰出方法，请参看 Stavo-Debauge 2019。

出（Oleynik，2010）。个人崇拜抹去了成形带来的张力，而这是以放弃共同人性为代价的：超人与亚人的区分相辅相成。就其当代形式而言，威权主义并不是对专制主义的简单回归。它包含人民的特征，这让人不免谈到民粹主义。这是第三种文法原理的宝贵贡献，它使我们能理解民众对领导者的认同，建立于领导者所召唤的对文化坐标的个人投资之上。它也显示了文化坐标的简化，这是领导者为强调单一的共有权威而进行的操作，这种权威反对的是除界定敌人以外的一切多元性。因此，这种威权主义的产生和维持不仅仅取决于马克斯·韦伯［Max Weber，2014（1922）］所陈述的超凡个人魅力。这些权威利用文化坐标来召集一群强大的群众，这些群众通过占领来对一个地点进行投入。通信工具以其前所未有的强大功能拓展了一个人群网络，这些人出于对一种文化坐标的个人亲近感而被远距离触动。但是，这样的一些威权主义减少了文化坐标可能带来的微妙差异。它将文化坐标差异一个嵌在另一个里，最后组合成唯一的一个（Ylä-AnttilaT，2016）。最后这个差异包罗万象，变得很充实，掩盖了它们的多样性和它们之间联系的多元化，根据这种文法原理，这些多样性和多元化本可以表达差异并保持多元性。

在当代被称为民粹主义的运动中，法国的一个运动恰恰是用示威者所穿的衣服命名的，也就是"黄马甲"。目前，威权领导人还没有随着运动形成。该团体抵制了运动中自我授权形象的出现，对政治代表乃至普遍意义的政治进行了正面批评，而今天我们在国际上的众多抗议活动中都能看到这一点（Clement，2015；Gabowitsch，2016；Thévenot，2019b；Zhuravlev，Erpyleva & Savelyeva，2018）。没有政党，也没有机构，参与者自称的授职只能通过服装彰显出来。"黄马甲"们是不是赤身裸体呢？

参考文献

Andersen，Hans Christian，1876［1837］，Contes d'Andersen（traduction par David Soldi), Paris, Librairie Hachette et Cie, pp. 21 – 29.

Andersen, Hans Christian, "The Emperor's New Clothes", in *Andersen's Fairy Tales* (E-text #1597), Project Gutenberg, Jan 1999, ftp://ibiblio. org/pubhttps://www. gutenberg. org/files/1597/1597-h/1597-h. htm.

Bénaben, Michel, 2019, Dictionnaire étymologique de l'espagnol, http://dictionnairefrancaisespagnol. net/Dictionnaire-etymologique-de-l-espagnol. pdf.

Boltanski, L., 2015, "Situation de la critique", in Frère Bruno (sous la dir.) Le tournant de la théorie critique, Paris, Desclée de Brouwer, pp. 189 – 217.

Boltanski, L., Thévenot, L., 1987, *Les économies de la grandeur*, Paris, Presses Universitaires de France et Centre d'Etude de l'Emploi.

Boltanski, L., Thévenot, L., (eds.), 1989, *Justesse et justice dans le travail*, Paris, Presses Universitaires de France (Cahiers du Centre d'Etudes de l'Emploi 33).

Boltanski, L., Thévenot, L., 1991, De la justification. Les économies de la grandeur, Paris, Gallimard.

Boltanski, L., Thévenot, L., 2006, *On justification. Economies of worth*, Princeton, Princeton University Press (transl. by Catherine Porter, 1st French edition 1991).

Bourdieu, Pierre. 1977, "Sur le pouvoir symbolique", *Annales. économies, sociétés, civilisations* 32 (3): 405 – 11.

Brahy, Rachel, 2019, S'engager dans un atelier-the? atre, Vers une recomposition du sens de l'expérience, (postface de Laurent Thévenot) Mons (Belgique), Ed. du Cerisier.

Breviglieri, M., 2013, "Une brèche critique dans la 'ville garantie'? Espaces intercalaires et architectures d'usage," in Cogato Lanza Elena, Pattaroni Luca, Piraud Mischa, Tirone Barbara (eds), De la différence urbaine. Le quartier des Grottes, Genève: Métis Presses, pp. 213 – 236.

Bréviglieri Marc, 2018, "The Guaranteed City. The Ruin of Urban Criticism?" in Resende J. M., Martins A. C., Bréviglieri M. & Delaunay C. (eds.). *The Challenges of Communication in a Context of Crisis*. Newcastle upon Tyne, Cambridge Scholars Publishing, pp. 200–227.

Bréviglieri, Marc, Stavo-Debauge, Joan, Pattaroni, Luca, 2003, "Quelques effets de l'idée de proximité sur la conduite et le devenir du travail social," *Revue Suisse de Sociologie*, 29 (1), pp. 141–157.

Busch, Lawrence, 2011, *Standards. Recipes for Reality*, Cambridge, MIT Press.

Centemeri, Laura, 2015, "Reframing Problems of Incommensurability in Environmental Conflicts through Pragmatic Sociology. From Value Pluralism to the Plurality of Modes of Engagement with the Environment", *Environmental Values*, 24 (3), pp. 299–320.

Charles, Julien, 2012, "Les charges de la participation", *Sociologies*, Berger, M. Charles, J., 2014, dossier "Les limites de l'inclusion démocratique", *Participations*, 9 (2).

Charles, Julien, 2016, La participation en actes. Entreprise, ville, association, Paris, Desclée de Brouwer (préface de L. Thévenot).

Cheyns, Emmanuelle, 2014, "Making 'minority voices' heard in transnational roundtables: The role of local NGOs in reintroducing justice and attachments", *Agriculture and Human Values*, 31 (3), pp. 439–453.

Cheyns Emmanuelle et Ponte Stefano, 2017, "L'Economie des conventions dans la littérature anglophone des études agro-alimentaires. Filiations avec l'école française, circulation et nouvelles perspectives", in Allaire, Gilles et Daviron, Benoit (eds), Transformations agricoles et agroalimentaires. Entre écologie et capitalisme, QUAE. https://www.academia.edu/29391122/L%C3%A9conomie_des_conventions_dans_la_litt%C3%A9rature_anglophone_des_%C3%A9tudes_agro-alimentaires.

Cheyns Emmanuelle & Ponte Stefano, 2018, "Convention theory in Anglophone agro-food studies" French legacies, diffusion and new perspectives", in Allaire, Gilles & Daviron, Benoit (eds), *After the Great Transformation: Between Ecology and Capitalism*, London: Routledge, pp. 71 – 94.

Cheyns, Emmanuelle and Thévenot, Laurent, 2019a, Le gouvernement par standards de certification consentement et plaintes des communautés affectées, La Revue des droits de l'homme, 16, mis en ligne le 01 juillet 2019, consulté le 18 juillet 2019. URL: http://journals.openedition.org/revdh/6843.

Cheyns, Emmanuelle and Thévenot, Laurent, 2019b, "Government by certification standards The consent and complaints of affected communities", La Revue des droits de l'homme, 16, Online since 05 July 2019, connection on 11 July 2019. URL : http://journals.openedition.org/revdh/7156.

Clement, Karine, 2015, "Unlikely mobilisations: how ordinary Russian people become involved in collective action", *European Journal of Cultural and Political Sociology*, 2 (3 – 4), 211 – 240.

Gabowitsch, Mischa, 2016, *Protest in Putin's Russia*, Berlin: Cambridge, Polity Press.

Derrida, Jacques, 1975, "The Purveyor of Truth", *Yale French Studies*, No. 52, Graphesis: Perspectives in Literature and Philosophy (trans. by Willis Domingo, James Hulbert, Moshe Ron, M.-R. L.), pp. 31 – 113.

Diderot, Denis, 1877 [1768], "Regrets sur ma vieille robe de chambre" in Miscellanea philosophiques, texte établi par J. Assézat et M. Tourneux, Paris, Garnier, IV, pp. 5 – 12. https://fr.wikisource.org/wiki/Regrets_sur_ma_vieille_robe_de_chambre.

Eymard-Duvernay, F., 1986, "La qualification des produits", in Salais, R., Thévenot, L., (eds.), Le travail. Marché, règles, conventions, Paris, INSEE-Economica, pp. 239 – 247.

Eymard-Duvernay, François, 1994 (comp.), Economía de las convenciones (Traducción de Irene Brousse, Alicia Calvo y Lucía Vera), Buenos Aires, Trabajo y Sociedad-Piette/Conicet-Pronatte/Secyt-CredaL/Cnrs.

Eymard-Duvernay, F., (ed.), 2006, L'économie des conventions, Paris, La Découverte, tome I Méthodes et résultats, tome II Développements, Paris, La Découverte.

Frère Bruno (sous la dir.), 2015, Le tournant de la théorie critique, Paris, Desclée de Brouwer, Freud, Sigmund, 1999, The Standard Edition of the Complete Psychological Works of Sigmund Freud. Translated from the German under the General Editorship of James Strachey. In collaboration with Anna Freud. Assisted by Alix Strachey and Alan Tyson, 24 volumes. Vintage.

Friedland, R., 2013, "Divine Institution: Max Weber's Value Spheres and Institutional Theory", Paul Tracey, Nelson Phillips, Michael Lounsbury (ed.), *Religion and Organization Theory* (Research in the Sociology of Organizations, Volume 41), Emerald Group Publishing Limited, pp. 217–258.

Friedland, Roger & Alford, Robert R. 1991, "Bringing society back in: Symbols, practices, and institutional contradictions", in Powel, W. W. & DiMaggio, P. J. (Eds.), *The New Institutionalism in Organizational analysis*, Chicago: University of Chicago Press, pp. 232–263.

Habermas, J., 1987 [1981], Théorie de l'agir communicationnel, Paris, Fayard (traduit par J.-M. Ferry et J.-L. Schlegel de la troisième édition de Theorie des kommunikativen Handels; edition orig.: Francfort, Suhrkamp Verlag, 1981).

Kantorowicz, Ernst Hartwig, 1997 [1957], *The King's Two Bodies: A Study in Mediaeval Political Theology* (with a new preface by William Chester Jordan), Princeton, Princeton University Press.

Lacan, Jacques, 1956, "Le séminaire sur la lettre volée", *La Psychanal-*

yse n°2, pp. 1 – 44.

Lamont, M., Thévenot, L. (eds.), 2000, *Rethinking Comparative Cultural Sociology: Repertoires of Evaluation in France and the United States*, Cambridge, Cambridge University Press.

［美］拉蒙、［法］泰弗诺：《比较文化社会学的再思考：法国和美国的评价模式库》，中华书局2004年版。

Lefort, Claude, 2001［1981］, *L'Invention démocratique*, Paris, Fayard.

Luhtakallio, Eeva & Tavory Iddo, 2018, "Patterns of Engagement: Identities and Social Movement Organizations in Finland and Malawi", *Theory and Society*, 47 (2), pp. 151 – 174.

Marx, K., 1965［1867］, Le Capital dans Oeuvres. Economie I, Bibliothèque de la Pléiade, Paris, Gallimard (préface de F. Perroux, édition établie par M. Rubel).

Meilvang, M. L., Carlsen, H. B., Blok, A., 2018, "Methods of Engagement: On Civic Participation Formats as Composition Devices in Urban Planning", *European Journal of Cultural and Political Sociology*, 5 (1 – 2), pp. 12 – 41.

Nora, P., 1984, Les lieux de mémoire, I. La République, Paris, Gallimard.

Nora, P., 1986, Les lieux de mémoire, II. La Nation, Paris, Gallimard.

Normand, R., 2016, The Changing Epistemic Governance of European Education, The Fabrication of the Homo Academicus Europeanus? Basel, Switzerland: Springer.

Oleynik, Anton, 2010, "Uses and Abuses of Sexuality in Social Interactions: Empirical Evidence from Russia", *Europe-Asia Studies*, Vol. 62, No. 5, pp. 749 – 778.

Pascal, B., 1954［1670］, uvres complètes, Bibliothèque de la Pléiade, Paris, Gallimard (texte établi, présenté et annoté par J. Chevalier).

Pattaroni L., 2015, "Difference and the Common of the City: The Metamorphosis of the Political, from the Urban Struggles of the 1970's to the Contemporary Urban Order" in Martins Alexandre and Resende José (eds.), *The Making of the Common in Social Relations*, Cambridge, Cambridge Scholars Publishing, 141 – 172.

Ponte, Stefano and Gibbon, Peter, 2005, "Quality standards, conventions and the governance of global value chains", *Economy and Society*, 34 (1): 1 – 31.

Ponte, Stefano, Gibbon, Peter and Vestergaard Jakob (eds.), 2011, *Governing through Standards. Origins, Drivers and Limitations*, Basingstoke: Palgrave Macmillan.

Ponte, Stefano and Cheyns, Emmanuelle, 2013, "Voluntary Standards, Expert Knowledge and the Governance of Sustainability Networks", *Global Networks*, 13 (4), 459 – 477.

Power Michael, 1997, *The Audit Society. Rituals of Verification*, Oxford, Oxford University Press.

Rawls, J., 1971, *A Theory of Justice*, Harvard, Harvard University Press.

Richard-Ferroudji, A., 2011, "Limites du modèle délibératif: composer avec différents formats de participation", *Politix*, 24 (96): pp. 161 – 181.

Ricoeur, P., 1991, "Pour une éthique du compromis" (entretien avec Paul Ric? ur), Alternatives non violentes, 80, 2 – 7. http://www.fondsricoeur.fr/uploads/medias/articles_pr/pour-une-ethique-du-compromis.pdf.

Ricœur, Paul, 2004, *Parcours de la reconnaissance. Trois études*, Paris, Stock.

Robbins, Hollis, 2003, "The Emperor's New Critique", *New Literary History*, 34 (4), Multicultural Essays pp. 659 – 675.

Silva-Castañeda, Laura 2012, "A Forest of Evidence: Third-party Certification and Multiple Forms of Proof——a Case Study on Oil Palm Plantations in Indonesia", *Agriculture and Human Values* 29: 361 – 370.

Simmel, Georg, 1950, *The Sociology of Georg Simmel*, New York, The Free Press; London, Collier-MacMillan Limited (translated, edited and with an introduction by Kurt H. Wolff).

Stark, David, 2009, *The Sense of Dissonance: Accounts of Worth in Economic Life*, Princeton: Princeton University Press.

Stavo-Debauge J., 2012, "Le concept de 'hantises': de Derrida à Ricœur (et retour)", *Etudes Ricœuriennes*, Vol. 3, No 2, pp. 128 – 148.

Stavo-Debauge, Joan, 2019, Qu'est-ce que l'hospitalité Recevoir l'étranger à la communauté, Montréal, Editions Liber.

Thévenot, L., 1983, "L'économie du codage social", *Critiques de l'Economie Politique*, n°23 – 24, pp. 188 – 222.

Thévenot, L., 1984, "Rules and Implements: Iinvestment in Forms", *Social Science Information*, Vol. 23, No. 1, pp. 1 – 45.

Thévenot, L., 1986, "Les investissements de forme", in Thévenot, L. (ed.) *Conventions économiques*, Paris, PUF (Cahiers du Centre d'Etude de l'Emploi 3), pp. 21 – 71.

Thévenot, L., 1989, "Equilibre et rationalité dans un univers complexe", *Revue économique*, numéro spécial L'économie des conventions, n° 2, mars, pp. 147 – 197.

Thévenot, L., 1990, "L'action qui convient", in Pharo, P. et Quéré, L., (éds.), Les formes de l'action, Paris, Ed. de l'EHESS (Raisons pratiques 1), pp. 39 – 69.

Thévenot, L., 1997, "Un gouvernement par les normes; pratiques et politiques des formats d'information", in Conein, B. et Thévenot, L. (dir.), Cognition et information en société, Paris, Ed. de l'EHESS (Raisons Pratiques 8), pp. 205 – 241.

Thévenot, L., 2001a, "Organized Complexity: Conventions of Coordination and the Composition of Economic Arrangements", *European Journal of Social Theory*, Vol. 4, n°4, pp. 405 – 425.

Thévenot, L., 2001b, "Justifying Critical Differences: Which Concepts of Value Are Sustainable in an Expanded Coordination?", in Kwok Siu-Tong et Chan Sin-wai, 2001, *Culture and Humanity in the New Millennium: The Future of Human Values*, Hong-Kong, Hong-Kong University Press, pp. 45 – 65.

Thévenot, L., 2002a, "Conventions of co-ordination and the framing of uncertainty", in Fullbrook Edward (ed.), *Intersubjectivity in Economics: Agents and Structures*, London and New York, Routledge, pp. 181 – 197.

Thévenot, L, 2002b, "Which road to follow? The moral complexity of an 'equipped' humanity" in Law John, Mol Annemarie (eds), *Complexities: Social Studies of Knowledge Practices*, Durham and London, Duke University Press, pp. 53 – 87.

Thévenot, L, 2006, *L'action au pluriel. Sociologie des régimes d'engagement*, Paris, La Découverte.

Thévenot, L., 2008, "Sacrifices et bénéfices de l'individu dans un espace public libéral", *Cahier d'éthique sociale et politique*, n°5, pp. 68 – 79.

Thévenot, L., 2011, "Powers and Oppressions Viewed from the Perspective of the Sociology of Engagements: A Comparison with Bourdieu's and Dewey's Critical Approaches to Practical Activities", *Irish Journal of Sociology*, 19 (1) special issue on "Keys issues in Contemporary Social Theory" edited by Piet Strydom, pp. 35 – 67.

Thévenot, L., 2014, "Voicing concern and difference. From public spaces to common-places", *European Journal of Cultural and Political Sociology*, 1 (1) 7 – 34.

Thévenot, L., 2015, "Autorités à l'épreuve de la critique. Jusqu'aux oppressions du 'gouvernement par l'objectif'", in *Le tournant de la théorie critique*, Paris, Desclée de Brouwer, 216 – 235.

Thévenot, Laurent, 2015b, "Making Commonality in the Plural, On the Basis of Binding Engagements", in Dumouchel Paul and Gotoh Reiko (eds.), *Social Bonds as Freedom: Revising the Dichotomy of the Universal and the Particular*, New York, Berghahn, pp. 82 – 108.

Thévenot, Laurent, 2015c, "Certifying the world. Power Infrastructures and Practices in Economies of Conventional Forms", in Aspers, Patrick and Nigel Dodd (eds.), *Re-Imagining Economic Sociology*. Oxford: Oxford University Press, pp. 195 – 223.

Thévenot, L., 2016, "From Codage social to Economie des conventions: A Thirty Years Perspective on the Analysis of Qualification and Quantification Investments", *Historical Social Research*, 41 (2), pp. 96 – 117.

Thévenot, L., 2019a. "Measure for Measure: Politics of Quantifying Individuals to Govern Them", *Historical Social Research* 44 (2): 44 – 76.

Thévenot, L., 2019b, "How does Politics Take Closeness into Account? Returns from Russia", *International Journal of Politics*, Culture, and Society, published online June 10 2019, https://rdcu.be/bGkQ1

Thévenot, L., Kareva, N., 2018, "Le pain merveilleux de l'hospitalité. Malentendus éclairant les constructions du commun", SociologieS https://journals.openedition.org/sociologies/6933.

Walzer, M., 1983, *Spheres of Justice. A Defence of Pluralism and Equality*, Oxford, Basil Blackwell.

Weber, M., 1959 [1919], Le savant et le politique, Paris, Plon (traduit de J. Freund, introduction de R. Aron).

Weber, 2014 [1922], "Les trois types purs de la domination légitime", *Sociologie* 5 (3): 291 – 302 (traduction d'Elisabeth Kauffmann).

Yl-Anttila, Tuukka, 2016, "Familiarity as a Tool of Populism: Political Appropriation of Shared Experiences and the Case of Suvivirsi", Acta Sociologica 1 – 16. DOI: 10.1177/0001699316679490 journals.sagepub.com/home/asj.

Zhuravlev Oleg, Erpyleva Svetlana & Savelyeva Natalia, 2018, "The Cultural Pragmatics of an Event: The Politicization of Local Activism in Russia", *International Journal of Politics, Culture, and Society*, published online June 10, 2019.

价值多元情境下的社会秩序何以可能?

谢立中

德维诺教授的论文《权威和"依标准治理"的转变——"关于量值范畴、协约和介入的实用主义社会学"的贡献》一文,对法国实用主义社会学家们就价值多元情境下人们如何建构为共同生活所必须的权威或治理模式这一问题所展开的相关研究进行了概括性的介绍。对于笔者这样一个之前对法国实用主义社会学了解甚少的中国学者来说,要仅凭德维诺教授的一篇论文,就来参与相应的对话,是一个艰难的任务。以下的文字,只能看作笔者在对德维诺教授及法国实用主义社会学所知有限、甚至理解有误的情况下,写下的一些不成熟的文字和想法。

一 从中西新冠抗疫模式之间的差异说起

2020年年底以来,世界各地先后出现了新型冠状病毒引发的疫情,各国也先后开展了抗击新冠病毒疫情的斗争。但一个为所有人可以观察到的事实是:中国和以美国为代表的许多西方国家采取的抗疫模式之间存在着诸多不同之处。简单说来,中国采取的抗疫模式具有以下几方面的特征。第一,中国的抗疫斗争是在中共中央和国务院的集中统一领导下,以高度组织化和运用行政手段直接推动的方式来开展抗疫的。第二,绝大多数中国民众对于政府提出的各项防疫要求和实施的防疫措施都具有高度的认同和给予了高度的配合。第三，除了初期由于情况不明朗导致的犹豫之外，中国政府建立的抗疫体系总体上看具有组织效率高、速度快、统一调动人力物力的资源规模大等优势。与之相对，多数西方国家采取的抗疫模式则具有以下几方面的特征。第一，是在中央政府和地方政府的分别领导下，以低度组织化的方式来开展抗疫活动；对于许多方面防疫要求和措施，政府更多只能借助于非行政方面的手段来加以倡导和实施。第二，对于政府提出的诸多防疫要求和措施，西方民众的认同和配合程度相对较低，甚至不予配合或表示反对。第三，无论是在抗疫初期还是后来的过程中，西方国家建立起来的抗疫体系相对而言其组织效率较差、速度较慢，能统一调动的人力物力资源规模相对较小。与抗疫模式方面的差别相应，中国与西方诸国的抗疫斗争目前呈现出来的效果也大不一样。从2020年4月开始，中国抗疫斗争的积极效果就已经明确地显现出来，而西方国家到笔者撰写本文时为止都不仅还在一波又一波不断加剧的疫情中挣扎，而且近期似乎还看不到结束的前景。

毫无疑问，中国与西方国家目前在抗疫斗争效果方面呈现出来的这种差别，当然是源于上述抗疫模式方面的差别。但这种抗疫模式方面的差别又是由于什么原因导致的？我们在寻找抗疫模式的时候可以首先寻找到的一个原因，就是中国与西方国家在政治和社会治理体制方面的差异。我们国家的政治和社会治理体制的特点：一是共产党的一元化领导；二是党政一体化；三是央地一体化，即中央政府和地方政府也是高度一体化的；四是国家主导下的社会体系，我们的社会管理体系是国家主导的社会体系，不是完全由民间自发地去进行治理的体系。西方正好相反，他是多党制，党政之间是分立的；中央政府和地方政府是分立的；社会治理体系，那些民间力量、社团是独立于国家的，是完全自主的一个治理体系。

我们可以进一步询问：上述这样一种政治和社会治理体系之间的差别又是什么原因导致的？笔者认为，导致政治和社会治理体制的差别因素，用我们中国人的话语来理解，归结起来主要有三个方面，就是我们通常讲的天时、地利、人心，这三个因素是影响到一个国家的政策和社会治理体制最主要的因素。天时就是你这个国家经济社会发展的阶段，你已经达到的时势。地利就是地理环境、人口的数量规模和结构、交通状况、信息沟通技术的发展状况等，它对于一个国家的政策和社会治理体制会有很大影响。第三个因素就是人心，就是我今天要重点给大家讲的，一个社会的成员共享的价值观念。不是指单个个人的价值理念，是这个社会至少是多数人共享的价值观念。在天时、地利、人心这三个方面中，我个人认为人心这个因素对政治和社会治理体系有最直接的影响，因为政治和社会治理体制是由人来建构，首先它就会受到这个社会成员在政策和治理体制方面一些观念的影响，这个因素特别重要。

观察中国和西方国家的政府和民众在此次新冠抗疫过程中表现出来的观念和行动，我们可以大体看出两者之间在相关价值观方面存在的差异。就中国而言，在整个抗疫过程中体现出来的、绝大多数中国人都乐意加以认同的价值理念至少有这么两条：首先，是生命高于一切。中国人通常说"人命关天"，也即没有什么事情比"人命"更重要，人命是第一重要的；中国人还常常说"留得青山在，不怕没柴烧"。换句话说就是：在面临着生命危险的时候，先要留住生命；没有生命，什么"自由""人权"等都将失去价值，因为"自由"无非是有生命之人的"自由"，"人权"也无非是有生命之人的权利。它们只有在有人存在的前提下才有意义。其次，是集体高于个人。即集体利益（包括生命）高于个人利益，任何人都不能以个人的愿望、个人的要求凌驾于集体利益之上。因此，"生命高于一切"中的"生命"并非指个人的生命，而是指一个集体（家族、社群、民族、国族、人类共同体等）或集体中绝大多数成员的生命；说"生命高于一切"并非意味着将个人的生命置于一切之上，而是要将整个集体或集体中绝大多数人的共同生存放在第一位。就西方国家而言，情况似乎正好相反：在西方民众的观念里，首先，是自由高于一切。贝多芬的诗很好地表现了这种价值观："生命诚可贵，爱情价更高；若为自由故，一切皆可抛。"即在面对生命和自由二者必须择一的困境下,自由应该是第一位的。为了捍卫自由,可以将生命、爱情这些原本也很宝贵的东西加以放弃。其次,是个人高于集体。在个人和集体之间,个人被视为是更为根本的,集体被视为是个体的集合而已。没有了个人,集体即成为无本之木或一个虚名。因此,"自由高于一切"中的自由也主要指的是个人自由,在"个人自由"和"集体自由"之间,个人自由要高于集体自由。在不妨碍其他个人自由的前提下,自由被视为每个人神圣不可侵犯的"天赋人权"。

中西抗疫模式及其背后依托的社会治理模式在很大程度上正是以这两种不同的社会成员共享价值观作为"人心"方面之基础的。当然这并不是说中国民众就不追求自由,只是要保命而已。中国民众当然也追求自由,但中国民众追求的是生存必须的自由,而不是出于自由本身的价值去追求自由。中国民众将自由看作为达到生存和发展目的的一种手段,凡是不能更好地保障我们生存和发展的"自由"被认为是没有意义的。同样,现代西方的民众当然也肯定生命的价值,但是对于大多数西方民众来讲,他们肯定的只是那种具备自由的生命,不自由的生命被视为一种无价值的生命。自由不是被看作一种谋生的手段,而被看作目的本身,是一种由于其本身的价值而值得去追求的一种东西。

这种价值观方面的差异,也必然导致对抗疫活动结果评价标准方面的差异。一种是中国政府和民众都会接受的标准,即主要是以生命损失的程度来评价抗疫效果:一种抗疫模式,如果其能够保护的生命数量越多,那么就可以被认为是越成功,至于其他的代价是可以暂时先不用去考虑。而西方国家的民众则似乎不会认同这个标准。他们认同的是下面这样一种评价标准:除了所能够保护的生命数量之外,至少还要考虑一个因素,即个人自由的损失程度。要将生命和自由两方面的得失结合起来,对两者进行加权综合之后用来对抗疫模式进行合理评价。对于西方诸多民众来说,如果要以去失去自由为代价来保住生命,那是他们所不能接受的。从这两种不同的评价标准出发来对中西各国的新冠抗疫模式及其效果进行评价，自然就会得出完全不同的评价结果。

对于上述中西两种不同的价值观，我们能够对它们之间的是非对错做出一种终极判断吗？比如，在生命和自由之间到底谁应该排第一位？如果我们想去进行这种判断，那么最终我们会发现，正如韦伯早就已经指出的那样，对于不同价值观之间的这种"诸神之争"，我们是很难去对它们的是非对错作出一个终极判断的。

从以上分析中我们至少可以得出以下这样一个启示，即任何一个国家或社会都应该也必须根据其成员共享的价值观即"人心"基础来构建与之相适应的社会治理体系（及其抗疫模式）；社会成员拥有不同共享价值观的国家或地区，自然就会形成不同的社会治理体系（及其抗疫模式）；在社会成员的共享价值观没有发生改变之前，简单地照搬其他国家或地区的社会治理模式（即抗疫模式）可能是难以成功的。

但是，现在我们提出一个新的问题：假如居住在一个国家或地区内的社会成员（或绝大多数成员）并不拥有一种共享的价值观，而是分别拥有不同的价值观的话，那么，这个国家或地区的社会成员将会建立起一种什么样的社会治理体系呢？当像新型冠状病毒一类的疫情发生时，这个由分别享有不同价值观念的民众所构成的国家或地区将会形成一种什么样的抗疫模式呢？

为了讨论这样一个问题，我们首先转向德维诺教授的文章，因为后者所讨论的似乎正是这样一个问题。

二 在价值多元情境下如何形成共同性：德维诺教授的研究

安徒生的《皇帝的新衣》是一个不仅在西方国家，而且在中国也是几乎家喻户晓的童话故事。正如德维诺教授所指出的那样，人们一般对这个故事做以下解读：皇帝和大臣及其子民们要么出于愚蠢或虚荣心、要么出于对皇权的畏惧而不能或不敢戳穿两个自称为织布匠的骗子所设下的骗局，只有一个天真无邪的孩童才最终将骗局戳破，将真相揭示出来。因此，故事给我们的教益就是"要有批判性思维"。但德维诺教授认为，这只是对这个故事进行解读的方式之一。德维诺教授提出，这个故事其实不仅具有比上述解读更为复杂的意涵，而且事实上安徒生最初创作的手稿中也确实没有孩童揭示"真相"这一情节。他认为对于这个故事也可以做出如下解读，即它其实让我们体会到这样一个道理：权威并不依托于被赋予权威的个人所具有的品质（就个人品质而言，被赋予权威之人与你我并无太大差别），而是依托于一些人为的形式（如象征皇权的服饰以及人们对这一象征的接受和维护等）；因此，权威并非源自天赋，而是源自人们的授予和认可。

根据德维诺教授的说法，这是一种他置身于其中的法国实用主义社会学家们所乐于接受的解读，因为法国实用主义社会学家们的一个独特之处就在于他们特别关注"共同性（commonality）中各种共同（common forms）形式"的建构（包括人们在建构这些共同形式时所做出的投入以及这些共同形式在协调人们之间的行动时的效率等问题）这样一个研究主题。根据德维诺教授等人的陈述，我们还知道，他所置身于其中的这种社会学是当代法国"关于批判的社会学"（sociology of criticism）的一部分。和布迪厄等人提出的一些被称为"批判社会学"（critical sociology）的研究立场不同，这种"关于批判的社会学"不是单纯地将自己的注意力放在对各种统治形式的批判之上，而是着眼于用社会学方法来对人们在日常生活中的批判实践本身进行考察，以阐明各种共同形式（或制度形式）的建构和对它们的批判性质疑这样一种存在于日常社会生活中的矛盾或张力。德维诺及其同人，如波尔坦斯基（Luc Boltanski）教授等人认为，共同的社会生活需要一定的制度形式来协调人们的观念、利益和行动，来减少由于这些观念、利益方面的差异而带来的不确定性。而这种为协调人们的观念、利益和行动所必需的制度形式对生活于其中的人们来说总是具有一定的约束性,但这种约束性既为共同生活所必需,在多数情况下也被社会成员所认可。因此,一味地去对这些制度进行批判指责既没有意义,也有如下局限,即无视社会成员自身的立场,将其视为毫无判断和批判能力、完全被动地屈从于不合理制度、等待批判理论家们来启蒙和拯救的存在。事实上,生活在一个共同体中的成员们是一种具有自身的判断和批判能力的主动的存在,他们会根据自己的判断来确定自己对现存制度的态度应该是认同还是批判。因此,批判社会学家的任务不应该是以自身的批判立场去代替普通行动者的立场,而是应该去对普通行动者在日常生活中建构、认同、批判质疑和重建共同生活的制度形式或"共同形式"的过程进行描述和分析,通过这种描述本身来形成一种规范性立场,为批判社会学和社会变革提供更为坚实的理论基础。① 由于它和杜威、詹姆斯等美国实用主义哲学家们一样,将人们的行动及其对行动过程中存在的各种不确定的协调问题置于上述研究主题的核心位置,所以,这种关于批判的社会学又被称为"实用主义社会学"。上述德维诺教授对安徒生童话的重新解读,就是从这种实用主义社会学的立场出发的。

德维诺教授认为,按照安徒生最初提供的版本,《皇帝的新衣》这个故事不仅表达了权威来自人们的授予和认同这一道理,而且还揭示了存在于共同性之建构过程中的价值多元性及其冲突:在最初的版本中,两个工匠可能并非是骗子,他们确实可能通过自己的劳作为皇帝织就了一件精美无比的新衣,尽管这件新衣让皇帝穿上之后显得像是赤身裸体。在这样一个故事中,相关情节呈现出来的其实是各种不同价值——由皇权来加以体现的传统价值、作为专家和官员的大臣体现的专业价值、工匠的劳作体现出来的艺术价值、公众舆论所体现的民主价值等——之间的矛盾和冲突。它向我们提出的一个问题是:对

---

① 参见波尔坦斯基在《批判社会学和关于批判的社会学》一文中就此所作的相关论述,该文载谢立中、[法]罗兰主编《社会学知识的建构:后西方社会学的探索》,北京大学出版社2017年版,第120—131页。

于共同性的形成和维持来说，如何来处理这些可能相互冲突的不同价值之间的关系？

如前所述，韦伯等人曾经提出，面对不同价值理念之间存在的"诸神之争"，我们是没有办法对其加以调和的。然而，德维诺教授认为，这种看法并没有告诉我们在现实生活中为什么有些价值观会被人们认为比其他价值观更合理。而另一些人则把人和人之间无差别的伊甸园当作社会生活的理想，这种理念则难以切合实际。实际的社会生活既不可能是一个将人和人之间的差异完全消除也非一个时刻充满诸神之争的过程，而是具有不同价值观念但又欲求共同生活的人们之间努力求同存异的过程，一个通过对不同价值观进行整合来维持共同性的过程。那么，这样一个过程到底是怎样发生的呢？这就是法国实用主义社会学家试图加以探讨的一个重要问题。

也正是基于这样一种实用主义的立场，德维诺与其同人们展开了一系列关于在价值多元情境下人们如何建构共同性的经验研究。通过这些经验研究，他们得到了一些有意义的研究发现。他们提出了"价值秩序"（order of worth）这样一个概念，用来描述具有不同价值观的人们（例如，追求利润的企业家、环保主义者、重视家庭的传统主义者、强调集体福祉的社会主义者等）在建构共同性的过程中通过相互妥协而在各种不同的价值之间形成的一种秩序或排序。德维诺教授指出，具有不同价值观的人们为了能够进行合作或共同生活，相互之间就必须进行一定程度上的妥协，而不能固执己见。这意味着过去可能只以某种单一价值为行动目标的人们，现在则要学会同时追求多种不同的价值，实现不同价值目标之间的平衡。例如，以追求利润为目标的企业家们就必须与环保主义者妥协，设法实现利润和环境保护两种价值之间的平衡。只有通过妥协，生活在某个特定价值世界里的人才能意识到另一个价值世界的存在，意识到自己的局限，从而寻找到与其他价值世界的人一起建立共同生活的机会。通过妥协，人们将原本相互冲突的不同价值连接起来，形成一个由不同价值排列而成的价值集合。这种由不同价值连接而成的价值集合，就是"价值秩序"。当然，面对着同样一批不同的价值观，仍然可以形成许多不同的价值秩序。到底哪种价值秩序会成为人们最终的选择，还要取决于人们之间进行具体沟通和互动的结果。通过一些具体的经验研究，德维诺教授及其同人首先概括出了现实生活中人们建构共同性的三种模式。德维诺教授将这三种模式称为建构共同性的三种"语法"（Grammar）。

第一种，多元主义语法。在这种模式下，具有不同价值观的人们试图通过沟通过程努力地将各自与众不同但却合理的声音表达出来，使那些原本单纯属个人化的一些经验转变成具有公共性的经验和议题，最终通过公共讨论形成一种能够将各种差异融入其中的共同性。这种从多元性中建构共同性的过程包括两个方面的操作：首先是"沟通"，即将个人化的经验转化为公共性的经验；其次是"合成"，即对沟通者之间的差异或分歧进行整合，最终达成为大家一致认可的共识。这种模式实现的是一种同中存异的多元性。

第二种，自由主义语法。在这种模式下，具有不同价值观的人们之间似乎缺乏一个有效地将个人经验转化为公共经验的沟通过程，也没有将各种差异或分歧整合为一个被大家一致认可的共识，而是在保留这些差异和分歧的前提下通过一个非批判的协商互动过程按照自由主义的原则被协调起来。这种模式实现的是一种在保留个人偏好条件下的多元性。

第三种，共同在场之个人间的亲和语法。在这种模式下，原本在价值观等方面具有差异的人们由于一些共同在场的因素，如在某个公共事件发生时同处于一个共同的空间中、获得了一些共同的个人经验或情感体验，因而在某些甚至多方面产生了共鸣，从而相互之间产生了某些亲和性或共同感。由于这种模式或"语法"是以人们在情感经历方面的亲和或共鸣为基础的，因此，笔者认为也可以将这种语法称为"共情模式（或语法）"。

此外，德维诺教授及其同人还考察了一种被称为"依标准治理"的治理模式。这种治理模式借助于认证（certification）的方式将一些不同的价值（安全、健康、公平、环境保护、可持续性、伦理、宗教等）标准结合起来，赋予个体选择的事物（如婴儿推车等）或服务中的某种内在属性以一种共同认可的权威性质，所有提供这类事物或服务的行为主体都必须遵守这些被认证的标准，从而保证使用这些事物或服务的社会成员的公共福利。由于在减少甚至无须相关个体经常性直接介入（Engagements）的条件下依然能够实现对共同生活的有效治理，并且认证的主体可以不必一定是政府机构而可以是各种非政府组织，这种治理模式可以超出政府管辖的范围之外将相对较大范围内的个体从某个方面联结成一个共同体。目前，以这种治理模式为基础形成的共同体超出了民族国家甚至国际机构的范围，并已经逐渐扩展到包括农业和城市发展、教育、政治等极为广泛的领域。

毫无疑问，德维诺教授及其同人们所作的这些研究对于我们理解价值多元情境下的公共治理问题具有一定的启发性，值得我们关注。尤其是这些研究所涉及的"价值多元情境下的共同性"这一主题本身，更是值得我们做更进一步的思考。除了德维诺教授及其同人们所作的研究之外，社会学理论中也存在着许多可以帮助分析思考这一问题的相关理论资源。以下我们即再以社会学理论中的一些理论资源为基础，来对这一问题做一些稍微深入的讨论。

三 共识的匮乏与现代社会秩序形成的难题

多年以来，笔者也一直在思考一个与上述德维诺教授及其同人探讨的问题大体相似的问题，即在社会成员分属多元话语体系、因而缺乏共识的情境中，社会秩序是否可能以及如何可能？

众所周知，自社会学诞生以来，在社会学家（尤其是非马克思主义社会学家）当中形成的一个共识就是：只有在社会成员之间存在着共识的情况下，有序的社会生活才有可能形成。简言之，社会秩序必须也只能建立在社会成员相互分享某些基本共识的基础之上。但是，下面的分析将会使我们认识到，共识的形成和维持正是人们在现代社会中所经常面临的一个难题。

怎样才能使社会成员就社会生活所必须的秩序形成最基本的共识？参照社会学家的相关论述并结合人类社会历史发展的实际情况，我们至少可以大致分别出共识形成的三种主要路径。

第一条路径我们可以称为"教化路径"。这一路径的主要阐述者可以以涂尔干、帕森斯等人为代表。这条路径就是：通过对社会成员进行"教化"（或社会学家通常称为"社会化"）的方式来对社会成员进行教育和培养，将社会秩序形成和维持所需要的一些世界观、价值观及其相应的行为规范和技能内化到社会成员的人格中去，使社会成员的言行与社会秩序的要求相一致，从而形成社会秩序所要求的共识。毫无疑问，这不仅是所有人类社会在步入现代时期之前曾经长期采用的，而且即使是在现代社会生活中也依然可以证明为切实有效的一条达成集体共识的路径（前述中国和西方国家民众之间在有关价值观念方面的差异，很大程度上就是双方接受不同世界观、价值观教化的结果）。这一路径的优点是：假如绝大多数社会成员确实能够成功和彻底地被教化（或社会化），那么，由此达成的共识以及建立在其上的社会秩序就有可能得以比较稳定存在和延续下去。但这条路径的主要问题是：第一，通过教化过程内化到社会成员个体人格中去的那些"共识"，其内涵有可能不是在体现和维护全体或绝大多数社会成员的利益，而是体现和维护少数居于统治或主导地位的成员的利益，从而使得整个教化过程变成一种维护少数人统治或主导地位的手段。第二，即使将通过教化过程内化到成员人格中去的那些"共识"内涵方面公正与否的问题悬而不论，下面这个问题也是人们不能不认真加以考虑的一个问题，即如果它在通过对社会成员进行教化来达成共识方面做得非常成功，那么，虽然可以借此达成比较稳定的社会共识及其社会秩序，但反过来看却又可能使该社会长期甚至永远地维持在现存的形态上而难以发生变化（这正是诸多前现代社会长期处于相对稳定状态的重要原因）——因为所有或大部分可能偏离现存社会规范及意识形态从而促使社会发生变迁的言行都可能通过成功完成的教化过程而预先被清除掉了。假如该社会是世界世界上存在的唯一社会，或者世界上虽然同时存在着诸多社会，但这些社会都是孤立存在，相互之间没有联系和生存竞争，那这个问题可能不会太严重；但在世界上同时存在诸多相互竞争的社会时，这一问题就会变得非常严重。第三，即使将通过教化过程内化到成员人格中去的那些"共识"内涵方面公正与否的问题悬而不论，这一路径的有效性在很大程度上取决于社会成员理性化（体现为个体独立自主的理性思维能力）程度的高低：在社会成员的理性化程度相对较低的情况下，这一路径的有效性相对也就较高，反之则会相对较低。例如，从结构角度来看，对于处于同一社会共同体中那些相对缺乏自主思维能力的成员来说，教化的效果相对而言也就较高，反之对于其中那些具备相对较高自主思维能力的成员而言，教化的效果相对则会偏低。同样，从时间角度来看，在社会成员的理性化程度普遍偏低的古代社会里，社会成员的集体共识主要是通过教化过程来达成的。然而，随着人们的理性化程度逐渐提升，这一路径的有效性便逐渐降低。

正因为如此，孔德才在19世纪这一人类社会完成从传统社会向现代社会的转变之际明确地提出了达成新社会秩序所需共识的第二条路径。这条路径我们可以称为"真理路径"。其主要思路就是：将在对自然现象的研究中已经被证明为是行之有效的科学研究方法（在孔德生活的时代主要就是孔德所谓的"实证科学"）引入对社会现象的研究领域当中来，通过对种种社会现象或社会问题进行科学研究来获得关于它们的唯一真理，再以这些可以借助于客观标准（即科学命题与经验事实之间的一致性）来对其真伪加以辨认、从而人人都不能不接受的"唯一真理"为依据来形成关于社会现实的各种共识。毋庸置疑，如果通过科学研究确实能够发现这种可以借助于客观标准来对其真伪进行辨别、从而人人都必须加以接受的"唯一真理"，那么，这条路径就确实不失为达成共识的最佳路径。然而，遗憾的是，这种试图以科学研究所发现的"唯一真理"为基础来建立社会共识的"真理路径"在20世纪兴起的后实证主义科学哲学家们那里遭遇到了严峻的挑战。后实证主义科学哲学家们已经从历史事实和逻辑分析两个方面充分地说明了以下看法：不存在纯粹客观的"事实"，任何"事实"都渗透着理论，都是我们在特定理论的引导和约束下建构出来的，也只有在特定理论范围内才能被辨认为是否是一个"事实"；在不同理论的引导和约束下，我们视网膜上的同一些影像可以被建构成不同的"事实"，因而也就可以用来支持不同的"理论"；因此单纯用理论是否有"事实"做依据来判断理论是否成立在逻辑上有困难。有很多理论争论其实是一种"话语之争"，而非"事实"之争，相互之间其实无所谓真正的对错，因而将永无结果。假如后实证主义的这些看法是可以接受的，那么我们就可以得出以下结论，即：只有在那些只存在一个被所有研究人员共同接受的理论、而不存在与之竞争的其他理论的问题领域中，试图通过科学研究所发现的"唯一真理"来形成共识的想法才是现实的，否则就可能只是一种美好的愿望而已。

　　类似的分析也可以用于分析第三种共识形成的路径。这第三条共识形成的可以称为"沟通路径"，其主要阐释者和倡导者可以以哈贝马斯为代表。这条路径主要内容是试图通过社会成员之间在自由平等的"理想沟通情境"下进行理性沟通的方式来形成社会秩序所必要的共识。和上述"真理路径"类似，这条路径的优点是：假如人们真能如哈贝马斯所期待的那样通过在"理想沟通情境"下进行理性沟通的方式来达成为社会秩序所需要的共识，那么，由于这种共识是沟通过程的全体参与者或绝大部分参与者通过自由平等的理性沟通过程所获得的，因而必然会为参与沟通过程的所有成员自觉地加以认同和坚持，由此形成的社会秩序自然也会具有相对较高程度的稳定性和有效性。这条路径所存在的问题，一是如福柯所指出的那样，作为其基本条件之一的"自由平等"这一"理想沟通情境"在现实生活中难以实现；二是在这种理想沟通情境即使存在的情况下，哈贝马斯提出的其他一些在自由平等的言说主体之间为达成共识所必须具备的几项沟通条件——参与协商讨论的各个言说主体对事实的陈述是真实的、沟通的意向是真诚的、所遵循的行为规范是正确的——也是以下面这样一个条件的存在为前提的，这一条件就是：参与自由平等协商讨论的所有言说主体必须处于同一个话语体系的引导和约束之下。这是因为无论是陈述的真实性也好，意向的真诚性也好，还是话语规则的正确性也好，都不具有一种不依人们的话语体系为转移的自然性质：判断一个参与协商讨论的言说主体在所有这些方面是否达到了所要求的标准，是由人们所属的话语体系来决定，因而是随人们所属话语体系的变化而变化的。处于不同话语体系的引导和约束之下的人们，会对陈述的真实性要求、意向的真诚性要求、话语规则的正确性要求做出不同（甚至完全不同）的理解，因而也就会对沟通参与者之陈述的真实性状况、意向的真诚性状况、话语规则的正确性状况做出不同（甚至完全不同）的判断。只有当参与协商讨论的人们既处于哈贝马斯设想的"理想沟通情境"之中，又同处于一个话语体系之下时，相互之间才可能就哈贝马斯提出的达成有效沟通必须遵守的基本要求获得一致的理解，因而才有可能通过进一步的沟通过程来就某个实质性主题达成共识。① 这就意味着，只有对于那些人们可以在同一话语体系引导和约束之下来进行讨论的话题，人们才有可能通过自由平等的理性沟通过程达成共识；而对于那些可能存在着不同甚至对立之话语体系的话题（诸如流产是否合法、同性恋是否合理、政府是否应该干预经济运行过程等），如果参与沟通的人们没有被统一在一个话语体系之下，那么，共识的形成就会存在相当的困难乃至不可能。

从上面的叙述和分析中可以看到，上述共识形成的每条路径在一定条件范围内确实都可能具备有效性，但在这些条件范围之外其有效性则都是可以质疑的。例如，就"教化"路径而言，其有效性主要限于自主思考能力相对较弱的那些人群，面对自主思考能力较强的那部分人其效力就会被削弱；就"真理"路径而言，只有在接受同一科学理论的人群当中，这一路径的才会具备较大的效力，面对接受不同甚至对立理论引导的人群，这一路径基本就将陷入无效的境地；"沟通"

---

① 谢立中：《哈贝马斯的"沟通有效性理论"：前提或限制》，《北京大学学报》2004年第5期。

路径的效力也与此类似：只有在处于同一话语体系引导和约束下的人群中，这一路径才会发生较大的效力，反之则不然。

毫无疑问，这正是现代社会中的人们在社会秩序的建构方面所面对的一个重要难题：自主思考能力的普遍提升，同一个问题领域中不同理论或者话语体系的多元共存等，正是现代社会的一些基本特征。由于这些因素的存在，共识的形成和维持便不可避免地成为现代社会中的人们不得不经常面临的一个难题。面对这样一个难题，我们不得不思考这样一个问题，即：在一些难以达成共识的问题或行动领域内，人们有可能形成一种无须共识就能够存在和加以维持的社会秩序吗？

四　共识匮乏情境下的社会秩序何以可能？

如果我们将上节描述的三种建立在共识基础上的社会秩序统称为"共识秩序"，那么，我们现在所要考察的问题就是：存在着不依赖或主要不依赖于共识就能够得以形成和维持的社会秩序类型吗？考察现代社会科学文献，并结合人类社会演化的现实情况，我们确实可以发现一些并非完全建立在共识基础之上的社会秩序模式，其中有三种是我们大家所熟知的，这就是经典马克思主义者所描述的"压制"模式、民主主义者所描述的"民主"模式以及自由主义者所描述的"自由"模式。

所谓"压制"模式，就是由在社会中占据统治或主导地位的阶级或社会集团通过强制手段来使社会成员的言行与占统治地位的阶级或社会集团所认为的要求相一致，从而形成与占统治地位的阶级或社会集团所期待的社会秩序这样一种秩序形成模式。无疑，只要占统治地位的阶级或社会集团拥有足够强大的力量来实施和维持对其他社会成员的压制，那么，这一秩序模式在一定程度上应该也是会相当有效的。这一秩序模式的优点是：如果占据统治地位的阶级或社会集团是由社会成员中能力和品质都相对优秀的那部分人组成的，那么，社会的运行和变迁过程总体上就将处于这些被称为"精英"的社会成员的影响之下，这对于该社会所有成员而言应该都是有利的。其主要缺点则是：第一，如果占据统治地位的阶级或社会集团是由社会成员中能力和品质都相对低下的那部分人所组成，那么，社会的运行和变迁过程就都将处于这些能力和品质都相对低下的成员支配之下，这无疑会将该社会所有成员置于一种相对不利的生存情境之中，尤其是在需要与其他社会共同体之间展开生存竞争的情况下就更是如此。为了避免这种情况出现，采用"压制"模式来建构秩序的社会必须有一套切实可行的机制（譬如能够将被统治阶级或社会集团中能力和品质相对优异的分子吸纳进统治集团中来的社会流动机制等）来尽可能地使统治集团始终是由社会结构中能力和品质都相对优秀的成员所构成。第二，由于是通过一部分人对另一部分人的压制来实现的，这不仅会使处于受压制地位的那部分人的尊严受到损害，而且也常常可能会使后者的利益及诉求难以充分和及时地得到满足，从而可能引发社会冲突，导致社会失序。第三，由于这种秩序是通过人对人的压制来实现的，因此它还是需要有一套特定的意识形态来对这种压制现象的正当性进行论证，并通过教化等方式使之成为所有或绝大多数社会成员最低限度的一种共识。在缺乏这种最低限度共识的情况下，尤其是如果自由、平等之类的"现代"观念在该社会的成员中得以流行起来，对压制的反抗就可能成为该社会里一种此起彼伏的现象，对这些反抗进行镇压就会成为占统治地位的阶级或社会集团难以胜任甚至最终不可能完成的一个任务。因此，在现实生活中，采纳压制模式来建构社会秩序的社会通常也都必须辅之以某种对压制的正当性进行辩护的意识形态来作为社会成员间最低限度的共识，否则，这种秩序模式就难以维持下去。

所谓"民主"模式，就是以下这样一种社会秩序的形成模式：除了就最基本的选择规则形成某些必要的共识之外，社会成员无须事先就相关议题形成共识；社会成员主要通过表达赞成或反对的方式（方式可以多种多样，可以通过一人一票的"选举"方式来进行，也可以对所需表决的对象进行"评价"的方式来进行）来对围绕相关议题或事项而存在的不同答案进行自由选择，最终根据各项答案被选中的人数多寡来对它们进行取舍或确定它们之间的先后或主次秩序。对于这种集体选择的最终结果，参与选择过程的所有成员必须认同和接受。除了以民主投票的方式选择官员和政治决策等活动之外，市场交换其实也是以这种民选机制来建构社会秩序的典型案例：在市场交换中，参与交换的社会成员以愿意支付的货币数量为评价标准，来对该社会的经济部门在特定时期内生产出来的各项商品进行评价和选择，从而对该社会经济部门在这一时期内所生产的商品的种类、数量、质量等事项进行集体表决，确定各项生产活动之间的主次轻重及经济秩序。这一路径的优点是社会成员无须在社会秩序形成之前就较多的议题具备共识，而只需在事先就选择规则等事项具备一些最低程度的共识即可。但其局限则是：第一，正如托克维尔所说的那样，由于民主的基本原则就是少数人服从多数人，因而在民主制度下不可避免地会发生"多数人暴政"的现象。第二，按照统计学中的正态分布规则，任何时候任何地方的"多数人"都将是平庸的，"少数服从多数"的行动规则虽然可以使社会的集体抉择避免为能力和品质处于社会成员底部的那少部分所影响，但也因此而同样使社会集体摆脱了能力和品质处于社会成员上层的那部分人的支配，从而不可避免地使社会整体在较长时期内处于一种相对平庸的状态。因此，"民主"制度一般都需要有某种附加的制度来作为补充，以消除或缓解平庸的多数对少数优秀社会成员的限制或束缚，使后者能够以自己的能力和品质来对社会发生影响。

所谓"自由"模式，则是这样一种秩序形成模式：在这种模式下，社会成员只需就以下观念及其相关规则达成共识即可，其他问题悉由社会成员个体依照自己的意志自由处理。这一观念及其相关规则就是：只要在某个问题领域中，我的行动自由不妨碍他人的行动自由，即能够与他人的行动自由和平共存、不相冲突，那么，在这个问题领域中，我就应该享有充分的行动自由，而不受任何来自他人或集体的限制或约束。这种模式的优点是：第一，和"民主"模式类似，这种模式也无须社会成员在社会秩序形成之前具备较多的共识。我们甚至可以说，在所有秩序形成的模式中，这种模式所必需的成员共识在所涉及的议题方面将是最少的，因而社会在社会共识的形成和监督落实方面所需要付出的成本也将是最低的。第二，在这种秩序模式中，即不存在着"压制"模式下那种少数人对多数人的"压制"，也不存在"民主"模式下多数人对少数人的"暴政"，所有社会成员不仅在意志自由方面，而且在责任、权力和利益的平等方面也将达到人类社会在现实条件下可能达到的极限。其缺点是：第一，从理论上讲，这种模式应该只适合于社会成员的行动明确地不具有负面外部效应或者负面外部效应比较小的那些行动领域，但在实际运作过程中，如何来精准地确定一项行动是否具有负面外部效应或者其负面外部效应的大小，却可能会是一个极为复杂甚至难以完成的任务。例如，随地吐痰之类的行为可以确切地被定为是一种具有负面外部效应的行为，因而不能赋予社会成员个体在此类行为方面具有自由行动的权利和空间。然而，喜爱素食或荤食一类个人饮食方面的偏好是否会具有外部效应呢？有人会认为这种个人饮食方面的偏好无论好坏都只会对个人本身产生影响，因而不具有外部效应；但也有人会认为由于个人是社会整体中的一员，饮食方面的偏好会通过影响个体身体素质而影响到其承担社会功能的能力，因而间接影响到其他社会成员的利益，因而具有外部效应。因此，对于那些可能会给个体身体素质带来不良影响的饮食偏好，应该予以限制。在实际生活中，这样的争论将会数不胜数（如个体可不可以有未婚同居的自由、同性恋的自由、堕胎的自由、不受教育的自由、不工作的自由等），并不可避免地引发大量的社会矛盾和冲突。因而，对于采用"自由"模式的社会来说，为了使这样一些矛盾和冲突不至于导致社会失序，就必须采用一些必要的制度或措施来将这些矛盾和冲突限定在一定的形式和范围之内。第二，虽然在这种秩序模式下，每个社会成员在形式上都被赋予了平等的自由、权利或行动机会，但由于社会成员之间在行使平等的自由、权利和机会方面的所实际具有的能力并不相同，因而这种形式上的平等最终还是会导致实质上的不平等。当这种实质上的不平等发生在人们维持生存的一些基本领域时，就可能会对社会本身的运行和维持造成一些严重的负面后果，因此也必须有一些相应的附加制度来抵消或缓解这种负面后果。

无疑，上述三种秩序模式都回答了"在缺乏共识的情境条件下社会秩序如何可能"这一问题，但第一种模式并不允许多种话语体系和平共存，因而比较适合于社会成员主体意识较弱的那样一些社会，而第二和第三种模式则都可视为是在允许不同话语体系和平共存条件下构建社会秩序的尝试，因而可能更为符合社会成员主体意识较强的那些社会的实际需要。

当然，以上我们描述和分析的各种共识形成或秩序形成的模式并非是一些相互之间不可兼容的模式。相反，在现实的社会生活中，由于每种模式都有自己的局限，因此，这些共识或秩序形成模式都是可以且事实上也经常被人们兼而用之的。例如，就共识形成的三种基本路径而言，在前现代社会中，由于社会理性化程度相对较低，共识形成主要是通过"教化"路径，但对于社会的精英阶层来说，"真理"路径和"沟通"路径也是形成内部共识的重要途径。在现代社会中，由于社会成员自主思维能力的普遍提升，"真理"路径和"沟通"路径在社会成员的共识形成过程中所起的作用越来越大、越来越普遍，但尽管如此，"教化"路径即使在现代社会中也依然是最为重要、最为基本的一种共识形成路径，因为相对而言，通过教化所形成的共识其实才是最为稳固、最不容易被质疑的。又如，就社会秩序形成的四种模式而言，即使是在"压制"模式占据主导地位的前现代社会中，"共识"模式也不是毫无意义。正如前面已经指出过的那样，如果缺乏最基本的一些共识（如对于压制行为之正当性的共识），压制性秩序也是难以长期维持下去的。同样，在现代社会中，虽然"自由"和"民主"秩序构成了现代西方发达国家社会秩序的主流，但即使是在这些国家里，"压制"和"共识"在社会秩序的建构和维持中也并非是毫无作用：在那些不适合采用"自由"或"民主"秩序的行动领域中，人们要么选择以"共识"为基础，要么选择以"压制"为基础来建立必要的社会秩序，否则这些领域就可能陷入失序状态。而在已经深入步入现代化进程但社会成员的传统意识仍然较强、主体意识相对较弱的发展中国家里，"压制"和"共识"制度所起的作用相对而言就会更为重要一些。

结　语

让我们回到本文前面提出一个那个问题：假如居住在一个国家或地区内的社会成员（或绝大多数成员）分别拥有不同价值观的话，那么，这个国家或地区的社会成员将会建立起一种什么样的社会治理体系？具体言之，当像新型冠状病毒一类的疫情发生时，这个由分别享有不同价值观念的民众所构成的国家或地区将会形成一种什么样的抗疫模式呢？对于这个问题，德维诺教授及其同人的研究成果和社会学理论中的思想资源都给我们提供了一些可供参考的答案。参照我们在前面三节中所做的粗略讨论，我们现在可以尝试着对其做出如下回答。

首先，参照德维诺教授及其同人们的研究成果，我们可以说：面对着具有不同价值观的社会群体，人们只有通过一定的妥协，将原本相互冲突的不同价值连接起来，形成一个由不同价值排列而成的价值集合，即"价值秩序"，以此为基础建立其相应的社会治理体系，才能寻找到一起建立共同生活的机会，否则共同的社会生活是不可能的。将不同价值观联结起来形成特定价值秩序的方式则有多种（多元主义、自由主义、共情模式以及"依标准治理"等），具体采纳哪一种则应该根据具体情况做具体分析，根据现实需要和可能性加以抉择。若以新冠抗疫模式为例，那么，在一个由两种不同价值观人群——其中一种主张生命至上，另一种主张自由至上——构成的社会里，为了能够持续地共同生存，人们就必须通过上述方式中的一种或几种来将这两种价值观进行连接，形成一种带有妥协性质的价值秩序，否则这个社会就可能陷入失序甚至分裂。

其次，参照笔者所做的概括，人们则可以从"共识"秩序、"压制"秩序、"民主"秩序和"自由"秩序四种秩序模式中选择出其中的一种单独使用或选择出多种加以组合使用，来建构出符合自己需要或愿望的社会治理体系及其相应的社会秩序。当然，和上面所说的一样，具体采纳哪一种或哪几种则也应该根据具体情况进行具体分析，根据现实需要和可能性来加以抉择。不过，在这四种秩序模式中，"共识"模式和"压制"模式都是以某种单一的价值观或话语体系为前提的，因而不适用于那些无法消除多元价值观或话语体系并存状况的领域或情境；对于后面这样一些领域或情境，"民主"或"自由"模式当是更为适当的秩序模式。若同样以新冠抗疫模式为例，那么，在一个由上述两种不同价值观人群构成的社会里，为了能够持续地共同生存，人们也必须通过上述方式中的一种或几种来形成一种有效的社会秩序，否则这个社会也同样就可能陷入失序甚至分裂。

词汇译名

Grammaire：文法原理

文法是调节共同行动和表达方式的规则框架，是"理想行动者实施共同行为模式的能力"。

诺姆·乔姆斯基认为："一个语言的语法，其主旨在于描写理想的说话人－听话人固有的语言能力。而且，如果语法是明确无误的——换句话说，如果这种语法不依赖于有理解力的读者的智力，反倒是提供对读者理解力的明晰分析——我们就可以（多少有点多余地）把它称作生成语法。"[①]

受到乔姆斯基生成语法的启发，文法原理的概念对应一种行为的模式化，其基础为行为能力，即专业地使用共同行为模式，这个模式是按照理想建立的，却不具有强制性。

Grammaire du commun au pluriel：多元共同性的文法原理

在意见的共同表达以及行为模式方面，共同性的文法原理起着规范的作用，其中民主政治的建构脱颖而出，因其为意见的多元性以及保留差异的共同融入模式留出了大量的空间。

---

① 摘自［美］诺姆·乔姆斯基《句法理论的若干问题》，黄长著等译，中国社会科学出版社1986年版。

Grammaire des grandeurs plurielles：**多元量值的文法原理**

每个量值范畴的排序都生成一个原则上统一于某个唯一量值的共同模式（参见下文"量值范畴"）。而"多元量值的文法原理"却统御着一个多元的群体，为所有量值范畴的多元性保留空间，回应了相互竞争的多个量值之间的张力和异议。

Grammaire libérale des individus choisissant：**个体拣选的自由主义文法原理**

自由主义文法没有要求个体意见表达必须参照某一个共同福祉（多元量值的文法原理），而是要求将其在所有可能的选项中所作出的自主的、个体的选择公布于众（观点、偏好、兴趣）。

Grammaire des affinités personnelles à des lieux communs pluriels：**从个人好恶到共同的多元文化坐标的文法原理**

在文化坐标的文法原理中，每个人都通过选取某一个文化坐标，来表达其最切身关注的问题，而不是通过引用一个共同福祉（量值的文法原理），或个人在公共选项中自主地选择（自由主义文法原理）来表达自己的个体意见。文化坐标不是成见陈调，那只是流于表面，文化坐标是一种文化的元素（歌曲、场景、电影、电视剧、小说的角色等），既有象征性，也有物质性，其中保有参照这个文化坐标的人所珍视的东西。大到一个民族社群（祖国），小到由文化坐标本身所维系的"共通体"（莫里斯·布朗肖语），文化坐标可以千差万别。

文化坐标的多元性提供了细分的可能性，既可以采用与之相关联的方式，也可以采用与之保持距离（嘲讽）的方式。例如，在中国，我们可以举相声为例，通常两个演员在台上一本正经地嘲笑某些文化坐标。

Grandeur：**量值范畴**

量值范畴是一种评估排序，通过指出某人或某物对某共同福祉的贡献，突显其在公共舞台上相对于社群其他成员的重要性。这种共同福祉的特点是：

——在"公民"量值范畴中是平等团结；
——在"产业"量值范畴中是技术效率；
——在"熟悉"量值范畴中是尊重传统；
——在"灵性创造"量值范畴中是创造性和精神性；
——在"声誉度"量值范畴中是声誉名望；
——在"商业"量值范畴中是竞争；
——在"绿色环保"量值范畴中是环境可持续性。

Régime（ou mode）d'engagement：**介入制度/方式**

介入制度/方式指一个人是如何与物质世界建立某种关系的，这种关系以某种福祉为导向，并不一定是共同的福祉，但至少是所有人都能理解的（Thévenot 2006）。

这种介入是一种暂时的承诺，赋予人某种延续性。

——惯常式介入：亲密的、熟悉的（物质）环境中的个人习惯，它让人有掌握的舒适感。例如，某人在他个人的杂乱无章中感到很舒服。

——探索式介入：对新事物顿生的好奇心，并立即带来喜悦。如在网上冲浪或玩游戏（尼古拉·奥雷所言的）。

——计划式介入：① 以功能性的方式使用其环境，以确保其个人计划的实施。例如，我出去买茶叶，默认世界有一整套功能性的构造。

——公认有理有据的介入：个人介入某种（道德上）正当的共同福祉的概念（量值范畴），它依赖于一个符合这种量值范畴的物质环境。

Justification：**理据，辩护**

在一场争论中，当一方在道德上接受另一方的论点时，则认为另

---

① 汉语中，"计划"一词总是指大规模的规划，而英语、法语中，"plan"这个词可以用来指日常和个体的行为，例如：what are your plans for tomorrow？（你明天计划做什么？）

一方的立场是有理有据的。《论理据：量值范畴的经济学》（Boltanski & Thévenot，1987、1991）一书中指出，这种有理有据的论据要经受一个现实的检验，这个检验包括对世界的塑造，以立足于一个共同的框架。当一方证明自己和另一方的立场是有理有据的时，通过这样的检验，争端就解决了。

Investissement de forme：**在形式上的投入**

建立一种通用形式（代码、清单、规则或术语）的代价高昂，这种形式让人们达成外在共识，并利于协调其与他人的行动。在这里，"形式"一词指的是对某个"本质"的"建构""形塑"的概念。

Convention：**协约**

共同形式支持之下的人们之间的协议。

协约是在形式上投入的结果，是关于一种共同形式或行动方式的协议。谈到协约，形式的物质性不可或缺，例如，一份具有物质特殊性的合同，或者某种传统中的一个习俗。

Compromis：**折中**

这个词的技术定义远离了人与人之间的约定。此定义认为，折中是克服两个量值范畴的排序之间的临界张力的尝试，并通过物体或物质设备加以巩固。

例如，公司中对工作的评价可能是基于雇员的产业量值范畴中的技术效率来进行的，或者从熟悉量值范畴进行，更偏重于受器重的、乖巧的人。在企业中工作的年资带来的折中（例如，法国劳动法中的"工龄"会在解雇规则中获得考虑）试图通过强调一个结合了技术效率和老员工受敬仰的智慧的概念，来克服产业和家庭这两个量值范畴之间的临界张力。

Gouvernement par les standards：**依标准治理**

行使权力的一种治理模式，通过对国内政治群体甚至国际政治团体制定和控制横向标准来实施。例如，原产地命名控制制度（AOC）证明一种产品的原产地，使其在世界范围内得到认可，如法国的香槟酒。这些标准可以延伸到国际领域成为某种国际治理，也可以只在国内行使。例如，社会信用制度是国家政府通过标准来治理社会的一种形式。另一个例子是"环境友好"或"公平贸易"产品的认证，个人选择这些产品是为了保证某种共同福祉。

其他国际上的例子如中国国家开发银行为有中国融资的协议制定标准。

Le différend：差异

差异是民主的核心。其他的群体模式都预设其内部有一个联盟、统一体、一种"自己人"的、安全的"天堂"，分歧的差异被拒斥在这个群体之外，它可能会令人恐惧、带来危险、与众不同、成为他者，甚至是敌人。多元共同性的文法原理决定了什么是共同可接受的不同和差异，它们明确了制造所谓"共同"的东西，并将个人分歧转化为共同可接受的差异和不同所必需的操作和设备。

Légitimité：合法性

由于法语词"légitimité"并不必然与法律相关，汉语中"合法性"一词不能准确地表示概念的意涵。因此，根据上下文，我们把这个词进行了差别化处理：合理的、合理性、天然合理。

专家学者简介

法国专家学者简介

德维诺（Laurent Thévenot）

德维诺是法国著名社会学家，巴黎高等社会科学学院名誉教授，科研主任，齐美尔研究中心专家，法国当代实用主义社会学（sociologie pragmatique）的主要开创者，对法国当代社会科学研究产生重要影响，同时也为制度经济学与经济社会学的惯习理论流派[①]（the Convention Theory strand of Institutional Economics and Economic Sociology）做出重要贡献。其代表性著作包括与 Luc Boltanski 合著的《论正当性》（*De la justification*）、《多元情境中的行动：契合社会学》（*L'action au pluriel : sociologie des régimes d'engagement*）等。

傅蘭思（Florence Padovani）

傅蘭思现任清华大学中法中心主任。她获得中文专业、国际关系专业、中国现代史专业的学位，先后在香港中文大学、南京大学－霍普金斯大学中美文化研究中心、上海社会科学院任职，曾在法国巴黎

[①] 惯习理论（convention theory）是由法国社会学者 Thévenot 所提倡，近来亦被视为是一种对于经济分析的新典范（Wilkinson，1997）。就概念而言，惯习理论旨在讨论人们是如何在决策上达成共识或妥协（compromise）。

第一大学任教。她关注三峡移民和城市建设与人口迁移问题，发表了多篇相关论文。

贾清源（Camille Salgues）

贾清源（Camille Salgues），巴黎高等师范学院—法国社会科学高等学院博士，现任职于巴黎政治学院，中国科技大学兼职研究员。研究方向为中国城市农民工子女问题及中国农村儿童生活状况问题，并致力于年龄与社会结构的理论研究。曾先后担任中山大学、华南师范大学博士后研究员。已出版多部译著（英文译成法文），如《躁郁症星球之旅》（Voyage en terre bipolaire）、《不平等的童年》（Unequal Childhoods）等，在国内外核心期刊发表多篇论文，如《通过整体论社会学来思考农民工子女就学现象的民族志研究》、《没有童年的布迪厄：法国工薪阶层儿童的研究方法与理论假设》（"Bourdieu without childhood: Methods and theoretical postulates on French working-class children"）等。

罗知北（Romuald Normand）

罗知北是斯特拉斯堡大学社会科学学院教授，中国国家外专局专家，欧洲社会、社会角色与治理（SAGE）研究中心社会学专家，经济合作与发展组织（OECD）、芬兰图尔库大学等多个国际组织和海外高校的特聘专家。其研究重点侧重于教育系统和教育政策的比较研究，从国际视角探究教育管理和教育领导力，并在教育测量、欧洲教育一体化建设、学术环境的变革和专业化发展等领域发表多项成果。

马佩力（Marc Bréviglieri）

马佩力是瑞士西部应用科技大学教授，法国科研中心城市建筑环境研究所成员，其研究领域包括人类居所的不同形态和布局、大众生活中的学习、身体和空间维度的连接，以及由关怀经验所触发的情感、伦理和政治问题。他开创了以图像（图片和视频）为媒介的现象学社会学研究方法。

中国专家学者简介

何蓉

何蓉，中国社会科学院社会学所社会理论研究室研究员（教授），2003年在北京大学社会学系取得博士学位，研究领域为古典社会学理论、经济社会学、中国宗教研究。在经典的社会学理论命题的基础上，注重中国本土社会的运行特征与机制的总结，并进一步推进社会学的理论反思。近两年来的研究涉及中国传统城市的宗教生活、社会融合与经济类型。在《社会学研究》《社会》《社会学评论》等社会学刊物上发表学术论文30余篇，代表著作《社会学与经济学：马克斯·韦伯与社会科学基本问题》《宗教经济诸形态：中国经验与理论探研》，另有马克斯·韦伯研究的译著两部。

韩嘉玲

韩嘉玲，暨南大学经济与社会研究院讲座教授，北京市社会科学院研究员。主要研究方向为农村发展、人口迁徙、农村教育、社会发展等，从1991年开始从事农村弱势人群的社会发展与支持网络的工作与研究，投身于贫困弱势人群教育与社会发展等实践项目，主持多个国家级课题，及联合国儿童基金会（UNICF）、联合国教科文组织（UNESCO）、国际移民组织（IOM）等国际组织的项目。先后获得"中国消除贫困奖"之科研奖、首都"巾帼十杰"称号、腾讯公益新公民影响力奖和腾讯公益慈善基金会特别奖等荣誉。

渠敬东

渠敬东，现任北京大学人文社会科学研究院常务副院长，社会学系教授。曾任中国社会科学院社会学研究所副所长，中国社会科学院社会发展战略研究院副院长，研究员。主要著作有《缺席与断裂：有关失范的社会学研究》（上海人民出版社 1999 年版）；《现代社会中的人性及教育》（上海三联书店 2006 年版）；《自由与教育：洛克与卢梭的教育哲学》（生活·读书·新知三联书店）2012 年版；*La Sociologue chinoise avant la Révolution*（Editions de la Maison des sciences de l'homme）等。主编并翻译《涂尔干文集》（共 10 卷，商务印书馆 2017 年版），合编《中国社会学经典导读》《中国社会学文选》等。

谢立中

谢立中，北京大学社会学系教授，曾任北京大学社会学系系主任、中国社会学会副会长、教育部社会学类专业教指委副主任、全国社会工作专业学位研究生教指委委员兼秘书长等职，教育部长江学者特聘教授（2015）。著有《社会发展二重奏》《当代中国社会变迁导论》《社会理论：反思与重构》《走向多元话语分析：后现代思潮的社会学意涵》《社会现实的话语建构：以罗斯福新政为例》《多元话语分析：社会分析模式的新尝试》等著作。

严飞

严飞，清华大学社会学系副教授、副系主任、博士生导师，《清华社会学评论》执行主编。求学于牛津大学与斯坦福大学，曾任职于香港城市大学应用社会科学系，主要研究领域为历史社会学、政治社会学、中国社会发展与转型、城市治理，曾获美国亚洲研究协会（Association for Asian Studies）最佳论文奖。著有《穿透：像社会学家一样思考》（上海三联书店 2020 年版）《学问的冒险》（中信出版集团 2017 年版）等多部著作，在国内外核心期刊发表论文 60 多篇。

赵炜

赵炜，英国卡迪夫（Cardiff）大学经济社会学博士，北京师范大学社会学院教授，博士生导师。兼任中国社会学会劳动社会学专业委员会主任。主要研究方向为劳动社会学、产业关系。她的最新研究成果包括《劳动过程理论的拓展和转型：21 世纪以后的演变》，《江苏社会科学》2020 第 3 期；Zhao Wei and Michael A. Peters，2018，"Intelligent capitalism and the disappearance of labour：Whither to education" No. 8；与朱红文合著《社会学的理性传统及其方法论问题》，《天津社会学》2018 年第 3 期。

翻译者

胡瑜，北京第二外国语学院欧洲学院副教授；
李华，首都师范大学法语系副教授；
林琳，自由译者；
王鲲，北京外语大学法语语言文化学院副院长。